상담실습자를 위한

상담의 원리와 기술

노안영 · 송현종 공저

학지사

머리말

연습은 다르게 만든다. 상담자의 상담 실습은 분명 그(녀)를 다르게, 보다 능숙한 상담자로 만든다. 상담전문직에 뛰어든 모든 상담자들은 끊임없는 실습을 통해 자신의 상담기술을 향상시킬 책무를 가진다. 능숙한 상담자로서 내담자를 효과적으로 조력할 값진 소명감을 가진다. 상담전문직에 대한 소명의식과 그동안의 경험을 바탕으로 필자들은 '능숙한 상담자가 되는 왕도는 연습이다.' 라고 주저 없이 주장하고 싶다. 상담자는 분명 조력활동을 실천하면서 겪는 경험을 통해 능숙한 기술을 체득한다. 상담자들이여, 자신을 끊임없이 격려하면서 연습하고, 연습하고, 또 연습하라.

상담(相談, counseling)은 상담자와 내담자가 나눈 대화를 통해 내담자의 문제해결을 도모하는 진행 과정을 강조하는 활동이다. 이 책에서는 문제해결 활동으로서의 상담과정에서 사용되는 다양한 기술들을 편의상 네 가지 주요 단계인 시작 단계, 발전 단계, 행동변화 단계, 종결 단계로 분류하여 제시하였다. 각 단계에 대한 상담의 원리와 기술들은 다음과 같은 질문을 염두에 두고 제시하였다. 상담관계를 형성할 때 사용할 가장 훌륭한 기술들은 무엇인가? 상담자는 상담을 할 때 어떻게 문제들을 정의하고 탐색해야 하는가? 이러한 문제들을 해결하고 감소시키기 위해 조력할 수 있는 가장 유용한 기술들은 무엇인가?

각 단계에서 내담자를 조력할 때 사용하게 될 이러한 원리들은 어떤 특정한 이론에 국한되지 않고, 일반적인 상담 이론으로부터 도출한 것이다. 예를 들면, 어떤 상황에서는 과거에서 비롯되는 원인과 요인들을 광범위하게 탐색하는 것이 유용할 수 있다. 또 어떤 경우는 의학적이고 심리적인 분류와 같은 진단이 유용할 수도 있다. 그럼에도 불구하고 이 책에서 제시하는 원리들은 이러한 특정한 방식에 의존하지 않는다. 다시 말해서, 어떤 특별한 이론에 매여 있지 않으며, 상담의 다양한 이론들로부터 나온 기술과 원리들을 절충적 방식으로 활용하고 있다.

이 책은 일곱 장으로 구성되어 있다. 각 장의 마지막 부분은 독자들이 읽고, 생각해 보고, 연습해 보고, 배운 내용을 실제로 적용해 볼 수 있도록 구성하였다. 각 장에서 다루고 있는 전반적인 내용을 요약해 보면 다음과 같다.

제1장에서는 상담의 이해, 상담의 정의, 상담자의 자질, 상담자와 상담기술, 초보상담자가 직면하는 문제 등을 다루었다.

제2장에서는 상담의 기본원리를 포괄적으로 개관한 후 세 가지 범주인 상담자의 신념과 태도, 내담자의 이해와 문제파악, 내담자 조력활동에 따른 20가지 상담의 원리를 다루었다.

제3, 4, 5, 6장에서는 구체적인 상담기술들을 제시하고 있다. 이러한 상담기술은 상담에 대한 최근의 연구와 상담자들과 상담훈련생들을 통해서 도출된 것들이다. 이 네 장 각각은 상담관계의 네 가지 주요한 단계인 시작 단계, 발전 단계, 행동변화 단계, 종결 단계를 다루고 있다. 단계마다 그 단계에 적합한 구체적인 상담기술을 설명하고, 기존의 상담실습과 관련된 여러 책들에서 제시된 상담자와 내담자와의 대화 예문을 많이 발췌하여 실었다. 그래서 실제 상담에서 그러한 기술이 어떻게 적용될 수 있는지 보여 주려 하였다. 하나의 상담관계에서 이러한 기술들이 모두 사용되는 것은 아니며, 또 실제 상담에서 이 책에 제시된 순서대로 상담기술이 단계적으로 일어나지 않을 수도 있다.

실제 상담은 종종 훨씬 더 압축된 방식으로 다양하게 일어난다. 그러나 이 책에서 제시하고 있는 상담단계와 기술 그리고 대화 예시문은 실제 상담에서 유용하게 사용될 수 있을 것이다.

제7장에서는 상담에서의 가치문제, 상담기술을 적용할 수 있는 세 가지 상황들(집단상담, 가족상담, 위기상담), 상담자의 능력 개발, 수퍼비전과 관련된 내용을 다루었다.

각 장의 마지막에 있는 연습문제는 상담훈련자들이 읽은 후에 바로 기술을 실습할 수 있도록 제시하였다. 연습문제 역시 상담기술의 훈련에 직접적인 도움이 되도록 기존의 상담실습 책들로부터 그 기술에 적절한 문제들을 많이 발췌하여 제시하였다. 문제를 배열할 때는 가능한 한 처음에는 기본적 언어훈련과 같이 비교적 쉬운 문제를 제시하고, 뒤로 갈수록 보다 적극적으로 참여하는 역할놀이, 모의상담연습, 사례에 대한 토의 등을 제시하였다. 이러한 상담기술 훈련을 통해 상담자는 다른 사람들과 다양한 언어적, 비언어적 반응을 교감하면서 더욱더 많은 민감성을 갖추게 될 것이다.

이 책에서 소개하고 있는 상담기술 훈련은 혼자서도 할 수 있다. 그러나 가능하다면 4~5명 정도의 소집단으로 나누어 연습하고, 집단 내에서 서로 피드백을 주고받으며 연습하면 더욱 효과적일 것이다. 만약 경험이 많은 수퍼바이저가 이 소집단들을 총괄하여 이끌어 준다면 가장 효과적인 훈련이 될 수 있을 것이다. 특히, 역할놀이를 통한 상담기술 훈련은 기술 향상에 크게 도움이 될 것이다.

상담전문직에 뛰어든 사람들이 상담기술을 터득하기 용이한 책을 쓰자고 약속한 지가 벌써 10년이 넘은 것 같다. 1995년 봄 학기에 저자들은 먼로, 맨타이, 스몰(Munro, Manthei, & Small, 1983)이 저술한 『Counseling: A skills approach』를 함께 공부하면서 이와 유사한 책을 저술하자고 다짐했었다. 그 약속 후에 많은 시간이 지났지만 지금은 많은 감회와 함께 기쁨을 느낀다. 아무튼 이런 연유로 이 책의 기본적인 틀은 위에 기술한 먼로 등이 저술한 책의 영향을 많이 받았음을 밝혀 둔다.

이 책이 보다 좋은 책이 되도록 조언해 준 목포대학교 강만철 교수, 광주교육대학교 오익수 교수, 광주보건대학 김광운 교수와 전남대학교 상담전공 대학원생 및 상담수련생들에게 고마움을 느낀다. 더불어 조건 없는 후원자인 저자들의 가족들에게도 고마움을 느낀다. 아울러 학지사에서 열심히 일하면서 책을 쓰도록 격려해 준 제자 정승철 군과 편집 책임을 맡아 좋은 책이 되도록 최선을 다해 준 이세희 님 그리고 책을 통해 깨끗한 마음을 독자들에게 주려고 노력하는 학지사 김진환 사장님과 직원들의 값진 노력에 감사드린다.

2006년 9월

빛고을 光州에서

저자 노안영 · 송현종

차 례

제4장 상담의 발전 단계 · · · · · · · · · · · · · · · · 119

제5장 상담의 행동변화 단계 · · · · · · · · · · · · 163

제7장 상담기술 적용에 따른 고려사항 · · 217

상담과 상담자

1

All wisdom is already within us; all love is already within us; all joy.
Yet, they are hidden within us until the heart opens.

– J. Fadiman & R. Frager –

1. 상담의 이해
2. 상담의 정의
3. 상담자
   1) 상담자의 인간적 자질
   2) 상담자의 전문가적 자질
   3) 상담자의 자각
4. 상담자와 상담기술
5. 초보상담자가 직면하는 문제
6. 요약

➲ 〈상담 연습 Ⅰ〉: 상담자의 자각훈련

1. 상담의 이해

“상담이란 무엇인가?”라는 질문에 한마디로 답하기는 쉽지 않다. 학자들마다 서로 보는 관점이 다르고 상담이론마다 강조점이 다르기 때문이다. 또한 오늘날 상담이란 용어가 우리 사회의 거의 모든 부분에서 일상적인 용어로 사용되고 있기 때문이기도 하다. 상담실 외에도 학교, 병원, 은행, 행정기관, 기업, 심지어는 부동산 중개업소에서도 상담이라는 용어가 매우 자주 사용되고 있다. 이러한 현상은 상담의 적용범위가 그만큼 넓다는 점에서 상담을 공부하고 실천하는 사람들에게 고무적인 일이라고 할 수도 있다. 그렇지만 이러한 현상 때문에 전문분야로서의 상담에 대한 오해도 적지 않게 발생하고 있다. 그러므로 상담에 대한 올바른 이해를 위해서는 전문분야로서의 상담과 일상적인 의미의 상담을 구분하여 이해할 필요가 있다. 따라서 “상담이란 무엇인가?”라는 질문에 직접적으로 답하기보다는 우선 상담활동과 관련하여 일반적으로 잘못 이해되고 있는 가장 기초적인 생각들을 재검토해 봄으로써 상담이 어떤 활동인지를 이해하는 것이 더 나을 수도 있다. 이러한 노력의 일환으로 우선 생각해 보아야 할 내용은 다음과 같다.

첫째, 상담은 충고 이상의 전문적인 조력활동이다. 사람들은 흔히 상담을 상담자가 내담자에게 충고해 주는 것으로 이해하고 있다. 물론 충고도 상담자가 사용하는 면담기법 중의 하나다. 때문에 상담과정에서 상담자가 충고를 해서는 안 된다는 말은 잘못된 것이다. 그렇지만 충고 위주의 상담은 내담자를 수동적인 존재로 만들 위험이 있으며, 충고만으로는 내담자의 문제를 효과적으로 조력하기 어렵다. 상담자가 가능하면 충고를 적게 사용해야 하는 주요한 이유는 충고 위주의 상담이 내담자로 하여금 스스로 자신의 문제를 탐색하고 이해하는 것을 차단하기 때문이다. 그러므로 내담자를 효과적으로 조력하기 위해 상담자는 훈련을 통해 터득한 다양한 전문적인 지식과 기법을 적용할 수 있어야 한다. 즉, 상담자는 내담자에게 암묵적으로 "네가 하는 방법은 틀렸으니 내가 제시하는 방법을 따라라."는 메시지를 전달하는 충고 이상의 전문적인 조력활동을 제공할 수 있어야 한다.

둘째, 상담은 부적응자나 문제가 있는 사람들만 대상으로 하는 것이 아니다. 상담의 대상인 내담자의 범주를 부적응자나 문제의 소유자로 국한하여 생각하는 것은 상담을 의학적 또는 치료적 관점에서만 이해하려는 것으로 상담 전문직의 영역을 축소시키는 것이다. 조력 전문직으로서 상담에서는 이러한 치료적 관점 외에 문제예방 관점과 발달 및 성장 관점이 매우 중요하다. "소 잃고 외양간 고친다." 격인 상담보다 훨씬 중요한 것은 '유비무환'의 예방적 관점에서 하는 상담이다. 상담자는 내담자로 하여금 문제나 부적응을 사전에 예방하도록 조력하는 활동에 적극적으로 참여해야 한다. 또한 상담자는 내담자가 개인적인 발달과 성장을 달성하도록 조력하여 지금보다 더 의미 있고 행복한 삶을 살게 하는 발달 및 성장 관점을 중요하게 생각한다. 개인의 발달과 성장을 위한 활동은 역시 상담자가 지향해야 할 매우 가치 있는 활동 영역이다. 그러므로 상담자는 부적응자나 문제 소유자만을 대상으로 하여 치료와 문제해결을 조력하는 활동에만 머물러서는 안 된다. 요약하면 상담자는 문제를 가진 사람들을 조력하여 문제해결을 도모하는 활동뿐만 아니라 모든 사람들을 대상으로 예방과 성장지향적인 활동에 적극적으로 참여해야 한다.

셋째, 내담자의 문제 분석이 반드시 선행되어야 한다는 생각이 항상 옳은 것은 아니다. 어떤 사람들은 문제해결을 위해서는 우선 문제를 철저히 분석해야 한다고 주장한다. 이런 입장을 취하는 상담자는 상담 시간의 상당 부분을 문제를 정의하고, 문제의 원인을 분석하고, 문제의 역사를 밝히는 데 사용한다. 그러다 보니 상담 기간이 본의 아니게 길어지는 경우가 종종 발생한다. 최근 들어 상담 기간을 줄이려는 시대적 추세에 영향을 받아 단기상담 모형이 관심을 끌고 있다. 단기상담의 주요한 접근 방법 중 하나는 문제 분석보다는 해결방안의 모색을 우선하는 해결중심 모형이다. 물론 심층적인 분석과 장기간의 상담이 필요한 문제도 많을 것이다. 그렇지만 일부 이러한 문제를 제외하고는 해결중심 방법을 채택함으로써 상담자는 내담자를 보다 효율적으로 도울 수 있을 것이다.

넷째, 상담과정에 내담자의 참여를 극대화해야 한다. 상담실을 찾는 대부분의 내담자들은 상담자에게 자기 문제를 털어놓으면 상담자가 모든 것을 알아서 해결해 줄 것이라는 소극적이고 의존적인 태도를 가진다. 즉, 내담자들은 문제해결자로서의 역할을 상담자에게 기대한다. 이러한 자세는 진행되는 상담과정에서도 효과적이지 않을 뿐만 아니라, 추후 삶의 과정에서의 문제해결도 상담자에게 계속 의존하려 한다는 점에서 바람직하지 않다. 그러므로 상담자는 상담 초기부터 내담자의 적극적인 역할을 강조하고, 자신은 문제해결의 조력자 또는 촉진자로서의 역할에 치중할 필요가 있다.

다섯째, 단 한 번의 만남으로 상담의 목적이 달성되기는 쉽지 않다. 상담에 대한 이해가 많지 않은 내담자들은 상담자로부터 문제해결을 위한 처방을 받고자 하며, 그러한 처방을 받기 위해서는 한 번의 만남으로 충분하다고 생각한다. 물론 문제에 따라서는 한 번의 면담으로도 충분한 효과를 가져올 수 있는 경우도 있을 것이다. 또 요즘 주목받고 있는 여러 형태의 단기상담 모형에서는 상담 기간의 단축을 지향하기도 한다. 그렇지만 장기상담이 꼭 효과적인 것은 아닌 것처럼, 무턱대고 상담을 짧게 하는 것도 능사는 아니다. 그러므로 상담의 구조화 단계에서 상담 기간과 관련하여 내담자와의 협의나 오리엔테이션이 이루어질 필요가 있다.

여섯째, 상담자는 말하기보다 경청하기에 더 치중해야 한다. 내담자가 상담을 충고하는 활동으로 생각하면 상담자는 말하는 사람이라고 인식하게 된다. 상담에서 상담자가 말을 많이 하게 되면 내담자는 그만큼 자신에 관해 말할 기회를 잃게 된다. 내담자(來談者)는 글자 그대로 이야기를 하러 온 사람이다. 그러므로 내담자의 말을 주의 깊게 듣는 것은 상담의 첫걸음이면서도 가장 본질적인 활동이라 할 수 있다. 이상적인 상담자의 모습을 그림으로 그린다면, 상담자는 입은 매우 작고 귀는 아주 큰 사람으로 그려질 것이다.

일곱째, 상담은 반드시 내담자와 상담자의 일대일의 만남으로만 진행되는 것은 아니다. 상담이라고 하면 흔히 내담자 한 명과 상담자 한 명이 일대일로 만나서 진행하는 개인상담을 떠올리기 쉽다. 그래서 상담을 처음 접하는 사람들은 집단상담이나 가족상담의 경우를 생소하게 느끼며, 선뜻 참여하려는 마음을 갖지 못한다. 따라서 상담자는 개인상담에 비해 집단상담이나 가족상담이 갖는 장점을 충분히 전달함으로써, 많은 사람들이 개인상담 이외의 상담 형태로 다양한 도움을 받을 수 있도록 노력할 필요가 있다.

여덟째, 상담은 대면상담으로만 이루어지는 것은 아니다. 물론 내담자와 상담자가 서로 만나서 얼굴을 마주 보고 하는 상담이 일반적으로는 가장 바람직하다. 그렇지만 컴퓨터 통신의 발달에 힘입어 최근 급속하게 늘어나고 있는 사이버상담은 시간과 공간 제약을 뛰어넘을 수 있고 익명성을 보장해준다는 점에서 강점을 가진다. 현재 사이버상담은 새로운 형태의 상담 모형으로 자리를 잡아가고 있다. 특히 오늘날의 청소년들을 효과적으로 돕기 위해서 상담자들은 사이버공간에서의 상담 방법을 적극적으로 개발하고 보급하는 데 더욱 많은 관심을 기울여야 할 것이다.

아홉째, 상담은 상담실에 찾아오는 내담자만을 대상으로 하지 않는다. 상담은 일차적으로 내담자의 자발적인 신청으로 이루어진다. 그러나 현실적으로 보면 타인이 의뢰하여 상담이 이루어지는 경우가 많다. 또 상담자나 상담기관의 필요나 판단에 따라 내담자를 찾아가는 형태의 상담도 있다. 특히 상담자가 내담자를 찾아가는 형태의 상담인 경우는 심층적인 심리상담보다는 다양한 심리교육활동을 비롯한 상담확장활동에 중점을 두는 것이 바람직하다.

이러한 논의를 바탕으로 상담전문직을 이해하기 위해 우리는 상담활동의 주체인 상담자와 내담자에 대한 폭넓은 이해가 선행되어야 한다고 본다. 삶은 우리에게 항상 문제를 제기한다. 그런 점에서 삶을 영위하는 모든 사람은 잠재적인 내담자다. 현명한 사람은 타인의 관점에서 문제를 해결한다고 한다. 훌륭한 상담자는 분명 내담자의 관점에서 내담자를 조력하려고 시도하는 훌륭한 경청자여야 한다. 내담자 역시 자신의 문제를 현명하게 해결하기 위해서는 상담자의 관점을 경청해야 한다. 상담활동이 성공적이기 위해서는 상담자와 내담자의 '자각확장'(extension of self-awareness)이 요구된다. 우리는 '상담이 무엇인가?'란 본질적 질문에 대해 인간으로서 상담자와 내담자에 대한 탐색을 바탕으로 상담에 대한 기본적인 가정을 다음과 같이 하고자 한다.

첫째, 사람들은 자신의 문제를 예방하고, 발달과 성장을 도모하고, 문제를 해결하고 어려움을 극복할 때 타인의 도움을 필요로 한다.

둘째, 도움이 필요한 많은 사람들은 그러한 문제에 대처할 수 있는 잠재능력을 이미 가지고 있거나 이미 성공적으로 문제를 해결한 경험을 갖고 있다. 그리고 상담자는 내담자의 이러한 잠재능력과 성공 경험을 이끌어 낼 수 있다.

셋째, 내담자에 대한 존중과 함께 진지함, 온화함, 일치성, 공감은 상담에서 상담자가 가져야 할 가장 필수적인 태도들이다.

넷째, 상담은 인간의 세 가지 체계인 생각, 행동, 감정 중 어디에 초점을 맞추느냐에 따라 접근방식이 달라진다. 최근에는 인간을 전체적 입장에서 보는 전체론이 강조되는 추세이며 대부분의 상담자들은 다양한 상담 접근방식을 적용한 절충적인 입장을 취한다.

다섯째, 상담에서 다양한 조력 기술들을 제공하는 사람은 상담자이지만, 상담의 내용과 방법, 상담의 성공을 결정하는 사람은 궁극적으로 내담자다.

2. 상담의 정의

상담전문직에 뛰어든 모든 상담자는 “상담이 무엇인가?”란 질문에 대한 대답을 통해 상담에 대한 정의를 나름대로 해 보는 것이 필요하다. 이러한 질문과 답변을 통해 상담자는 자신이 몸담고 있는 학문인 상담심리학을 탐색하고 이해하여 상담자로서 정체감을 형성해야 한다.

상담에 대한 정의는 많은 상담심리학자들이 나름대로 내려 왔다. 예를 들면, 이장호(1995)는 ‘도움을 필요로 하는 사람(내담자)이, 전문적 훈련을 받는 사람(상담자)과의 대면관계에서, 생활과제의 해결과 사고 · 행동 및 감정 측면의 인간적 성장을 위해 노력하는 학습과정이다.’ (p. 3)라고 정의하였다. 또한 홍경자(2001)는 ‘상담이란 상담자가 내담자와의 관계에서 촉진적인 의사소통을 통하여 내담자가 개인적인 문제에 대한 자기 이해와 자기 지도력을 터득하도록 도와주는 과정이다. 그리하여 현재의 문제를 효과적으로 해결하고 장차에도 일어날 수 있는 삶의 문제에 대한 조망과 해결능력을 갖게 되어 자기효능감과 자족감을 느끼도록 인도하는 일련의 학습과정이다.’ (pp. 76-77) 라고 하였다. 상담에 대한 정의나 설명은 상담자가 취하는 이론적 입장에 따라 달라질 수 있다. 따라서 여러 가지 상담의 정의들에 대한 미세한 차이와 정확한 이해를 위해 상담심리학자의 이론적 배경에 대한 이해가 필요하다고 본다.

상담을 정의하는 것은 쉬운 일이 아닌 것 같다. 필자는 상담심리학을 공부하면서 그동안 쌓아온 지식과 경험을 바탕으로 다음과 같이 상담을 정의하고자 한다(노안영, 2005).

> 상담은 전문적 훈련을 받은 상담자와 조력을 필요로 하는 내담자가 상담활동의 공동주체로서 내담자의 자각확장을 통해 문제예방, 발달과 성장, 문제해결을 달성함으로써 그의 삶의 질을 향상하기 위해 함께 노력하는 조력과정이다(Counseling is the helping process that a counselor with professional training and a client with necessity of helping as the co-subjects of counseling activity together make efforts in order to improve the client's well-being by achieving his/her problem prevention, development and growth, and problem solution through extending his/her self-awareness.).

상담을 정의하고 설명하는 데 먼저 고려해야 할 사항은 상담을 수행하는 상담자의 역할이다. 물론 내담자가 상담을 통해 무엇을 얻고자 하는가에 대한 것도 고려되어야 하지만 우선적으로 상담자의 입장에서 상담을 이해하는 것이 훨씬 중요하기 때문이다. 왜냐하면 '교육이 무엇인가?' 란 질문에 대해 설명할 때 피교육자인 학생보다 교육을 제공하는 교육자의 역할이 무엇인가를 이해하는 것이 중요하기 때문이다.

상담자가 일반적으로 믿고 실천하는 과정에 대한 내용과 그동안 상담자로서의 지식과 경험을 바탕으로 위에서 내린 상담의 정의를 일곱 가지 측면에서 설명하면 다음과 같다.

첫째, 상담활동의 공동 주체는 상담자와 내담자다. 상담은 상담자가 내담자에게 일방적으로 전문적 기술을 적용하는 활동이 아니라 함께 노력하는 과정이다. 상담자와 내담자가 모두 상담활동의 주체라는 생각을 갖는 것이 중요하다. 따라서 상담자는 내담자가 상담활동의 주체로서 책임감을 갖고 변화를 위한 노력을 하게 하는 것이 무엇보다 중요하다. 또한 상담자는 인간의 변화에 대한 믿음을 갖고 내담자를 조력하기 위해 최선을 다하는 상담의 주체다. 상담자는 변화에 대한 믿음을 갖고 자신의 변화모델을 바탕으로 내담자의 변화를 위해 실천하는 사람이다. 상담자의 변화모델은 그가 취하는 상담 접근방식의 입장에 근거하며 상담을 통해 내담자의 생각, 감정, 행동을 변화하도록 다양한 접근방식을 사용한다.

둘째, 상담자는 전문적 훈련을 받는 사람이다. 상담자는 내담자를 조력하기 위한 전문적 훈련의 중요성을 인식하고 자신의 전문성 향상을 위해 노력한다. 상담을 통해 내담자를 조력하기 위해 상담자는 상담이론 및 기법, 상담관계, 인간발달, 집단과정, 진로발달이론 및 정보, 윤리적 및 법적 문제 등에 관한 지식과 기술 습득을 위해 부단히 훈련한다. 상담자들은 대부분 자신의 역할을 정의하는 것으로 과학자-실천가(scientist-practitioner) 모델을 수용한다. 즉, 상담자는 인간 행동을 이해하기 위해 끊임없이 연구하는 과학자이면서 한편으로는 연구를 통해 발견한 지식을 인간 변화를 위해 행동하는 실천가다.

셋째, 내담자는 조력을 필요로 하는 사람이다. 조력을 필요로 하지 않는 사람은 없다. 따라서 우리 모두가 잠재적 내담자라고 할 수 있다. 이런 점에서 내담자라는 용어가 어떤 심각한 문제를 가진 사람이라는 의미를 함축하지 않는다. 상담활동에 참여하게 되는 내담자의 유형은 다양하다. 실제로 내담자 자신이 필요를 느껴서 자발적으로 상담에 참여하게 되는 경우는 그렇게 많지 않다. 처음 상담에 오게 되는 내담자들은 비자발적인 경우가 대부분이다. 즉, 부모, 교사, 친구, 직장동료 등의 권유나 법적 기관의 강제명령으로 상담에 참여하는 경우가 많다고 할 수 있다. 그러나 내담자가 자발적이건 비자발적이건 그는 조력을 필요로 하는 사람이다.

넷째, 상담은 내담자의 자각확장을 이루도록 조력하는 활동이다. 대부분의 내담자는 자신에 대한 이해의 부족, 즉 자신이 갖고 있거나 행하는 것을 알아차리지 못함으로써 고통을 받는다. 상담은 내담자로 하여금 자신의 장점과 단점이 무엇인지를 알아차리도록 하는 활동이라고도 할 수 있다. 따라서 상담자는 내담자가 자기탐색과 자기이해를 통해 문제해결을 할 수 있도록 조력한다. 상담의 일차적 목적은 내담자가 자신의 감정, 생각, 행동에 대한 자각을 확장하게 하는 것이다.

다섯째, 상담은 내담자의 문제예방, 발달과 성장, 문제해결을 달성하는 것이다. 이 말은 포괄적인 세 영역으로 상담의 목적을 잘 설명해 주고 있다. 내담자는 분명히 나름대로의 목적을 갖고 상담자를 찾아온다. 상담자가 일차적으로 고려하는 가장 중요한 사항은 내담자가 현재보다는 나은 상태의 삶을 영위할 수 있도록 조력하는 것이다. 즉, 힐(Hill, 1993)이 지적한 것처럼 상담자는 세 가지 주요한 역할, ① 치료적(문제해결을 위해 조력하는), ② 예방적(미래에 일어날 수 있는 일을 기대하고 계획을 세우고 방지하는), ③ 교육 및 발달적(잠재력을 발견하고 발달시키는) 역할을 실천하는 사람이다.

여섯째, 상담은 내담자의 삶의 질을 향상하기 위해 노력하는 것이다. 내담자가 상담을 통해 달성하고자 하는 궁극적 목적은 행복이나 성공이라고 할 수 있다. 21세기의 심리학의 주요한 추세는 인간의 최적 기능과 긍정적 측면을 강조하는 긍정심리학이다. 긍정심리학은 사람들이 자신, 가족, 사회를 위해 올바른 일을 하는 것과 그러한 일을 어떻게 하는가를 연구한다. 또한 긍정심리학은 사람들이 자신과 타인을 위해 보다 큰 충만으로 이끄는 자질을 개발하도록 조력한다(Compton, 2005, pp. 3-4). 상담자는 상담을 통해 단순히 내담자의 부적절한 문제를 제거하는 것 이상으로 그가 최적의 기능을 수행하도록 조력해야 한다. 필자는 긍정심리학이 추구하는 내용을 반영하는 점에서 '삶의 질 향상' 이란 말을 상담의 정의에 포함시켰다.

일곱째, 상담은 조력과정이다. 상담은 과정을 강조하는 활동이다. 과정은 결과를 유도한다. 상담을 의미하는 counseling이 진행형으로 되어 있는 것처럼 상담은 진행되는 과정이며 과정에 초점을 둔다. 상담자는 내담자에게 영향을 미치는 과거와 미래의 일을 현재로 가져와 상담의 시점에서 어떻게 영향을 미치는가를 다룬다. 누구나 삶의 과정에서 크고 작은 문제를 가지고 살아가는 것처럼, 상담자는 조력과정을 통해 내담자의 문제예방, 발달 및 성숙,

문제해결을 위한 힘과 기술을 증진시키는 노력을 한다. 즉, 상담자는 인간의 문제가 끝이 없는 것처럼 형식적으로 상담이 종결됐다고 해서 내담자의 문제가 완전히 해결됐다고 보지 않는다.

3. 상담자

상담에서 내담자에게 영향을 주는 상담자의 중요한 특성이 무엇인지 알 필요가 있다. 해크니와 코미어(Hackney & Cormier, 2001)는 효과적인 상담자의 중요한 특성으로서 자기자각과 이해, 훌륭한 심리적 건강, 자신과 타인의 인종적, 민족적, 문화적 요인에 대한 이해와 민감성, 개방된 마음, 객관성, 유능성, 신뢰감, 대인관계에서의 친근감 등 여덟 가지를 제시하였다(pp. 13-19). 지금까지 일반적으로 밝혀진 효과적인 조력자의 주요한 특성은 다음과 같다(Patterson & Welfel, 2000, pp. 10-14; Welfel & Patterson, 2005, pp. 13-18).

- 효과적인 상담자는 내담자에게 다가갈 수 있는 능숙한 대인관계기술을 가진다.
- 효과적인 상담자는 내담자에게 진실감, 신뢰감, 자신감을 야기한다.
- 효과적인 상담자는 내담자를 돌보고 존경한다.
- 효과적인 상담자는 타인이해뿐만 아니라 자기이해를 바탕으로 성숙된 삶을 영위한다.
- 효과적인 상담자는 내담자와의 갈등을 효과적으로 처리한다.
- 효과적인 상담자는 가치 판단을 강요함이 없이 내담자의 행동을 이해하려고 한다.
- 효과적인 상담자는 내담자의 자기파괴 행동패턴을 확인할 수 있고 그러한 자기파괴 행동을 보다 보상적인 행동패턴으로 변화하도록 조력할 수

있다.

- 효과적인 상담자는 내담자에게 특별한 가치가 있을 어떤 영역에 대한 전문적인 지식과 경험을 갖는다.
- 효과적인 상담자는 체계적으로 추리하고 생각할 수 있다.
- 효과적인 상담자는 문화에 대한 충분한 지식을 가진다. 즉, 그는 사람들이 생활하는 사회적, 문화적, 정치적 맥락을 이해할 수 있다.
- 효과적인 상담자는 자신을 좋아하고 존중하며 자신의 욕구를 만족시키기 위해 내담자를 이용하지 않는다.
- 효과적인 상담자는 인간행동의 심층적 이해를 발달시킨다.
- 효과적인 상담자는 바람직한 인간 모델을 가진다. 이러한 인간은 건강하고 효과적이며 충분히 기능하는 자질과 행동패턴을 가진다.

상담전문직에 종사하는 모든 상담자는 나름대로 '효과적인 상담자'에 대한 원형을 달성하기 위해 노력하고 있다. 여기서는 먼저 효과적인 상담자가 되기 위해 필요한 인간적 자질과 전문적 능력을 살펴보고자 한다.

1) 상담자의 인간적 자질

효과적인 상담자가 소유해야 할 바람직한 자질이나 특성들이 어떤 것인지에 대해 분명하게 합의된 것은 없다. 다만 여러 학자들이 제시하고 있는 견해들을 종합해 보면, 상담자가 갖추어야 할 중요한 자질은 대체적으로 다음과 같다. 즉, 진솔성, 인간에 대한 깊은 관심, 정서적 성숙, 심리적 안정감, 민감성, 유연성, 온화함, 타인 수용, 개방된 마음, 공감, 자각, 타인 존중, 비지배성, 객관성 등이다. 이러한 특성들 중에서 어떤 것이 더 우선되어야 하는가는 상담전문가의 견해, 개인적 경험, 상식적인 생각과 함께 이 주제에 관한 연구결과들을 종합적으로 고려해 보아야 할 것이다.

여기서는 먼로, 맨타이, 스몰(Munro, Manthei & Small, 1983)이 제안했던 상담자의 세 가지 바람직한 개인적 자질을 바탕으로 다른 전문가들의 이론적 입장과 함께 포괄적으로 논의하고자 한다.

첫째는 일관성 있는 모델로서의 상담자다. 모방은 대부분의 학습상황에서 일어나며 타인의 모방을 통한 학습은 매우 중요하다. 상담에서 내담자들은 상담자의 행동을 모방하고 상담자의 어떤 신념과 태도를 자신의 것으로 동일시하기도 한다. 이것은 필수 불가결한 과정이며 상담자가 통제할 수 없는 영역이기도 하다. 그렇지만 상담자는 자신과 자신의 가치와 행동을 인식하고 수용해야 한다. 그래야 효과적인 관계와 문제해결을 위한 일관성 있는 모델을 보여 줄 수 있다. 그렇게 되었을 때 개방적이며, 편견을 갖지 않고, 비판단적이며, 민감하고, 타인을 배려하는 자세들이 효과적인 조력으로 직접 연결될 수 있을 것이다. 효과적인 상담자는 분명 모델로서 내담자의 본보기가 되는 것이 필요하다. 이런 점에서 현대 사회에 가장 영향력 있는 이론을 제시한 심리학자인 반두라(Albert Bandura)가 제안한 관찰학습의 모델로서 상담자의 자질과 역할은 중요하다고 본다.

둘째는 적절한 상담관계의 형성이다. 상담이론가와 실천가들은 모두 상담자와 내담자의 관계가 상담에서 중요하다는 점에 동의한다. 효과적인 상담자는 내담자와 우호적이면서 전혀 위협을 느끼지 않는 관계를 형성할 수 있다. 이러한 신뢰 관계 속에서 내담자는 현실적이고 자발적인 사람이 되어서 충분히 상호작용하면서 안전함을 느낄 수 있을 것이다. 이러한 관계는 그 자체가 치료적이다. 특히 타고난 상담자로서 상담전문직에서 성인(saint)으로 불리는 로저스(Carl Rogers)는 내담자와 상담자의 상담관계에서 상담자가 보이는 진솔성, 무조건적이고 긍정적인 존중, 공감의 태도가 내담자를 변화시킨다는 것을 강조하였다.

셋째는 상담을 이끌어 가는 상담자의 용기다. 상담자가 내담자를 돕기 위해서는 용기와 자신감이 필요하다. 경우에 따라서는 상담자가 타인에게 도움을 주지 않기로 마음먹는 것이 더 쉬울 때도 많다. 예를 들면, 조력을 위한 요청을 무시할 수 있고, 다른 사람과 연루되기를 원하지 않기 때문에 핑계를 댈 수 있으며, 상황을 절망적이거나 비현실적으로 또는 사소하거나 자신의 능력 밖에 있는 것으로 판단해 버릴 수도 있다. 다른 사람을 돕겠다고 선언하는 일은 책임감과 불확실성을 동반하는 일이다. 진심으로 효과적인 상담자가 되고자 하는 사람은 책임감과 불확실성을 기꺼이 수용해야 한다. 그리고 개인적, 정서적, 직업적으로 또는 인간관계 측면에서 자신이 위험상황에 처할 수 있음을 감수할 수 있어야 한다. 다시 말해, 상담자는 안전이 보장된 제한적 상황에서 행동하기보다는 자신이 전인적이고도 실제적인 존재로서 기능할 수 있도록 준비해야만 한다. 현대 상담 및 심리치료의 제반 이론에 영향을 준 아들러(Alfred Adler)와 아들러 학파인 드레이커스(Rudolf Dreikurs)는 상담자가 내담자를 변화시킬 수 있는 핵심적 요인으로서 격려(encouragement)를 강조하였다. 상담자가 내담자에게 용기를 심어 주기 위해서는 먼저 상담자가 자기격려에 충실한 사람으로서 본보기를 보여 주는 것이 필요하다. 상담자는 상담을 수행하면서 겪는 많은 도전들에 좌절하지 않고 끊임없이 자신을 격려하면서 인내심을 갖고 내담자를 조력할 수 있어야 한다.

2) 상담자의 전문가적 자질

상담은 전문적인 조력활동이므로 효과적인 상담자가 되기 위해서는 인간적인 자질과 함께 전문가의 자질도 겸비해야 한다. 여기서 말하는 전문가의 자질은 상담을 효과적으로 이끌어 갈 수 있는 전문적인 지식과 기술을 의미한다.

이장호, 정남운, 조성호(1999)는 중요한 상담자의 전문적 자질을 다음과 같이 세 가지로 제시하고 있다. 첫째는 상담의 이론에 관한 이해이고, 둘째는 상담을 효율적으로 진행하는 방법과 절차에 관한 이해이고, 세 번째는 이 두 가지를 바탕으로 상담을 하면서 고려해야 할 여러 가지 사항들을 일일이 검토하는 실습훈련 경험이다(p. 20).

미국심리학회(APA)의 상담심리분과회는 상담자에게 필수적으로 요청되는 전문적인 지식으로 성격에 대한 이해, 사회 환경에 대한 이해, 개인의 진단과 평가에 대한 이해, 상담이론과 실제에 관한 이해, 상담실습 경험, 연구방법과 통계적 기술에 관한 이해, 전문가의 책임과 윤리 대한 이해, 상담이 적용되는 분야에 대한 이해 등 좀 더 구체적으로 제시하고 있다.

요약하면 상담자가 전문적 조력가로서 효과적으로 내담자를 조력하기 위해 먼저 인간행동에 대한 전반적인 지식과 이해를 갖추어야 한다. 다음으로 상담자로서 내담자 조력을 위한 지식과 기술 습득을 위한 부단한 노력을 해야 한다. 마지막으로 상담자가 실천가로서 역할을 충실히 수행하기 위해서는 자신의 구체적 전문영역(예를 들면, 자폐증, 물질남용, 학대 등)에 해당하는 내담자들을 돕는 활동에 적극적으로 참여하여 조력기술을 체득하는 것이 필요하다.

3) 상담자의 자각

오늘날 우리 사회에는 상담자가 되고자 하는 사람들이 꽤 많다. 어떤 사람은 이러한 현상을 마치 신흥종교가 일어나서 급속하게 전파되는 것 같다고 말하기도 한다. 이처럼 많은 사람들이 상담자가 되고자 하는 이유는 무엇일까? 그들의 근본적인 동기는 어디에 있는 것일까? 그들은 진정으로 타인을 돕는 데 관심을 갖고 있는가? 아니면 자기도 모르는 사이에 오히려 자신의 문제해결에 더욱 많은 관심을 갖고 있는 것은 아닐까?

타인에게 도움을 제공하는 상담자로서의 동기가 전적으로 순수하고 이타적일 수만은 없을 것이다. 그러나 자신의 문제를 회피하기 위해서 다른 사람들을 돕는 상담자는 그 효과성에 한계가 있을 수밖에 없다. 내담자가 상담자를 잘 알지 못한다면 그는 효과적인 상담에 필수적인 신뢰와 믿음을 형성하지 못할 것이다. 상담자 역시 자신의 지위와 통제 스타일에 맞는 오직 한 유형의 내담자에게만 신뢰감을 주게 될 것이다. 다른 유형의 내담자들은 그 상담자의 통제적인 행동을 피할 것이기 때문이다. 따라서 상담자는 자신의 동기를 분명하게 인식하고 개방할 필요가 있다. 상담자가 되고자 하는 사람은 다른 사람을 돕는 책임을 맡은 개인으로서 자신의 동기를 냉철하고 정직하게 탐색해 보아야 한다. 상담자는 자신에게 '나는 상담관계로부터 무엇을 기대하는가?' '타인들을 돕는 일에서 무엇이 나에게 만족과 보상이 되는 것인가?' 를 자문자답해 보아야 한다.

상담자가 되어 상담관계로부터 얻고자 하는 것은 사람들마다 차이가 있다. 어떤 사람들은 일상적인 대인관계에서는 얻을 수 없는 타인과의 친밀한 접촉을 상담관계에서 얻고자 할지도 모른다. 어떤 사람은 다른 사람을 도와줌으로써 자신의 유능함을 인정받고 싶어 할지도 모른다. 또 어떤 사람은 정말로 순수한 의도를 갖고 다른 사람을 도움으로써 자기만족을 얻으려 할 수도 있다. 다른 사람들을 돕는 이유가 무엇이든 간에, 상담자는 자신이 타인을 도와주려 하는 근본적 이유를 자각하고 수용함으로써 상담관계를 향상시키고 상담과정의 효율성을 높여야 한다. 자신의 욕구와 동기를 발견하기 위해서 상담자는 스스로 자신과 타인에 대한 생각이나 자기탐구의 의지를 꾸준히 점검해야 한다. 이러한 측면에서 상담자가 스스로 생각해 보아야 할 질문들은 다음과 같다.

첫째, 나는 왜 상담자가 되고자 하는가?
둘째, 나는 상담자이어야만 하는가? 왜 그래야 하는가?
셋째, 타인을 도움으로써 내가 얻고자 하는 것은 무엇인가?
넷째, 나는 어떤 사람인가? 나의 강점과 약점은 무엇인가?
다섯째, 내가 다른 사람들에게 해 주어야 할 것은 무엇인가?

여섯째, 내가 다른 사람들로부터 받아들여야 할 것은 무엇인가?
일곱째, 내가 믿고 있는 것이 다른 사람들에게 적절한 것인가?

이러한 질문들에 대하여 분명하게 답하기는 쉬운 일이 아니다. 그렇지만 상담자는 정기적으로 이러한 질문에 답함으로써 자신을 돌아보아야 한다. 이러한 노력은 상담자로서의 활동 과정에서 꾸준히 이루어져야 한다. 자신에 대한 자각을 증진하고 상담자가 되고자 한 자신의 동기를 깨달을 때 상담자는 더욱 효과적으로 내담자를 도울 수 있을 것이다. 상담자 역시 계속적인 자기성장의 노력을 게을리 해서는 안 된다.

상담자는 타인과의 상호작용 과정에 관한 자각을 최대한으로 넓혀야 한다. 이러한 노력은 상담과정에서 내담자와의 상호작용을 원활하게 하고, 상담과정과 관련된 여러 가지 요소들을 자각하는 데 토대가 될 것이다. 만약 상담자가 오직 객관적이고 합리적인 태도만 취하려고 한다거나, 상담자 자신의 감정, 지각, 직관, 생각 등을 완전히 무시하려고 애쓰는 사람이라면 내담자와의 깊은 상호작용은 불가능하기 때문이다. 조해리 창문(Johari Window; 창안자인 Joseph Luft와 Harry Ingham의 이름을 딴 것임)으로 불리는 [그림 1-1]은 대인관계에서 자신에 대한 자각을 넓히는 데 많은 도움을 준다(Luft & Ingham, 1955).

조해리 창문에서, 상담자는 '자유롭고 개방된 영역' 을 더 넓히고 다른 세 가지 영역을 더 작게 만드는 노력을 해야 한다. '자유롭고 개방된 영역' 을 넓힌다는 것은 두 가지 노력으로 달성될 수 있다. 하나는 자신이 알고 있는 영역을 넓히고, 자신이 모르고 있는 영역을 좁히려는 노력이다. 즉, 세로로 된 중심선의 위치를 오른쪽으로 움직이는 것이다. 이를 위해서는 타인으로부터 자신에 관한 피드백을 많이 받아야 한다. 자신의 행동이 타인들에게 어떤 영향을 주고 있으며, 그러한 행동을 한 자신의 의도와 타인의 인식이 얼마나 일치하는가에 대하여 다른 사람들로부터 기꺼이 피드백을 부탁하고 받아야 한다. 다른 하나는 타인에게 알려진 영역을 넓히고 타인에게 알려지지 않은 영

그림 1-1 조해리 창문

	자신이 알고 있는 나	자신이 모르고 있는 나
타인에게 알려진 나	**자유롭고 개방된 나** (Free & Open) 자신과 타인이 모두 알고 있는 나	**맹인적인 나** (Blind) 자신은 모르나 타인은 알고 있는 나
타인에게 알려지지 않은 나	**감추어진 나** (Hidden) 자신은 알고 있으나 타인은 모르는 나	**미지의 나** (Unknown) 자신과 타인이 모두 모르는 나

역을 좁히려는 노력이다. 즉, 가로로 된 중심선을 아래쪽으로 움직이는 것이다. 이를 위해서는 자기노출을 많이 해야 한다. 자신이 어떤 사람인지, 어떤 생각을 하고 있는지, 자신의 의도가 무엇인지 등에 관해 적극적으로 자기표현을 하는 노력이 있어야 한다. 상담자는 결코 신비한 존재가 되려고 해서는 안 된다. 이러한 노력을 통해서 상담자는 자신에 대한 통찰을 경험할 수 있다.

상담자가 자신에 관한 자각을 넓히는 데 도움이 되는 또 한 가지의 방법은 교류분석(Transactional Analysis) 입장을 취하는 해리스(Thomas Harris)가 제안했던 자신과 타인에 대한 기본적인 입장을 검토해 보는 것이다. [그림 1-2]는 인간이 사회적 존재로서 자신과 타인을 어떻게(긍정적 혹은 부정적으로) 보는가에 따른 개인의 삶의 입장을 보여 준다.

위의 기본적 입장에서 상담자에게 필요한 것은 자기긍정-타인긍정의 입장이다. 자기긍정-타인긍정의 입장은 타인과 친숙한 관계를 유지할 수 있게 하며, 상담과정에서 내담자와의 상담관계를 형성하는 데 필수적이다. 자기부정-타인긍정의 입장은 열등감, 우울, 자신감의 저하와 연결될 수 있으며, 상

그림 1-2 기본적 입장

	자기긍정	자기부정
타인긍정	자기긍정 타인긍정 (I'm OK, You're OK)	자기부정 타인긍정 (I'm NOT OK, You're OK)
타인부정	자기긍정 타인부정 (I'm OK, You're NOT OK)	자기부정 타인부정 (I'm NOT OK, You're NOT OK)

담과정에서 불안한 상담자의 모습으로 비춰질 수 있다. 자기긍정-타인부정의 입장은 우월감과 배타적인 태도로 연결될 수 있으며, 상담과정에서 권위적이거나 지나치게 전문가적인 상담자의 모습으로 비춰질 수 있다. 자기부정-타인부정의 입장은 체념, 자포자기, 무가치감으로 연결되며, 상담자가 결코 유지해서는 안 되는 입장이다.

상담자는 조해리 창문에서의 개방된 영역을 넓히고, 교류분석에서 자기긍정-타인긍정의 입장을 유지하기 위한 노력을 게을리 해서는 안 된다. 그렇게 하기 위해서는 늘 자신을 돌아보고 타인으로부터 기꺼이 피드백을 얻고자 노력해야 한다. 타인들로부터 받은 피드백은 상담자에게 가치 있는 정보가 된다. 상담자는 피드백을 통해 변화할 수 있으며 자신의 행동과 자세가 적절한 것인지 아닌지를 알 수 있다. 일반적으로 피드백을 주고받을 때 유념해야 할 사항들은 다음과 같다.

첫째, 구체적인 행동에 대해서 피드백을 하고, 그 사람의 전체적인 인격에 대한 포괄적이거나 판단적인 피드백은 피하라.

둘째, 그 사람이 변화시킬 수 있는 행동에 대하여 피드백을 하고, 아무리 노력을 해도 변화시킬 수 없는 행동에 대해서는 피드백을 피하는 것이 좋다.

셋째, 피드백의 내용은 긍정적인 것과 부정적인 것을 모두 포함한다. 그러므로 어느 한 가지의 내용으로만 피드백을 하려는 것은 올바른 것이 아니다.

넷째, 피드백은 행동이 일어난 후에 곧바로 하는 것이 좋다. 행동과의 시간 간격이 크면 클수록 피드백의 효과는 떨어진다.

다섯째, 피드백을 할 때는 단순한 언어를 사용하는 것이 좋다. 어려운 전문 용어를 사용하면 피드백을 받은 사람의 이해를 어렵게 만들 수 있다.

여섯째, 다른 사람이 원할 때 또는 피드백을 하는 것이 바람직하다고 여겨질 때만 피드백을 하라. 일방적으로 제공되는 피드백은 수용되기 어렵다.

일곱째, 피드백을 받았을 때는 그 내용을 해석하거나 일반화하지 말고 받은 그대로를 수용하라. 해석과 일반화는 피드백의 내용을 왜곡할 위험이 있다.

여덟째, 피드백을 받은 사람은 그 내용에 대해 반응할 수 있는 기회를 가져야 한다. 그래서 다른 사람들과 함께 자기가 받은 피드백의 정확성에 대해 점검해 볼 수 있어야 한다.

4. 상담자와 상담기술

실력 있는 교사가 어려운 내용을 학생들에게 잘 가르치고 유능한 의사가 어려운 환자를 잘 치료하는 모습이 신기하게 보이는 것처럼, 사람들은 유능한 상담자가 내담자의 문제해결을 효과적으로 조력하는 것을 보고 상담자의 능력에 대해 다소 신비스럽게 생각할 수도 있다. 그러나 상담하는 능력을 특정 소수의 개인들만 할 수 있는 어떤 신비하거나 특별한 카리스마로 간주해서는 안 될 것이다. 물론 어떤 사람들은 체계적으로 상담을 공부하지 않았으면서도 효과적인 상담자로서의 역할을 충분히 수행해 내기도 한다. 그들은 적절한 시기에 가장 조력적인 것을 이야기하고 행할 수 있는 어떤 직관력을 가진 것처럼 보이기도 하고, 효과적인 조력을 할 수 있는 개인적 능력을 가진 것 같기도 하다. 그러나 상담이 신비스러운 것에서 벗어나 내담자와 상담자에게 좀 더 폭넓게 활용할 수 있게 되려면, 상담기술은 더 이상 신비스럽거나 지나치게 전문적인 것이 되어서는 안 될 것이다. 오히려 상담기술은 분명하면서도 누구나 이해할 수 있는 일반적인 용어로 서술할 수 있어야 할 것이다. 그래서 상담자 교육에서 상담자가 되고자 하는 모든 사람들에게 충분히 가르칠 수 있고 배울 수 있는 것이 되어야 한다.

상담자가 효과적인 상담기술을 사용할 때 내담자는 자신을 더욱 잘 이해하게 되고 자신의 문제도 더욱 효과적으로 해결할 수 있을 것이다. 상담을 효과적으로 진행하기 위해서는 상담과정의 각 시점마다 각각 다른 적절한 상담기술을 사용해야 한다. 예를 들어, 상담의 초기단계에서는 주로 내담자가 호소하는 내용을 들으면서 내담자의 문제를 이해하고, 상담을 구조화하며, 내담자와의 관계형성에 중점을 두어야 할 것이다. 그리고 이때는 주로 경청, 반영, 공감, 명료화, 개방형 질문 등의 면담기술을 많이 사용하게 된다. 상담의 중기에서는 통찰, 문제해결, 실행에 중점을 두어야 하기 때문에 해석, 자기노출, 즉시성, 정보제공, 직접 안내 등의 기술을 많이 사용하게 될 것이다. 그리고 상담을 종결하는 단계에서는 상담 성과를 유지시키고 상담관계를 종결해야 하기 때문에 성과 다지기와 추수상담 안내 등이 많이 사용될 것이다.

상담자에게는 단순히 기법을 사용하는 그 이상으로 지켜야 할 윤리적인 책무가 있다. 그것은 내담자의 이익에 최선을 다하는 봉사자로서의 역할이다. 상담의 궁극적인 목적은 내담자가 자신이 원하는 것을 얻을 수 있도록 돕는 데 있기 때문이다. 전문적 상담자는 어떤 상담관계에서나 내담자를 도울 수 있는 일련의 방법들을 가지고 있어야 한다. 여기에서는 먼로 등(Munro et al., 1983)이 제안했던 상담자가 지켜야 할 윤리적 행동들을 바탕으로 상담자의 책무를 살펴보고자 한다.

첫째, 상담자는 상담관계에서 알게 된 내담자의 사적 내용에 대해 비밀을 보장해 줄 의무가 있다. 내담자가 묻지 않더라도 상담 중에 거론되는 이야기는 철저히 보장된다는 것을 설명해야 한다. 타인과 자신에게 해를 끼치는 특별한 경우를 제외하고는 누구를 막론하고 상담의 내용은 공개되지 않아야 한다.

둘째, 상담관계에 대한 자발성의 강조다. 상담과정에서 자발성의 강조는 내담자가 스스로의 행동에 책임감을 갖도록 하여 상담을 효과적으로 이끌게 될 것이다. 그러나 만약 내담자가 도움을 원하지 않고 변화를 바라지 않는다는 태도가 명백하다면, 상담자는 자신의 기술, 통찰 혹은 결과를 미리 알 수 있는 능력과 관계없이 내담자들에게 그의 견해를 강요할 어떤 권리도 갖지 않는다. 때때로 내담자가 도움을 바라는 욕구 그 이상으로 상담자의 욕구가 지나치게 강하면 오히려 내담자의 자발성을 해칠 수 있다. 이런 의미에서 상담자는 다른 사람에 대해서뿐만 아니라 자신의 욕구나 감정 등에 대해 자각하는 것이 꼭 필요하다.

셋째, 충분한 훈련을 받으면서 상담자는 많은 다양한 이론들에 대해 연구해야 한다. 상담자로서 훈련받는 과정에서 많은 상담이론을 배워야 하고, 그러한 이론들에서 개발되어 온 많은 유용한 기법들과 생각들을 습득해야 한다. 그리하여 상담자는 이러한 이론들을 자신의 개인적 스타일로 통합하는 방법을 학습해야 한다. 또한 상담과 관련된 주제들에 관해 주의 깊은 독서를 하고 이를 반드시 상담의 실제와 통합할 수 있어야 한다. 그러므로 상담자는 자신의 상담경험에 관해 생각해 보고, 다른 상담자들과 자신의 상담에 대해 토의하고, 전문적 수퍼비전을 받고, 더 많은 훈련 기회를 가지려고 노력해야 한다.

넷째, 상담자와 내담자가 서로 다른 문화적 배경(성, 나이, 사회계층, 종교, 인종 등)을 가질 때 그들이 기대하는 역할과 바람직한 결과는 차이가 있을 수 있다. 문화가 다른 경우 상담에서 기술과 민감성을 개발하기 위해서는 다음과 같은 것이 요구된다. 먼저 상담자는 자신과 문화적 가치나 신념이 다른 문화적 집단이 자신에게 어떻게 영향을 주는지와, 자신의 문화적 가치나 신념이 내담자의 가치나 신념과 갈등을 가질 수 있다는 것을 인식해야 한다. 또한 다른 문화적 집단들에 대한 개방성과 유연성, 그리고 그러한 집단들에 영향을 주는 정치적, 경제적, 사회적 힘에 대한 이해가 필요하다. 그러기 위해서 상담자는 특수한 문화적 집단들에 대한 기본적 지식, 즉 언어, 관습, 가치, 역사 등에 대해 알아야 할 것이다.

한편 상담기술을 배우고 익히는 상담자 훈련과정에서 역할놀이는 많은 도움이 된다. 역할놀이는 실제적으로 또는 상상적으로 어떤 사람의 일부분을 행동으로 표현해 보는 과정이다. 상담자 훈련과정에서 역할놀이가 갖는 이점은 다음과 같다.

첫째, 상담이론에서 제시하고 있는 상담기술들을 실제적으로 적용해 볼 수 있다. 상담의 기술이나 기법을 이론적으로만 이해하는 것은 상담의 실제에서 큰 도움이 되지 않는다. 실제상황과 비슷한 상황에서 역할놀이를 해 봄으로써 상담의 기술과 기법을 더욱 효과적으로 배울 수 있다.

둘째, 상담기술과 기법의 적용에 대한 불안과 걱정을 감소시킬 수 있다. 상담자 훈련과정에서 실제상황과 비슷한 상황에서 역할놀이를 해 봄으로써 상담자는 실수에 대한 부담을 줄일 수 있으며, 내담자에 대한 역효과를 걱정하지 않고 새로운 기술과 기법을 시도해 볼 수 있다.

셋째, 내담자에 대한 이해와 상담자의 자신감을 높일 수 있다. 역할놀이를 통해 상담자는 내담자가 되었을 때의 느낌을 경험할 수 있으며, 자신의 감정과 생각을 표현하는 능력과 자신감을 발달시킬 수 있다.

넷째, 상담관계의 역동성을 학습하는 데 유용하다. 실제상황과 유사한 상황에서 역할놀이를 해 봄으로써 상담자는 실제 상담 장면에서의 상담자와 내담자 간의 역동적인 관계를 더욱 잘 이해할 수 있다.

상담기술을 배우고 숙달하는 방법으로서 역할놀이가 많은 장점을 갖고 있음에도 불구하고 역할놀이를 적용하는 데는 몇 가지 어려움도 있다. 어떤 사람들은 감정을 표현할 때 너무 소극적이고 어색해 하기 때문에 이들에게 역할놀이가 효과적이지 못할 수도 있다. 이러한 어려움을 가진 사람들은 자기 내부의 풍부한 정서를 쉽고 현실적으로 표현할 수 있도록 감정 표현을 연습해야 한다. 또한 어떤 사람들은 역할놀이를 위협으로 여기기 때문에 이들에게 역할놀이를 적용하기가 쉽지 않을 수도 있다. 그러나 실제 상담 상황은 역할놀이 상황보다 훨씬 더 위협적으로 느껴질 수 있으므로 상담자가 되고자 하는 사람은 훈련과정에서 이러한 위협을 반드시 직면하고 극복해야 한다. 또 역할놀이를 인위적인 것으로 받아들이면서 진지하게 여기지 않은 사람도 있다. 그렇지만 역할놀이를 경험한 많은 사람들은 금방 자신을 망각하고 자신이 수행하는 역할에 전적으로 빠져든다. 그러므로 다소 인위적인 상황이라 하더라도 상담기술을 배우고 숙달하는 데는 별 무리가 없다고 할 수 있다. 다만 역할놀이 상황을 인위적인 것으로 고집하면서 주어진 역할에 참여하기를 끝까지 거절하는 사람이 있다면, 무조건 밀어붙이기보다는 그 사람의 입장을 진지하게 고려해 볼 필요가 있다. 왜냐하면 그 사람이 보이는 이러한 행동이 그 사람 자신의 어떤 측면을 회피하려는 것일 수도 있기 때문이다. 지적한 것처럼 훈련기법으로서 역할놀이에는 적지 않은 어려움이 있다. 그러나 상담자가 되고자 하는 사람에게는 새로운 상황을 경험하고, 새로운 상담기술과 기법을 연습하고, 다른 사람들과 관계를 맺는 데 필요한 자신감을 획득할 기회를 준다. 또 상담자 훈련과정에서 상담기술을 익히기 위해 연습한 역할놀이는 추후 실제 상담 장면에서 내담자에게 본보기를 보여 준다거나 내담자에게 새로운 행동을 연습하고 습득시키려고 할 때 그 자체를 하나의 상담기술로 효과적으로 적용할 수도 있다.

5. 초보상담자가 직면하는 문제

상담자로서의 교육과 훈련을 충분히 받았다 하더라도 상담 장면에 처음 임하는 초보상담자는 여러 가지의 문제에 직면한다. 코리(Corey, 2001)의 견해를 토대로 초보상담자를 위한 지침을 제시하면 다음과 같다(pp. 29-38).

첫째, 불안을 인식하고 적절히 처리해야 한다. 초보상담자는 상담과정에서 무슨 말을 어떻게 말해야 할지, 자신이 내담자에게 도움을 줄 수 있는지, 내담자가 다시 올지, 다시 온다면 어떻게 해야 할지 등과 관련하여 적지 않은 불안을 갖게 된다. 초보상담자에게 이러한 불안은 지극히 자연스러운 것이다. 그러므로 불안을 부정하거나 감추려 하기보다는 그것을 인식하고 적절히 대처하는 노력이 더 바람직하다. 동료 상담자나 수퍼바이저와 토론을 해 보는 것은 좋은 방법 중의 하나다.

둘째, 적절한 수준의 자기개방이 필요하다. 상담 장면에서 상담자가 적절한 수준으로 자신을 개방하면, 내담자의 자기탐색을 깊게 하고 치료관계도 강화시킬 수 있다. 그러나 초보상담자는 그냥 자기 자신으로 존재하는 것의 가치를 과소평가하는 경향이 있다. 그래서 지나치게 전문가의 역할 속에 자신을 숨기거나, 아니면 정반대로 자신의 인간적인 측면을 지나치게 드러내는 실수를 하기도 한다. 이처럼 양극단에 치우칠 때 상담자는 자신의 모습 그대로 존재한다고 볼 수 없으며, 이는 상담의 효과성을 높이는 데도 도움이 되지 않는다.

셋째, 완벽주의적인 사고를 떨쳐야 한다. 초보상담자는 완벽해야 한다는 생각 때문에 과도한 스트레스를 받고 에너지도 고갈시키는 경향이 있다. '나는 완벽한 상담자가 되어야 한다.' '나는 상담에 관한 모든 것을 알고 있어야 한다.' '나는 모든 내담자를 도울 수 있어야 한다.' '내담자가 호전되어야 한다.' '나는 실수를 해서는 안 되며 항상 자신감이 있어야 한다.' 등의 생각은 초보상담자를 괴롭히는 대표적인 사고다. 초보상담자는 실수를 두려워하기보다는 실수할지도 모르는 위험을 기꺼이 감수해 보고, 실수를 표현하면서 상담자로서의 성장을 지향하는 태도를 가져야 할 것이다.

넷째, 자신의 한계를 솔직하게 인정하는 것이 좋다. 초보상담자는 자신의 한계를 인정하는 것이 내담자의 존경을 잃어버리게 하는 것은 아닐까 하고 불안해한다. 그러나 자신 있는 것처럼 위장하는 것보다는 솔직하게 대하는 것이 내담자의 존경과 신뢰를 얻기에 더 좋은 방법이다. 물론 경험이 많은 상담자라 할지라도 내담자를 효과적으로 도와줄 수 없을 때는 의기소침해질 수 있다. 그러나 모든 내담자의 모든 문제를 성공적으로 상담한다는 것은 현실적으로 불가능하다. 그러므로 자신이 모든 내담자의 모든 문제를 다 성공적으로 상담할 수 없다는 사실을 자신과 내담자에게 인정함으로써 지나친 두려움으로부터 벗어나야 한다.

다섯째, 내담자의 침묵을 두려워할 필요가 없다. 상담 중에 내담자가 침묵을 지킬 때 초보상담자는 불안해하면서 그 침묵을 깨기 위한 시도를 한다. 초보상담자에게 침묵의 시간은 아무것도 하지 않은 시간처럼 느껴지기도 하고, 자신의 상담 능력에 대해 내담자가 의심하거나 비협조하는 것으로 생각되기 때문이다. 그래서 짧은 침묵의 시간도 초보상담자에게는 견딜 수 없이 긴 시간으로 여겨진다. 그러나 상담 중에 내담자가 침묵을 하는 것은 여러 의미가 있다. 이전에 논의된 것을 조용히 생각하거나 방금 획득한 통찰을 평가하고 있을 수도 있고, 자신의 문제나 문제해결 방법을 생각하고 있는 것일 수도 있다. 또는 상담자의 다음 반응을 기다리고 있거나 상담에 대한 저항의 의미로 침묵하고 있을 수도 있다. 상담자는 내담자의 침묵이 갖는 의미를 잘 생각해 보고 대처해야 한다. 내담자의 침묵이 상담자의 반응을 기다리거나 상담에 대한 저항의 의미라면 적절하게 대응해야 할 것이다. 그렇지만 다른 의미라면 조바심을 내면서 성급하게 침묵을 깨뜨리려고 하기보다는 내담자에게 충분한 시간을 주면서 기다리는 편이 오히려 더 나을 것이다.

여섯째, 내담자의 과도한 요구에 한계를 설정해야 한다. 내담자 중에는 상담자에게 과도한 요구를 하는 사람들도 있다. 시도 때도 없이 상담자에게 전화를 해서 장시간 통화하기를 원하거나, 지나치게 자주 더 오랜 시간 동안 만나 주기를 원하거나, 사회적인 관계나 이중적인 관계로 만나 주기를 원하거나, 다른 사람을 설득해 달라거나 하는 경우들이 대표적인 사례다. 이러한 문제를 해결하는 한 가지 방법은 상담의 첫 회기에 상담자가 도와줄 수 있는 한계를 분명히 설정하는 것이다.

일곱째, 비자발적인 내담자를 적절히 준비시켜야 한다. 내담자 중에는 상담을 받고자 하는 자발적인 의지가 없는 사람들도 있다. 본인의 의사와는 상관없이 법원이나 학교 상벌위원회의 명령에 따라 어쩔 수 없이 상담을 받게 된 사람들이 대표적이다. 이러한 내담자를 만날 때 초보상담자는 당황하게 된다. 비자발적인 내담자와 상담할 때는 상담자는 할 수 없거나 지키지 못할 약속은 하지 말아야 한다. 상담과정에 영향을 줄 수 있는 다른 요인뿐만 아니라 비밀유지의 한계에 대해서도 분명히 알려 주는 것이 좋다. 반면에 상담을 받음으로써 얻을 수 있는 이점에 대해서도 안내를 해 줄 필요가 있다. 특히 상담과정에 대한 기초적인 안내를 하는 것은 이들을 상담으로 끌어들이는 데 도움이 될 수 있다. 내담자가 저항을 보이거나 약속을 자주 실천하지 않는 경우는 상담을 계속 받기를 원하는지 직접적으로 물어볼 수 있다. 설령 본인의 의지와 상관없이 상담을 받게 되었다 하더라도 그 상담시간을 이용하는 방법은 내담자 자신에게 달려 있다는 점을 강조해야 한다.

여덟째, 상담의 효과를 성급하게 기대하지 말라. 초보상담자들은 상담의 효과가 보이지 않는다고 불안해하는 경우가 많다. 그래서 자신이 내담자의 성장이나 변화에 도움이 되고 있는지에 대해서 의구심을 갖기도 한다. 이런 경우에 상담자는 내담자가 개선되었는지 어떤지를 확실히 알 수 없는 상담효과의 모호함을 인내하며 견뎌낼 필요가 있다. 때로 상담은 그 효과가 나타나기 전에 상황이 더 나빠진 것처럼 보일 수도 있다는 점을 알아야 한다. 그리고 상담의 효과는 상담이 끝난 후 몇 달 또는 몇 년 후에야 나타날 수도 있음을 이해해야 한다.

아홉째, 내담자와의 관계 속에서 자신의 정체감을 잃지 않아야 한다. 초보 상담자들은 대체적으로 내담자에 대해 걱정을 너무 많이 하는 경향이 있다. 그래서 자신을 내담자와 너무 동일시하여 자신의 정체감을 잃고, 심지어는 내담자의 정체감을 떠맡는 경우도 있다. 상담자가 내담자의 갈등이나 혼돈 속에 빠져서 자신을 잃어버리게 되면 내담자로 하여금 어둠을 헤치고 자신의 길을 찾도록 돕는 일을 포기하는 격이 된다. 내담자가 스스로의 생활을 이끌어 나가야 하는 책임을 우리가 대신 떠맡아 준다면, 그들의 성장을 촉진시키는 것이 아니라 방해하는 결과가 될 것이다. 그래서 상담실 밖의 생활이나 선택의 책임은 내담자가 지도록 하는 것이 상담자의 자세로서 더 나은 것이다. 이와 관련하여 상담자가 유념해야 할 또 다른 측면은 역전이의 문제다. 즉, 상담자 자신의 욕구나 스스로 풀지 못한 문제 때문에 상담관계에 영향을 주는 일이 최소화되어야 한다. 상담자의 욕구나 미해결 감정은 상담자의 객관성을 흐리게 하고, 자신의 욕구충족을 위해 내담자를 이용할 위험이 있다. 따라서 상담자는 수퍼비전을 통해 자신의 역전이를 인식하고 해소하는 노력을 기울여야 한다.

열째, 유머를 적절히 활용하라. 상담자가 상담에 대한 책임감을 갖는 것은 당연한 일이지만 그렇다고 너무 심각할 필요는 없다. 내담자의 고통과 어려움에 공감하면서도 내담자로 하여금 자신만 비극을 겪고 있다는 생각을 완화시켜 줄 필요도 있다. 물론 유머가 불안을 감추거나 위협적 상황을 회피할 목적으로 사용되어서는 안 될 것이다. 상담자는 상황을 혼란스럽게 하는 유머와 상황을 호전시키는 유머를 구분해서 사용해야 할 것이다.

열한 번째, 초보상담자가 흔히 하는 실수 중 하나는 스스로 상담의 방향과 결과에 대한 모든 책임을 지려고 하는 것이다. 이것은 내담자가 스스로 결정할 수 있는 책임 능력을 빼앗는 것이다. 이렇게 되면 내담자는 늘 상담자에게 마술적인 대답을 요구할 것이다. 그러나 내담자의 문제해결과 삶의 방향에 책임을 지는 사람은 내담자 자신이지 상담자가 아니다. 그러므로 상담자는 상담의 초기에 내담자와 책임 분담에 대해 논의해야 한다. 내담자와 계약을 맺고 과제를 내주는 것 역시 내담자의 책임감을 높이는 데 도움이 된다.

열두 번째, 충고하고 싶은 마음을 참아야 한다. 이 책의 처음 부분에서 상담은 단순한 충고 이상의 것이 되어야 한다고 기술하였다. 많은 내담자들은 상담자에게 충고를 요구한다. 그러나 상담을 충고와 혼동해서는 안 된다. 숙련된 상담자는 내담자가 스스로 문제를 해결할 수 있도록 조력하고 촉진하는 역할을 한다. 만약 상담자가 충고 위주의 상담을 하면 내담자의 의존심을 키우는 결과를 초래할 것이다. 상담은 내담자로 하여금 스스로 선택하고 그 선택의 결과를 수용하도록 용기를 주는 일임을 잊지 말아야 한다.

이외에도 초보상담자는 전문가로서의 상담자의 역할을 설정하는 일, 상담 장면에 대한 적절한 기법의 사용, 자신만의 독특한 상담 양식의 개발에 대해서도 진지한 노력을 기울여야 할 것이다.

6. 요약

이 장에서는 먼저 전문적 활동으로서의 상담이 일상적인 의미의 상담과는 그 의미가 다르다는 점을 소개한 후 상담활동의 이해를 위해 고려할 내용으로 다음과 같은 아홉 가지를 지적하였다.

① 상담은 충고 이상의 전문적인 조력활동이다.
② 상담은 부적응자나 문제가 있는 사람들만 대상으로 하는 것이 아니다.
③ 내담자의 문제 분석이 반드시 선행되어야 한다는 생각이 항상 옳은 것

은 아니다.

④ 상담과정에 내담자의 참여를 극대화해야 한다.

⑤ 단 한 번의 만남으로 상담의 목적이 달성되기는 쉽지 않다.

⑥ 상담자는 말하기보다 경청에 더 치중해야 한다.

⑦ 상담은 반드시 내담자와 상담자의 일대일의 만남으로만 진행되는 것은 아니다.

⑧ 상담은 대면상담으로만 이루어지는 것은 아니다.

⑨ 상담은 상담실에 찾아오는 내담자만을 대상으로 하지 않는다.

다음으로 상담의 정의를 내렸으며, 상담자로서 가져야 할 인간적 및 전문적 자질에 대해 살펴보았다. 상담 중에 발생하는 많은 것은 상담자와 내담자 간의 관계에 좌우되기 때문에 상담자가 되려고 하는 사람은 누구든지 상담자가 되려는 자신의 욕구를 세심하게 생각하고, 자신에 관한 자각을 발전시켜야 하며, 효과적인 상담에 기여할 수 있는 개인적인 자질에 대하여 깊이 생각해 보아야 한다. 더불어 이 장에서는 상담기술을 사용하는 상담자의 윤리와 상담 장면에 익숙하지 않은 초보상담자들이 유념해야 할 지침들에 대해 살펴보았다.

효과적 조력을 위한 〈상담 연습 I〉: 상담자의 자각훈련

[연습 1] 다음 질문에 답을 쓰고 다른 상담자와 함께 이야기해 보라.

1) 나는 상담자가 되고 싶다. 그 이유는

____

____

____

2) 위의 진술을 다른 상담자들에게 이야기하고 나서, 다음과 같은 질문들을 함께 토의해 보라.

① 당신 자신에 대해 진술할 때 당신은 얼마나 개방적이고 탐색적이었으며 정직했는가?

② 완성하기에 가장 쉬운 진술은 어느 것인가? 가장 어려운 진술은 어느 것인가? 그 이유는?

③ 당신 자신에 대해서 당신은 무엇을 배웠는가?

④ 다른 사람들은 당신의 개방 정도에 대해서 어떻게 느꼈는가?

____

____

____

3) 상담자가 되어 상담을 하고자 하는 자신의 동기를 스스로 평가해 보라. 당신은 자신의 동기를 말할 때 얼마나 개방적이고 탐색적이었으며 정직했는가? 당신은 어떤 이유들은 숨겼는가? 그리고 타인에게 안전하게 수용될 수 있을 것으로 생각되어서 한 말이 있었다면 그것은 무엇인가?

____

____

____

[연습 2] 두 사람씩 짝을 지어 다음의 문장을 완성하라.

상담자 혹은 조력자로서,

① 나는 ________한 유형의 사람이 되어 가고 있다.

② 나의 강점들은 ____________________이다.

③ 나의 약점들은 ____________________이다.

④ 내가 사람들로부터 가장 필요로 하는 것은 ____________이다.

⑤ 내가 대부분의 경우에 사람들에게 주는 것은 ____________이다.

[연습 3] 위의 연습을 통해 얻은 정보와 자기에 관한 지식을 바탕으로 상담자가 된 당신의 현재의 동기를 한 페이지로 서술하라. 마지막 문장은 당신의 진술이 얼마나 정직하고 개방적인가를 평가하라. 작성한 내용을 잘 간직하고 이 책을 읽어가면서 또는 상담자 훈련을 받을 때 그 내용을 자주 참고하라. 앞으로 그 내용을 바꾸고 싶을 때는 내용을 바꾸거나 수정해도 좋다. 만약 원하지 않으면 그 내용을 다른 사람에게 보여 주지 않아도 된다.

____

____

____

[연습 4] 다양한 감각을 통하여 다음에 기술된 내용을 자각해 보라.

1) 눈을 감고 편안한 자세로 조용히 앉아라. 긴장을 풀고 당신 주위에 있는 모든 소리를 자각하라. 그리고 점차 당신 내부에 있는 소리를 자각하라. 그 다음에 다른 사람들과 당신의 경험에 대해 토의하라.

2) 다시 눈을 감고 조용히 앉아서 당신의 주변에 있는 사물을 만져 보고 탐색하라. 그 사물의 감촉, 모양, 온도를 자각하라. 또 다른 방법으로서, 다른 사람으로 하여금 당신에게 어떤 물건(예 : 연필, 사과, 천, 금속, 플라스틱 등)을 건네주도록 하고, 그 물건을 만져 보라. 그 다음에 다른 사람들과 당신의 경험에 대해 토의하라.

3) 어떤 물건(예 : 책, 컵, 핸드백, 구두)을 보면서 앉아 있어라. 그 물건의 모든 것(예 : 색깔, 모양, 조직)을 있는 그대로 보라. 그런 다음 다른 사람을 바라보라. 이때 눈싸움이 되지 않도록 하면서 그 사람이 정말로 어떻게 보이는지, 말 그대로 그냥 보기만 하라. 그 다음에 다른 사람들과 당신의 경험에 대해 토의하라.

4) 당신은 눈을 감고 앉아 있고, 누군가로 하여금 당신의 코앞에 다양한 냄새(예 : 꽃, 치즈, 귤, 초콜릿, 잉크)를 갖다 대게 하라. 그때 당신의 마음에 떠오르는 모든 심상을 시각화해 보라. 그런 다음 다른 사람들과 당신의 경험에 대해 토의하라.

____

____

____

5) 당신은 눈을 감고 앉아 있고, 누군가로 하여금 당신의 입에 다양한 음식을 갖다 주게 하라. 당신은 그 음식을 천천히 먹어 보면서 혀, 입술, 치아를 사용하여 충분히 느끼고 경험해 보라. 그런 다음 다른 사람들과 당신의 경험에 대해 토의하라.

____

____

____

[연습 5] 2~3명씩 짝을 지어 다음 문장을 완성하면서 서로 자기노출을 해 보라.

1) 새로운 집단에 참여할 때, 나는 ____________을 느낀다.
2) 나는 사람들이 나를 ____________한 사람이라고 생각했으면 좋겠다.
3) 실망하거나 낙담할 때, 나는 ____________한다.
4) 이 순간에 나는 ____________하게 느낀다.
5) 내가 당신을 처음 만났을 때, 나는 ____________하게 생각했다.
6) 이 연습은 ____________하게 생각된다.

[연습 6] 앞의 문제에 모두 답했으면, 다음의 질문들에 대답해 보라.

1) 이 연습을 하는 동안 당신은 무엇을 느꼈는가?

____

____

____

2) 어떤 질문이 대답하기에 가장 쉬웠는가? 그리고 가장 어려운 질문은 어떤 것이었는가?

____

____

____

3) 당신은 앞의 질문들에 대답할 때 자신에 대한 객관적이고 사실적 정보를 얼마나 사용했는가? 또 주관적이고 감정적 정보는 얼마나 사용했는가? 어떤 정보가 자신을 더 많이 노출하게 하는가? 그 이유는 무엇인가?

____

____

____

4) 앞의 질문들에 답해 보면서 당신은 자신에 대해 무엇을 배웠는가?

____

____

____

[연습 7] 새로운 일이나 어려운 일을 모험적으로 시도해 보기 위해, 당신이 변화하고 도전하고 직면하거나 시도하기를 원했지만 지금까지는 할 수 없었던 상황이나 활동을 한 가지 생각해 보자. 예를 들어, 어떤 낯선 사람을 만나서 부탁해야 하는 일이나, 사이가 안 좋은 친지나 직장동료와 오해를 푸는 일 등을 생각해 보자. 우선 당신의 목표를 달성할 수 있는 방법들을 생각해 보라. 그리고 그중에서 당신이 생각하기에 가장 최선의 방

법을 하나 선택하여 실행에 옮겨라. 나중에 다른 사람들과 함께 그 결과에 대해 토의하라. 그 방법이 왜 성공했는가? 왜 실패했는가? 그 일을 하고 난 후의 느낌은 어떤가? 그 일은 모험을 할 가치가 있었는가?

____

____

____

[연습 8] 타인이 자기를 보는 것처럼 자기 자신을 관찰하는 것은 자신에 대하여 배울 수 있는 효과적인 방법이다. 건설적인 피드백을 촉진하기 위해 다음 내용을 연습해 보라.

1) 당신이 이미 접촉해 본 적이 있는 사람과 짝을 지으시오. 다음의 진술들을 완성해 보라.

당신은 ____________________한 부류의 사람들을 좋아할 것 같다.

만약 당신이 화가 난다면, 당신은 ____________________할 것 같다.

만약 당신이 행복하다면, 나는 당신이 ____________________할 것 같다.

나는 당신이 ______________________________할 때 고맙게 느낀다.

바로 지금 내가 당신에게 호감을 느끼고 있는 것은 _____________이다.

2) 상대자와 역할을 바꾸어 연습하라. 당신의 파트너가 된 것처럼 말해 보라. 당신의 파트너가 당신을 생각하고 있는 것처럼 당신 자신에 대해 기술해 보라. 끝마치고 나서 어땠는지 함께 이야기해 보라.

____

____

____

[연습 9] 다음 물음에 대답해 보라.

1) 교류분석의 기본적 입장 중에서 당신은 주로 어떤 입장을 가지고 사람들을 대하는가?

____

____

____

2) 당신이 자기긍정-타인긍정의 입장으로써 대하는 사람이 있는가? 그런 입장으로 사람들을 대한 후의 느낌은 어떠한가?

____

____

____

3) 당신의 기본적 입장을 바꾸고 싶은 생각이 있는가? 그렇다면 그 이유는 무엇인가?

____

____

____

[연습 10] 초보상담자로서 당신이 갖는 어려움은 무엇인가? 동료 상담자와 서로의 생각을 교환해 보라.

____

____

____

[연습 11] 지금까지의 당신의 상담에 대한 지식과 경험을 바탕으로 상담을 정의해 보고 다른 동료들과 논의해 보라.

____

____

____

[연습 12] 상담자로서 기본적으로 지켜야 할 윤리적 책무에 대해 동료들과 논의해 보라.

____

____

____

2
상담의 기본원리

Children need encouragement as a plant needs sun and water.

– Rudolf Dreikurs –

상담전문가들은 내담자가 삶의 질을 향상시키는 방향으로 변화하도록 연구와 경험을 통해 다양한 상담 원리와 방법을 개발해 왔다. 상담자들이 다양하게 사용하는 상담기법들은 각자가 갖는 상담이론에 근거한다. 상담이론을 개발한 심리학자들은 내담자의 변화를 위한 조력에 자신의 이론에 입각한 적용이 효과가 있다는 것을 입증하였다. 그리고 상담에 관한 대부분의 책들에는 많은 상담이론들이 소개되어 있다. 초보상담자들은 많은 상담이론들과 생소한 용어들로 어려움을 느낀다. 상담을 잘하기 위해서는 모든 상담이론들에 통달해야 하는지, 특별히 어떤 상담이론과 방법을 잘 알아야 하는지 혼란스러워 한다.

최근 많은 상담전문가들은 자신의 상담 접근방식이 통합적이거나 절충적이라고 말한다. 이러한 추세는 상담전문가들이 다양한 상담이론의 장점들을 두루 받아들여 내담자를 조력하는 데 사용하고 있다는 것을 반영한다. 처음 상담을 공부하는 사람들은 먼저 다양한 상담이론을 섭렵하는 것이 필요하다. 초보상담자들은 어떤 상담이론 하나에 매이는 것보다는 다양한 상담이론을 공부한 후 자신의 성격이나 인생관에 부합한 상담이론을 개발할 것을 권장한다. 초보상담자가 이러한 노력을 하면서 많은 상담경험을 한 후 전문가가 됐을 때 자신의 입장이 절충적이라고 말하리라고 미루어 짐작해 본다.

상담자로서의 경험과 연구결과를 바탕으로 웰펠과 패터슨(Welfel & Patterson, 2005)은 다음과 같은 여섯 가지 효과적 상담의 기본원리를 제안하였다.

- 기본원리 1 : 사회적 및 문화적 맥락에서 인간 행동을 이해하기
  이 지침은 효과적이기 위해 상담자가 사회적 및 문화적 맥락에서 인간 행동을 철저히 이해해서 내담자의 특별한 문제와 환경에 그러한 지식을 적용할 수 있어야 한다는 것을 의미한다.
- 기본원리 2 : 성공적 상담의 정의로서 내담자가 원하는 성숙

이 지침은 상담경험의 궁극적 목적은 내담자가 만족하게 여기는 것으로 생각하는 변화를 달성하도록 그를 조력하는 것을 의미한다.

- 기본원리 3 : 내담자 변화의 근간으로서 상담자와 내담자의 긍정적 관계
  이 지침은 조력관계의 질이 내담자의 성숙을 위한 분위기를 제공하는 가장 의미 있는 단일 요인이라는 것을 강조한다.
- 기본원리 4 : 강렬한 경험으로서 상담
  이 지침은 상담경험이 상담자와 내담자 모두에게 정서적으로 강렬한 영향을 준다는 것을 의미한다.
- 기본원리 5 : 상담과정에서 적극적 파트너로서 내담자
  이 원리는 효과적 상담은 내담자가 상담자와의 상호작용으로 촉진됨으로써 자기노출, 자기직면, 모험하기 등에 적극적으로 참여하겠다는 그의 다짐에 기반을 두고 있다는 것을 의미한다.
- 기본원리 6 : 기본적인 전문적 책임감으로서의 윤리적 행위
  이 원리는 상담전문직의 윤리 강령은 상담자가 내담자의 최선의 이익을 가장 높은 우선순위에 둘 것과 전문직을 위한 행동 강령의 모든 다른 절차를 따를 것을 요구한다는 것을 지적한다(pp. 4-10).

마이어와 대비스(Meier & Davis, 1997)는 좀 더 구체적으로 상담자들이 알아야 할 상담의 기본원리를 다섯 범주로 구분하여 제안하였다. 이들이 제안했던 41가지 내용들을 범주별로 나누어 제시하면 다음과 같다.

상담과정 접근방식의 원리

- 인간적 만남을 만들어라.
- 상담활동을 위한 유대를 발달시켜라.
- 내담자에게 상담이 무엇인가를 설명하라.
- 내담자와 보조를 맞추어 가며 리드하라.

- 간략하게 말하라.
- 당신이 무엇을 말해야 할지 모를 때는 아무것도 말하지 말라.
- 당신이 지지했던 것만큼 직면시킬 수 있다.
- 어떤 것을 변화시키기 원하면 진행되는 감정을 다루어라.
- 당신의 상담을 개별화하라.
- 저항을 인지하라.
- 의심스러울 때는 감정에 초점을 맞추어라.
- 상담의 초기에 종결을 위해 계획하라.

내담자의 자기탐색을 돕는 전략의 원리

- 조언을 피하라.
- 성급한 문제해결을 피하라.
- 질문에 의존하는 것을 피하라.
- 내담자의 표현을 주의 깊게 경청하라.
- 비언어적 의사소통에 주의를 기울여라.
- 내담자에게 초점을 맞추어라.
- 구체적으로 하라.
- 은유적 표현을 경청하라.
- 요약하라.

상담에서 몇 가지 잘못된 가정의 이해

- 긍정적 사고와 합리적 사고는 다르다.
- 공감은 동의와 다르다.
- 변화가 단순하다고 가정하지 말라.
- 도덕적 판단이 아니라 심리적 평가를 하라.
- 내담자의 감정, 사고, 행동을 안다고 가정하지 말라.

- 내담자가 자신의 감정, 사고, 행동에 반응하는 방법을 안다고 가정하지 말라.

상담자가 알아야 할 중요한 주제

- 위기중재 기술을 개발하라.
- 성, 인종/민족, 성지향성의 문제에 주의하라.
- 집단 및 가족 상담에 개방적으로 하라.
- 조심스럽게 위임하라.
- 내담자의 상태가 악화되는가를 살펴라.
- 상담연구에 관심을 가져라.
- 당신의 상담을 문서화하라.
- 내담자가 불참한 것에 대해 인내심을 가져라.
- 상담을 위한 물리적 환경을 적절히 갖추어라.
- 내담자를 이해하는 방법을 배워라.

상담자의 자각 및 능력 확장

- 당신의 개인적인 문제를 인식하라.
  - 당신은 어떻게 해서 상담자가 되기로 결정했는가?
  - 당신은 어떠한 정서에 불편을 느끼는가?
  - 당신은 어느 정도의 향상을 수용할 수 있는가?
  - 당신은 내담자가 당신에 대해 갖는 감정을 어떻게 처리하는가?
  - 당신이 내담자에 대해 갖는 감정을 어떻게 처리할 것인가?
  - 당신은 유연하고, 수용적이고, 관대할 수 있는가?
- 수퍼비전에 개방적이 되어라.
- 윤리적 문제에 관해 자문을 구하라.

또한 드라이든과 펠섬(Dryden & Feltham, 1992)은 초보상담자들을 위한 실제적 지침으로써 구체적인 상담의 원리를 설명하였다. 이들이 제안했던 보통 1회기에서 20회기까지 진행되는 단기상담의 기본원리들을 여섯 가지 영역인 '상담에 내담자를 적응시키기' '내담자의 문제를 평가하기' '변화를 주도하기' '과제주기를 통해 변화를 촉진하기' '중간단계에서의 상담' '상담을 종결하기'로 구분하여 제시하면 다음과 같다.

상담에 내담자를 적응시키기

- 첫 접촉부터 내담자가 당신에게 반응하는 것을 인식하라.
- 상담회기를 녹음하는 문제를 고려하고 내담자의 동의를 구하라.
- 상담을 의뢰한 사람이 어떤 내용을 얘기했는가를 확인하라.
- 단기상담이 조력의 가장 적절한 형태인가를 평가하라.
- 만약 다른 상담자에게 의뢰하는 것이 적절하다면 의뢰하라.
- 비밀유지의 한계를 고려하고 그것을 얘기하라.
- 내담자가 상담에 대해 갖는 두려움을 탐색하라.
- 상담 기간에 대한 내담자의 생각을 확인하라.
- 내담자에게 도움이 됐던 과거사를 탐색하라.
- 상담에 대한 내담자의 견해를 알아보고 당신의 견해를 설명하고 보여주어라.
- 실제적인 동의사항을 다루어라.

내담자의 문제를 평가하기

- 내담자가 얘기하도록 허용하라.
- 이야기가 아니라 문제를 경청하고 그것에 반응하라.
- 중요하거나 도움이 되는 어떤 정보가 있는지 물어보라.
- 반영과정을 확립하라.

- 내담자의 변화 단계를 확인하라.
- 과정에 참여하도록 내담자를 격려하라.
- 적절한 언어와 보조 맞추기를 사용하라.
- 당신의 전문적 기술을 적절하게 사용하라.
- 내담자의 중요한 차이점을 알아차려라.
- 구조화를 적절하게 사용하라.
- 문제의 우선순위를 정하고 다룰 구체적 문제를 선택하라.
- 다루고자 하는 구체적인 문제에 대한 정의와 개념화에 대해 협의하라.
- 다루고자 하는 구체적 문제와 관련된 목표들을 구체화하라.
- 내담자가 과거에 문제해결에 실패했던 시도를 확인하라.
- 내담자가 과거에 상담에서 설정한 구체적 문제해결에 실패했던 시도를 확인하라.
- 변화에 대한 장애요인들이 무엇인지를 확인하라.
- 구체적 문제에 대한 구체적 중재방법을 고려하라.
- 상담자로서 당신이 사용하려고 의도하는 상담 접근방식을 설명하라.
- 당신의 접근방식을 내담자에게 맞게 맞추어라.

변화를 주도하기

- 변화를 위한 작업을 시작하라.
- 내담자에게 한 번에 너무 많은 요구나 부담을 주지 말라.
- 지지와 지시의 수준을 다양화하라.
- 상담회기와 회기 간에 내담자가 어떤 활동을 시작하도록 고려하라.
- 내담자가 목표를 달성할 때까지 계속해서 접근방식을 적용하라.
- 실제적 장애요인을 다루어라.
- 치료적 동맹에 위협이 되는 가능한 사항을 인식하고 반응하라.
- 새로이 설정한 구체적 문제에 대한 작업을 시작하라.

- 문제보다는 주제를 확인하고 작업하라.

과제주기를 통해 변화를 촉진하기

- 일반적으로 내담자에게 과제를 하게 하는 것에 대한 당신의 이유를 설명하라.
- 과제의 다른 유형들에 대해 폭넓게 생각하라.
- 상담회기 중에 과제주기를 협약하는 데 필요한 시간을 배정하라.
- 구체적인 과제주기에 대한 당신의 이유를 설명하라.
- 서로 협상을 하되 일방적으로 정하지 말라.
- 과제가 상담회기의 초점에서 비롯됐는가를 확인하라.
- 내담자의 능력, 환경, 학습방식, 과제이행의 과거사를 충분히 파악한 뒤 과제의 내용에 대해 협의하라.
- 내담자가 과제와 그것의 목적을 이해하는지를 확인하라.
- 내담자가 과제를 수행할 때와 장소에 대해 협의하라.
- '시도할 것이다' 와 '수행하다' 를 구별하라.
- 과제를 완수하는 데 잠재적 장애를 확인하라.
- 정신적 예행연습을 하도록 주도하라.
- 성공을 위한 준거를 확립하라.
- 과제를 이행함으로써 결코 잃는 것이 없다는 것을 설명하라.
- 과제를 확인하라.
- 내담자가 과제를 성공적으로 했는가의 여부를 확인하라.
- 내담자가 과제를 시도했지만 실패했는가를 확인하고 실패에 대한 이유를 발견하라.
- 내담자가 과제하기를 시도하지 않는 이유를 발견하라.
- 내담자가 과제를 하는 것에 대해 더욱 책임감을 갖도록 격려하라.
- 보다 효과적으로 내담자를 조력하고 공감하도록 당신 자신을 위한 과제

를 설정하라.

중간단계에서의 상담

- 주제를 철저히 따르고 도움이 됐던 것을 공고히 하라.
- 원래의 문제에 관한 트랙을 계속 유지하라.
- 관계요인에서 비롯된 효과와 목표지향에서 비롯된 효과 간의 균형을 유지하라.
- 서로 자각하지 못한 가능한 영역을 탐색하고 수퍼비전을 참조하라.
- 내담자의 상담에 대한 의존성과 상담자로서 당신에 대한 의존성을 자각하라. 내담자가 개인적 확신과 자발적 성장을 지향하도록 조력하라.
- 내담자가 악화되는 것을 알아차리고 그것에 적절히 반응하라.
- 일어날 수 있는 가능한 위기를 다루어라.
- 진전을 평가하고 내담자가 진전 정도에 관련해서 가질 수 있는 실망을 다루어라.
- 내담자가 호소하는 문제가 다른 문제들을 감추었다는 것이 분명한 경우는 목표를 재설정하도록 준비하라.
- 변화의 비선형적(non-linear) 본질을 내담자가 이해하도록 조력하라.
- 장애를 인식하고 다루어라.

상담을 종결하기

- 종결을 위한 준비를 주도하라.
- 자기변화를 증진시켜라.
- 재발예방과 관련한 주제를 언급하라.
- 갑작스럽게 상담 종결을 희망하는 내담자의 권리를 존중하여 그렇게 하도록 하라.
- 상담이 확실하게 종결될 것이라는 기대를 반복해서 언급하라.

- 마지막 피드백을 하도록 격려하라.
- 다양한 형태로 이루어지는 종결의 장점과 단점을 고려하라.
- 상담 종결이 때때로 상실 감정을 야기한다는 것을 내담자가 알도록 하라.
- 내담자가 미래를 긍정적으로 보도록 학습해 왔던 것을 활용하도록 조력하라.
- 상담 종결 시 내담자의 진전을 평가하고 내담자와의 그러한 작업을 통해 당신이 할 수 있는 것이 무엇인지 확인하라.

상담은 인간의 변화를 위한 활동이다. 상담자는 내담자의 변화를 위해 온몸과 정신으로 전력해야 한다. 상담자는 자신의 모든 생각, 감정, 행동이 내담자에게 영향을 준다는 것을 명심하며 상담활동에 임해야 한다. 여기서는 이런 점을 고려하여 필자들의 지식과 경험을 바탕으로 일반적으로 상담자들이 가져야 할 신념과 태도, 내담자의 이해와 문제파악, 변화를 위한 조력활동의 원리를 소개하고자 한다. 다음에 소개되는 20가지 내용은 상담 접근방식의 입장에서 보면 통합적이고 절충적이라 할 수 있다.

1. 상담자의 신념과 태도

상담자는 내담자와 함께하는 참여적 관찰자이며 촉진자다. 상담자가 갖는 신념과 상담에 임하는 태도는 내담자에게 영향을 준다. 이런 점에서 몇 가지 상담의 원리로서 상담자가 상담에 어떻게 임해야 하는가를 알아보자.

1) 변화에 대한 확신을 가져라

상담자는 내담자의 변화를 위한 조력자다. 변화의 조력자가 변화가 일어날까 하는 의구심을 갖고 상담에 임한다면, 그것은 상담자의 자기기만이 되며 상담자가 상담자이기를 포기한 것이다. 상담자가 상담활동을 통한 변화에 확신을 갖지 못한다면 다른 직종으로 전문성을 바꾸어야 한다. 상담자는 변화에 대한 확고한 믿음을 바탕으로 변화모델을 개발하여 내담자에게 적용할 수 있어야 한다.

2) 윤리적 책임감을 인식하라

상담전문직을 유지하는 기둥의 하나는 비밀유지라고 할 수 있다. 상담자가 특별한 경우를 제외하고 내담자를 위해 비밀유지를 지키는 것은 중요한 윤리적 책임감이다. 상담자는 내담자에게 피해를 줄 수 있는 자신의 언행에 대한 책임감을 인식하는 것이 중요하다. 상담자는 상담이 진행되는 중에 내담자와의 이중관계(예 : 성관계, 금전거래 등)를 해서는 안 된다. 상담자가 내담자에게 제대로 도움을 주지 못하고 있다면 상담관계를 종결하거나 다른 상담전문가에게 기꺼이 의뢰해야 한다. 또한 내담자에게 자신의 가치를 받아들이도록 강요해서도 안 된다.

3) 자각을 확장하라

상담자는 끊임없이 자신의 이해를 위한 노력을 해야 한다. 상담에서 제기되는 많은 문제는 가치와 관련되어 있다. 때문에 상담자는 내담자와 가치갈등을 가지는 경우가 많다. 상담자는 가치갈등을 슬기롭게 처리하기 위해 자신의 가치를 확인하는 것이 중요하다. 자신의 장점과 약점을 인식하는 것도 중요하다. 내담자가 제기하는 어떤 문제에 대해 자신도 모르게 민감하게 반응하는지, 아니면 반응을 회피하는지 알아차려야 한다.

정신분석적 접근에서는 상담자의 역전이가 상담에 부정적으로 영향을 미칠 수 있다고 지적한다. 따라서 상담자는 자각의 확장을 통해 자신의 역전이가 상담에 부정적 영향을 미치지 않도록 해야 한다. 소크라테스가 지적한 것처럼 상담자는 "상담자여, 너 자신을 알라."는 말을 자문하며 부단히 자각의 확장을 이루어야 한다.

4) 본보기를 보여라

상담활동을 학습과 재학습을 위한 활동이라고도 한다. 상담자가 내담자에게 하는 수많은 말보다 행동이 내담자의 변화를 위해 훨씬 강력하다. 반두라(Albert Bandura)가 많은 연구를 통해 관찰학습의 효과를 보인 것처럼 상담자는 내담자에게 모든 면에서 직 · 간접적으로 영향을 미치는 모델이다. 백문이 불여일견이다. 따라서 상담자는 상담회기 이외에서 책임 있는 생활인으로서 활동해야 할 것이다. 상담회기 중에 필요한 경우 상담자는 역할연습을 통해 내담자에게 본보기 역할을 할 수 있어야 한다.

5) 내담자를 위해 함께함을 보여 주어라

필자들이 자주 학생들에게 상담을 가르치면서 상담자가 가져야 할 태도로서 강조한 말이 "I am with you, and I am for you."다. 내담자는 상담자가 자기를 어떻게 대하는가를 관찰하며 상담자에게 반응한다. 상담회기 중에 상담자는 신체언어와 태도를 통해 정말 내담자를 위해 존재함을 보여 줄 수 있어야 한다. 내담자에게 전적으로 관심을 기울이며 상담에 임하는 태도를 습관화하라. 상담자는 자연스럽게 이러한 태도가 몸에 밸 수 있도록 노력해야 한다. 상담자는 온통 내담자에게 집중해서 관찰하고 경청하는 습관이 필요하다.

2. 내담자의 이해와 문제파악

상담자가 묻는 핵심 질문 중 하나인 "내담자의 문제가 무엇인가?"에 대한 내용을 살펴보자. 이미 지적한 것처럼 상담자가 내담자의 문제파악을 정확히 하는 것은 상담목표의 달성과 관련하여 매우 중요하다. 여기서는 내담자의 문제를 잘 이해하기 위해 필요한 몇 가지 상담의 원리를 살펴보자.

1) 적극적 경청을 하라

상담에서 무엇보다 중요한 것은 상담자의 경청이다. 경청만 잘해 주어도 내담자의 문제가 해결된다고도 말한다. 사람들의 문제는 대체로 가까운 사람과의 갈등이나 싸움에서 비롯되는 경우가 많다. 내담자들은 자주 자신을 진정으로 이해해 주는 사람이 없다고 말한다. 이런 이유로 상담자가 내담자를 잘 경청해 주면 내담자는 자각의 확장을 통해 스스로 문제를 해결한다. 펄스(Fritz Perls)는 얼핏 보기에 이상한 대립이지만 인간관계에서 진실인 '경청 대 싸움' 을 제안하였다. 누군가를 잘 경청하면 그를 이해하고 싸우지 않게 된다. 잘 싸우는 사람은 상대방을 잘 경청하지 않기 때문에 그를 이해하지 못한다. 결국 경청 대 싸움의 양극성의 핵심은 이해라는 것을 알 수 있다.

잘 경청한다는 것의 진정한 의미는 이해다. 경청의 의미를 물었을 때 사람들은 흔히 잘 듣는 것이라고 대답한다. 이 대답은 내용적으로 맞지 않다. 우리가 사용하는 언어에는 음성언어와 신체언어가 있다. 귀로 음성언어만을 잘 듣는 것은 부분적 경청이다. 왜냐하면 눈으로 상대방의 신체언어를 관찰하여 이해하는 것을 고려하지 않았기 때문이다.

필자들이 여기서 적극적 경청이라고 말하는 것은 귀와 눈을 가지고 내담자의 음성언어와 신체언어를 이해하는 것을 의미한다. 상담자는 음성언어보다 신체언어를 훨씬 신뢰한다. 사람들은 언어를 통해 사실을 그대로 기술하기보다 정신적 조작을 하곤 한다. 내담자가 화가 나지 않았다고 말하는데 눈빛과 얼굴 표정은 정반대인 경우다. 눈과 귀로 잘 경청하여 이러한 내담자의 불일치를 지적하는 것이 직면이다.

상담자의 중요한 반응기법인 공감은 경청에서 비롯된다. 지적한 것처럼 경청의 핵심은 이해다. 상담자가 적극적 경청을 통해 내담자를 잘 이해하여 반영해 주는 것이 공감이다.

2) 내담자의 시간 관리를 잘 살펴라

인간에게 시간은 실존을 가능하게 하는 가장 중요한 요인이다. 내담자가 시간을 어떻게 사용하고 있는지 확인하는 것은 그를 이해하는 데 매우 중요하다. 부적응적인 대부분의 사람들은 인생의 시간을 부적절하게 사용하고 있다고 할 수 있다. 자신의 시간을 통제하지 못하는 것은 자신의 인생을 제대로 통제하고 관리하지 못하고 있다는 것을 의미한다. 내담자가 시간약속을 제대로 지키지 못한다거나, 게임중독에 빠져 밤새워 게임하고 다음날 해야 할 일들을 하지 못한다거나, "How to kill the time?" 하며 할 일 없이 방황하거나, 자기를 파괴시키는 활동에 참여하고 있는지를 파악하는 것은 그를 이해하는 데 매우 중요하다. 내담자가 최근 일주일의 생활, 더 나아가 최근 한 달의 생활을 어떻게 시간을 보내면서 지냈는지 확인하라.

3) 내담자의 이해를 위해 '반복'이란 말을 명심하라

반복되는 행동이 습관이다. 개인의 습관 중에는 좋은 습관도 있고 나쁜 습관도 있다. 좋은 습관은 개인을 성장하게 하는 행동이다. 나쁜 습관은 개인을 파괴시키는 행동이다. 우리는 어떤 행동을 반복하는 것처럼 어떤 감정과 생각을 반복하며 살아간다. 따라서 상담자는 내담자의 문제파악을 위해 인간의 세 가지 체계인 감정, 행동, 인지의 반복을 이해하는 것이 중요하다.

먼저 감정의 반복에 대해 살펴보자. 내담자가 호소하는 문제 중에서 반복해서 나타나는 부적절한 감정을 확인하라. 누구나 느끼는 인간의 대표적인 감정이 불안이다. 건강한 사람에게 불안은 건설적이고 촉진적인 기능을 한다. 건강하지 못한 사람에게 불안은 원만한 인간관계와 수행에 역기능적으로 작용한다. 누구나 시험불안이 있다. 시험불안은 대부분의 학생들에게 열심히 공부하게 한다. 전혀 시험불안을 느끼지 않는 학생은 무사안일하게 행동할 수 있다. 어떤 학생들은 심한 시험불안 때문에 노력한 것만큼 결과를 얻지 못한다.

다음으로 행동의 반복을 알아보자. 내담자가 반복하는 자기파괴의 역기능적 행동을 파악하라. 행동치료자들은 내담자의 부적절한 행동이나 습관을 제거하는 것에 관심을 둔다. 상담자는 학습된 좋은 행동이 반복해서 다시 나타나도록 원하는 행동을 강화해 준다. 나쁜 행동의 반복을 없애기 위해 처벌을 한다.

마지막으로 인지/생각의 반복을 살펴보자. 엘리스(Albert Ellis)가 지적한 것처럼 합리적 생각의 반복은 합리적 정서와 행동을 야기한다. 비합리적 생각의 반복은 비합리적 정서와 행동을 초래한다. 부적절한 생각의 반복도 습관이다. 글래서(William Glasser)가 제안한 성공정체감과 실패정체감도 개인이 겪는 경험에서 비롯된 자신에 대한 생각이다. 성공정체감을 가진 사람은 습관적으로 긍정적이고 건설적인 생각을 한다. 반대로 실패정체감을 가진 사람은 습관적으로 부정적이고 파괴적인 생각을 한다.

상담자는 내담자가 갖는 부적절하고 자기파괴적이고 부정적인 감정, 행동, 생각을 적절하고 건설적이고 긍정적인 감정, 행동, 생각으로 바꾸기 위해 노력한다.

4) 경험을 통한 육감을 발달시켜라

상담은 경험을 강조하는 학문이다. 상담자는 내담자의 문제를 파악할 때 끊임없이 "정말 이것이 내담자의 문제인가?"란 질문을 자문해야 한다. 상담자는 다양한 접근방식을 통해 내담자를 정확히 평가하고 진단해야 한다. 상담자는 내담자와의 많은 상담경험을 통해 실천적 전문가가 된다. 구체적인 어떤 문제영역에서 내담자와의 많은 경험은 상담자의 육감을 발달시킨다. 전문가의 육감은 추측이 아니다. 경험을 통해 터득한 상담자의 육감은 내담자의 문제를 정확히 파악하기 위한 일종의 가설이다. 경험이 많은 상담자는 육감을 바탕으로 육감을 입증할 준거들을 찾는다. 내담자가 보이는 감정, 행동, 생각을 바탕으로 충분한 준거들이 수집되었을 때 상담자의 육감은 지지된다. 육감을 지지할 준거들이 불충분할 때 가설은 폐기된다.

5) 가족에 대한 내담자의 생각을 확인하라

개인에게 가장 많은 영향을 주는 곳은 가정이다. "이 세상에 가정과 같은 곳은 없다."(There is no place like home)라고 한다. 우리 각자에게 가장 많은 영향을 준 사람은 부모다. 내담자의 문제는 대부분 가족구성원과 직 · 간접적으로 관련되어 있다. 따라서 상담자는 내담자가 갖는 가족이나 가족구성원에 대한 생각을 확인하여 문제와의 관련성을 파악해야 한다. 특히 내담자가 지각하는 가족구성원과의 심리적 거리를 확인하는 것은 중요하다.

아들러 학파는 내담자가 이 세상을 살아가는 방식, 즉 생활양식을 파악할 것을 강조한다. 생활양식 조사의 주요한 내용 중에 초기기억과 출생순위와 가족구도를 파악하는 것을 매우 중요하게 생각한다. 아들러 학파가 아니더라도 내담자의 이해를 위해 이러한 가족과 관련된 내용은 매우 중요하다.

6) 내담자의 언어에 함축된 의미를 파악하라

언어는 생각이다. 내담자가 사용하는 언어는 그가 세상을 살아가는 방식을 함축한다. 상담자는 내담자의 언어에 내포된 의미를 잘 경청하여 그의 세계관을 파악해야 한다. 최근 상담이론의 주요한 추세인 인지치료는 내담자가 사용하는 언어에서 나타나는 비합리적 신념이나 부정적인 자동적 사고를 파악하여 변화시키는 데 주력한다. 많은 상담전문가들이 훌륭한 치료자로 여기는 에릭슨(Milton H. Erickson), 펄스(Fritz Perls), 사티어(Virginia Satir)의 상담 축어록을 바탕으로 밴들러와 그라인더(Bandler & Grinder)가 개발한 신경언어학적 프로그래밍도 내담자가 사용하는 언어에 초점을 두고 있다.

내담자가 자주 표현하는 언어가 '항상' 이나 '하지 않으면 안 된다' 이면 그는 완벽주의나 강박적인 문제로 고통스러워하고 있을 가능성이 높다. 또한 '나는 ~할 수 없어' 라고 포기하거나 다른 사람 탓으로 원인을 돌리는 내담자는 자기패배지향이거나 책임감 결여로 시달리고 있을 가능성이 높다. 상담자는 내담자가 자주 사용하는 언어에 함축된 의미를 파악하여 강박성보다 유연성을 갖고, 책임 회피보다 책임감을 갖고, 자기패배지향성보다 자기건설지향성으로 살아갈 수 있도록 조력할 수 있어야 한다.

7) 내담자의 심리평가를 정확히 하라

내담자의 심리상태를 정확히 파악하는 것은 무엇보다 중요하다. 정신건강 상담자는 특히 '정말 이것이 내담자의 문제인가?' 를 끊임없이 자문하면서 내담자의 심리평가를 정확하게 해야 한다. 우리는 흔히 우리 자신이 자신을 가장 잘 알고 있다고 생각한다. 그러나 이러한 생각이 항상 맞는 것은 아니다. 왜냐하면 우리 자신이 모르는 면을 타인이 알고 있는 것도 많기 때문이다. 따라서 상담자는 대부분의 내담자가 자신의 심리상태에 대해 잘 알고 있을 것이라는 가정을 버리고 전문가로서 내담자를 평가하려고 노력해야 한다. 심리평가의 주요한 세 가지 전략에는 면담법, 심리검사법, 행동평가법이 있다. 상담자는 어떤 한 가지 전략에 너무 의존하여 내담자의 심리상태에 대한 결론을 내려서는 안 된다.

3. 내담자 조력활동

상담자는 내담자의 문제파악을 정확히 한 후에 문제해결을 위한 조력활동을 한다. 상담자가 어떻게 내담자를 조력할 것인가는 상담자의 이론적 관점과 그의 지식과 경험 수준에 따라 차이가 있다. 여기서는 상담자가 어떤 접근방식을 취하는가에 관계없이 일반적으로 내담자를 효과적으로 조력하기 위해 상담자가 유념해야 할 내용을 알아보고자 한다.

1) 경험을 통해 느끼게 하라

내담자의 문제는 내담자가 문제에 직면함으로써만 해결할 수 있다. 놀랍게도 내담자의 문제는 대부분 주입된 가치에서 오는 경험의 결여와 관련되어 있다. 주입식 교육이 문제인 것처럼 주입된 가치가 문제다. 로저스(Carl Rogers)가 강조한 "경험은 나에게 최고의 권위다."란 말은 우리 모두에게 진실이다. 정신건강 측면에서 보면 "인간은 생각하는 갈대다."란 말보다 "인간은 경험하는 갈대다."란 말이 더 적절하다.

내가 가지고 있는데 내 것이 아니라면 문제다. 내가 먹은 음식물이 소화되지 않고 내 몸 안에 있다면 그것은 내가 아니다. 마찬가지로 내가 가지고 있는 지식을 제대로 이해하지 못한다면 그것은 나의 지식이 아니다. 우리의 감정은 경험에서 비롯된다. 내담자가 겪는 부적절한 감정은 대부분 그가 진실로 경험하지 않고 형성된 것과 관련된다. 펄스는 "접촉에서 자각은 강렬하다."고 하였다. 경험의 중요성을 강조한 말이다.

2) 자신의 인간관과 성격에 부합한 상담이론을 개발하라

상담자로서 정신역동 접근을 따르건, 행동치료 방식을 따르건, 인본주의적 접근방식을 취하건, 인지치료 접근방식을 취하건 간에 관계없이 당신이 내담자에게 적용하는 방식은 독특하다. 많은 상담자들이 선택한 주요한 상담이론들은 나름대로 인간변화에 많은 기여를 해 왔다. 그리고 최근 많은 상담자들은 자신의 상담 접근방식이 다양한 상담이론들을 절충한 것이라고 한다. 초보상담자들은 어떤 상담이론을 열심히 배워야 하는지 혼란스러울 수 있다. 이러한 혼란을 피하기 위해 다음과 같은 절차를 따라 자신의 상담이론을 개발하도록 한다.

첫째, 주요한 상담이론을 섭렵하라. 주요한 상담이론은 나름대로 내담자의 변화를 위해 효과가 있다고 입증된 이론이다. 따라서 이론이 갖는 인간관, 상담기법, 장단점 등을 철저히 이해하는 것이 중요하다.

둘째, 자신의 인간관과 성격에 대해 이해하라. 상담의 주체로서 상담자는 자신을 철저히 이해해야 한다. 주요한 상담이론들은 개발자의 인간관과 내담자와의 경험에서 비롯되었다. 만약 당신이 훌륭한 상담이론을 개발하려 한다면 먼저 자신에 대한 이해가 이루어져야 한다.

셋째, 자신의 인간관과 성격에 부합한 상담이론을 개발하라. 자신의 성격에 부합한 상담이론을 보다 철저하게 학습하여 적용하면서 자신의 상담스타일을 개발하는 것이다. 상담자로서 당신이 로저리안(Rogerian)이라 할지라도 당신은 로저스일 수가 없다. 따라서 당신이 내담자에게 적용하는 상담스타일은 독특하다고 할 수 있다.

3) 상담면접기법을 숙달하라

상담은 과정을 강조하는 학문이다. 상담과정은 상담자가 내담자에게 하는 반응기법에 따라 좌우된다. 상담자는 자신이 적용하는 상담이론과 상관없이 상담면접에서 하는 모든 반응에 대한 철저한 이해와 숙달이 필요하다. 상담자가 상담과정에서 사용하는 반응기법은 다음 장을 참고하기 바란다.

4) 상담기법 적용의 적절한 시점인가를 파악하라

상담자가 어떤 반응과 기법을 언제 사용하여 내담자를 조력할 것인가를 결정하는 것은 매우 중요하다. 많은 경험을 가진 상담전문가들은 상담이나 심리치료의 예술을 강조한다. 상담전문직이 과학이면서 예술임을 강조하는 이유는 기법 적용의 시점(timing)에 있다. 효과적인 상담자는 전체적 조망 속에서 조화의 미를 창조해 내는 예술가처럼 상담기법 적용의 적절한 시점을 파악하여 내담자를 조력한다. 예를 들면, 상담자들은 일반적으로 충분한 지지를 바탕으로 내담자와의 상담관계가 형성된 후에 직면기법을 사용할 것을 권장한다.

상담자가 어떤 반응기술이나 상담기법 적용의 적절한 시점을 터득하기 위해서는 내담자와의 상담경험을 많이 하는 것이 최선이다. 그리고 상담회기를 녹음하여 자신의 반응이 적절한 시점에서 바람직하게 이루어졌는가를 틈틈이 확인해 보도록 하라. 이러한 노력이 힘들게 느껴질 수 있지만 자신의 상담기술 향상을 위해 가장 좋은 피드백을 제공한다는 것을 명심하라.

5) 현재 진행되는 경험을 다루어라

대부분의 상담자들은 지금-여기(here and now)란 말을 강조한다. 즉, 현재 내담자에게 진행되는 경험을 강조한다. 이것은 상담자가 내담자의 모든 문제를 현재로 가져와서 다룬다는 것을 의미한다. 내담자가 과거에 가졌던 중요한 일들이나 미래에 일어날 일들을 현재로 가져와 경험하게 하는 것이다. 과거는 기억 속의 현재이며 미래는 기대 속의 현재다. 우리는 과거에 일어났던 중요한 일들을 기억하고 있지만 별로 의미가 없었던 일들은 기억하지 못한다. 그리고 미래에 일어날 중요한 일들에 대해 예견하며 예기불안을 경험한다. 내담자가 기억하고 있는 사건들이 시간적으로 과거에 일어났지만 여전히 그에게 영향을 주고 있다면 그것은 기억 속의 현재다. 마찬가지로 내담자가 기대하는 미래의 일들이 그에게 아직 일어나지 않았지만 그에게 영향을 주고 있다면 그것은 기대 속의 현재다.

6) 대부분의 상담기법이 역설적임을 명심하라

상담의 궁극적 목적은 내담자를 바람직한 방향으로 변화시키는 것이다. 내담자의 비합리적 사고를 합리적 사고로, 부적절한 정서를 적절한 정서로, 자기파괴 행동을 건설적 행동으로 바꾸는 것이다. 이러한 변화는 내담자를 부정적인 것에서 긍정적인 것으로 바꾸는 것을 말한다. 따라서 상담을 통한 내담자의 변화는 부정적인 것 내에서의 정도의 변화를 의미하는 일차적 변화가 아니라 부정적 차원에서 긍정적 차원으로 변화하는 이차적 변화다. 상담자가 문제를 가진 내담자로 하여금 그의 의도에 상반되는 행동을 하게 함으로써 문제해결을 가능하게 하는 것이 변화를 위한 역설이다. 예를 들면, 심한 발표불안으로 고통받는 내담자는 발표불안을 느끼지 않으려고 발표상황을 회피하는 행동을 한다. 내담자의 의도는 발표불안을 줄이거나 느끼지 않는 것이다. 상담자는 내담자의 의도와 상반되는 처방인 발표불안을 더욱 강하게 체험하도록 하는 것이다. 이러한 처방은 내담자를 곤혹스러운 딜레마에 빠지게 한다. 하지만 이러한 처방을 통해 상담자는 발표상황을 도피하는 내담자의 악순환적인 습관을 바꾸도록 하는 것이다. 즉, 상담자는 내담자의 문제나 증상을 처방함으로써 그가 의도적으로 회피해 온 상황에 직면하도록 한다.

상담자들이 사용하는 대부분의 기법이 역설적인 이유는 내담자를 카오스 상태에 빠지게 하여 새로운 관점에서 자신의 감정, 생각, 행동을 이해하게 하기 때문이다. 상담자의 역설은 내담자가 오관을 통한 경험을 통해 새롭게 문제를 해결하도록 한다. 요약하면 상담자는 역설을 통해 어떤 행동을 하지 않으려고 하는 내담자에게 그러한 행동을 더욱 하도록, 어떤 감정을 느끼지 않으려고 하는 내담자에게 그러한 감정을 더욱 느끼도록, 어떤 생각을 하지 않으려고 하는 내담자에게 그러한 생각을 더욱 하도록 함으로써 이전과는 다른 새로운 행동, 감정, 생각을 갖도록 하는 것이다.

7) 내담자를 끊임없이 격려하라

우리는 누구나 살아가면서 어렵고 힘든 일을 많이 경험한다. 우리는 지금까지 어려운 일에 맞서 참고 헤쳐 온 자신을 생각하면서 대견스러워한다. 우리는 또한 앞으로도 어려운 일들을 마주치리라는 것을 예견한다. 부적응을 경험하고 있는 사람들은 대부분 심리적으로 낙담한 상태에 있다. 또한 심리적인 문제를 가진 대부분의 내담자는 낙담하여 좌절한 상태에서 상담을 찾는다. 자신에게는 더 이상 희망이 없다고 포기한 상태에서 조력을 요청한다. 아들러 학파인 드레이커스(Dreikurs)는 "식물에게 물이 필요하듯 인간에게는 격려가 필요하다."고 하였다.

격려는 내담자에게 아무리 힘들더라도 용기를 잃지 않도록 북돋는 것이다. 격려는 칭찬과 질적으로 다른 개념이다. 칭찬은 인간의 수행의 결과에 초점이 맞추어져 있다. 하지만 격려는 수행의 결과보다는 인간에게 초점이 맞추어져 그가 삶의 추진력을 잃지 않도록 용기를 불어넣는 것이다. 따라서 내담자가 삶이 아무리 힘들어도 포기하지 않고 헤쳐 갈 수 있다는 용기를 심어 주는 상담자의 격려는 내담자에게 가장 필요한 것이다. 상담자여, 내담자를 격려하고 또 격려하라.

8) 구체적인 상담목표를 설정하라

상담자와 내담자는 함께 상담목표를 설정하여 내담자의 문제해결을 위해 노력한다. 항해하는 배가 정착할 항구를 찾아가는 것처럼 상담활동을 통해 달성하고자 하는 목표가 설정되어야 한다. 먼저 내담자가 상담을 통해 달성하고자 하는 구체적인 목표가 무엇인지 확인하라. 상담자는 상담에 대한 내담자의 바람을 바탕으로 내담자와 함께 달성할 단기목표와 장기목표를 설정한다. 상담자는 또한 상담목표를 달성하는 데 걸리는 시간제한을 설정하여 상담을 해야 한다. 내담자와의 계약을 바탕으로 시간제한을 두어 상담을 하는 것이 내담자의 동기유발을 촉진하여 상담목표를 달성하는 데 보다 효과적이다.

4. 요약

이 장에서 상담의 기본원리로서 상담자의 신념과 태도, 내담자의 이해 및 문제파악, 내담자 조력활동에 대한 스무 가지를 제안하였다. 그 내용을 요약하면 다음과 같다.

- 상담의 기본원리 중 상담자의 신념과 태도로 강조된 것은 다음과 같다.
  ① 변화에 대한 확신을 가져라.
  ② 윤리적 책임감을 인식하라.

③ 자각을 확장하라.
④ 본보기를 보여라.
⑤ 내담자를 위해 함께함을 보여 주어라.

- 상담의 기본원리 중 내담자의 문제파악을 위해 강조된 내용은 다음과 같다.
  ① 적극적 경청을 하라.
  ② 내담자의 시간 관리를 잘 살펴라.
  ③ 내담자의 이해를 위해 '반복' 이란 말을 명심하라.
  ④ 경험을 통한 육감을 발달시켜라.
  ⑤ 가족에 대한 내담자의 생각을 확인하라.
  ⑥ 내담자의 언어에 함축된 의미를 파악하라.
  ⑦ 내담자의 심리평가를 정확히 하라.

- 상담의 기본원리 중 내담자 조력활동으로 강조된 내용은 다음과 같다.
  ① 경험을 통해 느끼게 하라.
  ② 자신의 인간관과 성격에 부합한 상담이론을 개발하라.
  ③ 상담면접기법을 숙달하라.
  ④ 상담기법 적용의 적절한 시점인가를 파악하라.
  ⑤ 현재 진행되는 경험을 다루어라.
  ⑥ 대부분의 상담기법이 역설적임을 명심하라.
  ⑦ 내담자를 끊임없이 격려하라.
  ⑧ 구체적인 상담목표를 설정하라.

효과적 조력을 위한
〈상담 연습 Ⅱ〉: 내담자의 자기탐색 조력기술

[연습 1] 먼저 내담자의 문제해결을 위해 적용되는 대부분의 상담기법이 역설적인 이유를 설명하라. 다음으로 주요한 상담 접근방식에서 사용되는 역설적 기법을 구체적인 예를 들어 설명해 보라.

[연습 2] 상담자들은 대부분 내담자에게 상담회기와 회기 간에 수행할 과제를 준다. 상담자의 과제주기에 대한 이점을 동료 상담자와 논의해 보라.

[연습 3] 상담자들은 나름대로 내담자의 문제평가를 위한 개인적 전략을 사용하고 있다. 상담 초기에 내담자의 문제확인과 문제평가를 위해 효과적인 방법이 무엇인지를 탐색해 보라.

[연습 4] 상담자는 내담자가 자신을 이해하도록 자신의 생각, 감정, 행동을 탐색하게 하는 반응을 하는 것이 중요하다. 마이어와 대비스(Meier & Davis, 1997)는 내담자의 자기탐색을 돕는 전략으로 다음의 아홉 가지 내용을 제안하고 있다.

- 조언을 피하라.
- 성급한 문제해결을 피하라.
- 질문에 의존하는 것을 피하라.
- 내담자의 표현을 주의 깊게 경청하라.
- 비언어적 의사소통에 주의를 기울여라.
- 내담자에게 초점을 맞추어라.
- 구체적으로 하라.
- 은유적 표현을 경청하라.
- 요약하라.

1) 위의 내용이 어떤 측면에서 내담자의 자기탐색을 돕는지 확인해 보라.

____

____

____

2) 위의 내용 이외에 내담자의 자기탐색을 돕는 다른 전략들을 생각해 보라.

____

____

____

3) 피터슨과 니센홀즈(Peterson & Nisenholz, 1999, pp. 72-76)는 훈련 중에 있는 상담자에게 공감기술을 발달시키는 방법으로 interviewing보다 innerviewing할 것을 강조하였다. innerviewing 모델은 상담자가 내담자의 관점에 맞춰 정확한 공감반응기술을 사용하여 내담자의 주관적 세계(현상학적 장)의 입장에서 내담자의 생각, 태도, 행동 변화를 추구할 것을 제안한다. 상담자의 공감반응은 내담자의 자기탐색을 돕는 중요한 반응기술이다. innerviewing을 통한 공감반응이 내담자의 자기탐색을 촉진하여 내담자의 변화에 어떻게 도움을 주는지 생각해 보라.

[연습 5] 드라이든과 펠섬(Dryden & Feltham, 1992)이 초보상담자들을 위한 실제적 지침으로써 제안했던 여섯 가지 영역인 '상담에 내담자를 적응시키기' '내담자의 문제를 평가하기' '변화를 주도하기' '과제주기를 통해 변화를 촉진하기' '중간단계에서의 상담' '상담을 종결하기'의 세부적 내용을 3~5명씩 조를 짜서 논의해 보라.

[연습 6] 내담자의 문제파악과 조력을 위해 내담자에게 반복해서 나타나는 부적절한 생각, 감정, 행동을 확인하는 것이 중요하다. 먼저 초보상담자로서 당신에게 반복해서 나타나는 부적절한 생각, 감정, 행동을 확인하고 앞으로 3개월 동안 이것을 수정하기 위한 상담전략을 수립해 보라.

[연습 7] 대부분의 사람들은 자신이나 타인에게 화를 표출한다. 상담자로서 당신이 화를 내는 이유를 확인하고 화를 어떻게 처리하는지 확인하라. 다른 동료 상담자들 3~5명과 함께 화를 내는 이유와 처리방법에 대해 논의하라.

[연습 8] 상담자는 내담자의 현재 진행되는 감정에 초점을 맞추어 그러한 감정을 다루는 것이 중요하다. 따라서 상담자는 지금-여기에 초점을 맞추어 과거인 기억 속의 현재와 미래인 기대 속의 현재를 다룬다. 초보상담자로서 과거에 일어났던 의미 있는 사건을 동료 상담자에게 표현하고 나서 현재에 그러한 사건에 대한 감정을 확인하는 연습을 하라. 또한 가까운 미래에 일어날 중요한 일에 대해 표현하고 나서 현재 입장에서 그것에 대한 감정을 확인하는 연습을 하라.

[연습 9] 만약 당신이 다소 경험 있는 상담자라면 당신이 내담자 조력을 위해 주로 적용하는 상담 접근방식을 바탕으로 15가지 상담의 기본원리를 작성한 후 동료 상담자에게 그러한 원리의 타당성을 설득력 있게 설명해 보라.

[연습 10] 만약 당신이 경험 있는 상담자라면 자신의 인간관과 성격에 가장 부합한 상담이론이 무엇인지를 확인하라. 그리고 그러한 상담이론에서 사용하는 상담과정에 따라 내담자의 문제를 개념화하여 조력하는 상담계획을 구성해 보라.

____

____

____

3

상담의 시작 단계

Well begun is half done.

– Aristotle –

상담에서 첫 만남은 매우 중요하다. 인간관계에서 첫인상이 중요한 것처럼 상담자와 내담자 간의 첫 만남은 계속되는 상담면접에 많은 영향을 미치기 때문이다. 사실 대부분의 내담자들은 상담받기를 결정하기까지 많이 망설이다가 용기를 내어 상담실을 찾아온다. 이런 이유로 내담자는 상담자를 처음 대면하는 상황에서 자신의 결정이 타당했는지를 확인하고 싶어 한다. 그러므로 상담을 통해 궁극적으로 기대하는 변화가 일어나기 위해서는 상담자와 내담자 사이에 온정적 신뢰 관계가 형성되어 지속되는 것이 중요하다. 이때 내담자에게 필요한 것은 상담자의 공감, 존중, 구체성, 진솔성이다. 내담자는 상담자가 자신이 처한 상황을 이해해 주고, 함께 느끼며, 자신의 기분을 이해해 줄 수 있는 능력을 갖고 있기를 원한다. 내담자는 상담자가 친절한 배려와 신중한 태도로 대하고 자신의 감정과 경험과 관련하여 구체적인 도움을 주기를 기대한다. 또한 상담자가 말, 행동, 감정, 태도에 일치를 보이며 솔직한 태도로 상담에 임할 때 내담자는 상담자를 매우 신뢰하게 된다. 요약하면 상담자의 공감, 존중, 진솔성, 구체성이 상담의 초기단계에서 상담관계를 촉진시키는 중요한 요소다.

상담자를 처음 만나면서 내담자는 여러 가지 걱정을 한다. '이 상담자는 진정으로 나를 환영하고 있을까?' '이 상담자를 믿고 내 마음속 이야기를 모두 털어놓아도 괜찮을까?' '이 상담자는 나를 이해할 수 있을까?' '나를 이상한 사람으로 여기지 않을까?' '이 상담자와의 상담은 만족스러울까?' '이 상담자가 날 효과적으로 도와줄 수 있을까?' 등 다양한 의구심과 호기심을 가진다. 상담자가 이러한 의문에 대해 말로 대답할 기회는 많지 않다. 왜냐하면 대부분의 내담자들이 이러한 의문을 겉으로 드러내지 않고 마음속으로만 갖고 있기 때문이다. 그러므로 상담자의 말보다는 오히려 내담자를 맞이하는 상담자의 태도, 상담자의 어조와 제스처, 상담자의 안정성 여부 등이 보다 더 미묘하고 강력한 의사전달 수단이 된다. 상담자는 초기단계부터 상담과정에 영향을 미치는 여러 가지 요소들에 세심한 주의를 기울여야 한다. 내담자에 대한 관찰뿐만 아니라 전반적인 물리적, 사회적 상황까지도 객관적으로 잘 관찰해야 한다. 그리고 내담자로 하여금 나름대로 자신을 표현하도록 잘 도와주고 있는지, 내담자에 대한 촉진자나 모델로서의 역할을 잘 하고 있는지를 스스로 확인해 보아야 한다.

이 장에서는 내담자를 만나서 우선적으로 검토해 보아야 할 사항, 첫 대면에서 살펴보아야 할 점, 상담자가 자각해야 할 자신의 모습과 태도, 상담관계를 시작하는 기술, 상담받기를 꺼려 하는 내담자 참여시키기 요령 등에 대해서 살펴보고자 한다.

1. 우선 검토 사항

여기서는 상담자가 우선적으로 고려할 사항으로 무엇보다 중요한 내담자의 자발성과 배경정보에 대해 살펴보고자 한다.

1) 내담자의 자발성

상담자가 고려해야 할 중요한 사항은 상담을 받기 위해 찾아온 내담자들의 자발성 여부이다. 실제로 많은 내담자들은 자발적으로 상담실에 오지 않는다. 대부분의 청소년들은 기관의 명령이나 학교의 상벌위원회의 권고에 따라 상담을 받으러 온다. 역시 어떤 기관이나 위원회의 명령은 아니더라도 타인의 강력한 권유나 의뢰 혹은 상담자의 권유를 받아 상담이 진행되는 경우가 많다. 그러므로 상담자는 내담자가 상담을 받으러 온 이유가 자신의 선택인지 아니면 타인의 설득이나 권유 혹은 기관의 요청이나 명령 때문인지를 우선적으로 고려해야 한다.

내담자와 첫인사를 나눈 후에 이 문제를 곧바로 다루는 것이 좋다. 자발적인 내담자의 경우는 이미 도움을 청하기로 마음을 정했기 때문에 처음부터 상담을 진행하기가 더 수월하다. 자발적인 내담자는 최소한 자신의 문제에 대해 어느 정도 인식하고 있고 변화에 대한 욕구도 어느 정도 갖고 있다.

그러나 문제는 비자발적인 내담자의 경우다. 비자발적인 내담자와 상담을 할 때는 내담자의 반응을 그 자리에서 바로 다루는 것이 매우 효과적이다. 비자발적인 내담자를 대할 때 도움이 되는 몇 가지 요령을 제시하면 다음과 같다.

첫째, 내담자를 의뢰한 사람이 누구인지를 말해 준다. 비자발적인 내담자의 경우 자기가 지금 왜 상담자 앞에 앉아 있는지, 자기가 상담에 어떻게 의뢰된 것인지 그 경위를 모르는 경우가 많다. 그러므로 우선 의뢰자가 누구인지를 내담자에게 알려 주는 것이 좋다.

둘째, 의뢰자를 알려 준 다음에는 그 사람이 내담자를 의뢰한 이유를 말해 준다. 예를 들어, "담임선생님께서 네가 요즘 많이 힘들어 하고 성적도 자꾸 떨어지는 것에 대해 걱정을 많이 하시더라. 그래서 너와 상담을 한 번 해 주면 좋겠다고 말씀하셨어."와 같이 말해 주는 것이 좋다.

셋째, 자신의 의지와 상관없이 상담에 의뢰된 것에 대해서 내담자가 어떻게 느끼고 생각하고 있는지를 말해 주도록 하는 것이 좋다. 내담자가 화가 나 있는가? 두려워하고 있는가? 당황해하고 있는가? 의심하고 있는가? 등 내담자의 느낌을 듣고 함께 논의하는 것이 좋다.

넷째, 내담자의 선택이 중요함을 강조한다. 내담자의 의지와 상관없이 상담에 의뢰되기는 했지만 상담을 받을 것인지 받지 않을 것인지는 결국 내담자 자신이 선택할 수 있음을 알려 주어야 한다. 내담자에게 상담을 받지 않을 자유가 있음을 인정해 주는 것은 종종 내담자를 자발적인 상담으로 이끄는 신뢰감 형성의 첫 단계가 되기도 한다.

다섯째, 상담을 받음으로써 내담자가 얻을 수 있는 이익에 대해 설명한다. 법원이나 학교 상벌위원회의 명령으로 상담에 의뢰된 경우는 상담을 받음으로써 자신에게 도움이 될 수 있는 사항들을 내담자에게 구체적으로 설명해 줄 필요가 있다. 꼭 이런 경우가 아니더라도 상담자로서 내담자에게 해 줄 수 있는 것을 말해 주면 내담자가 상담을 받을 것인가의 여부를 결정하는 데 도움이 될 수 있다.

여섯째, 상담의 진행과정에 대해 설명해 준다. 상담이 무엇이고 주로 어떤 방식으로 진행되는지를 간략히 설명하면서 내담자의 우려와 걱정을 해소시켜 줄 필요가 있다.

일곱째, 내담자가 상담을 거부하면 내담자에게 문제를 도와줄 다른 상담자나 상담기관이 있다는 것을 알려 준다. 만약 내담자가 이에 관심을 보이면 그 상담자나 상담기관을 안내해 준다.

이렇게 했음에도 불구하고 내담자가 계속해서 상담에 대해 내키지 않아 하거나 전혀 말을 하지 않을 수도 있다. 이런 경우에 대해서는 뒷부분의 '상담받기를 꺼려 하는 내담자 참여시키기' 에서 좀 더 자세히 살펴보고자 한다.

한편 겉으로는 상담을 받으려는 것 같으면서도 속으로는 상담자를 조종하려는 내담자도 있다. 예를 들어, 다른 사람들로부터 받는 압력을 좀 덜어버리려는 의도에서 상담자를 이용하는 내담자가 그런 경우다. 이러한 느낌이 들면 상담자는 곧 자신의 느낌이 맞는지 확인해야 한다. 또 필요하다면 직면을 사용할 수 있다. 내담자가 부끄러운 척하면서 속내를 숨기고 게임을 하려 할 경우에 상담자는 결코 친절하게 반응해서는 안 된다. 내담자가 속이려고 할 때 상담자의 가장 좋은 대처방안은 자신이 느끼고 지각한 바를 개방적이고 직접적으로 표현하는 것이다.

상담자를 조종하려는 또 다른 경우는 상담자를 '평가절하' 하려는 것이다. 이러한 시도는 상담자의 경력, 상담방법, 자격 등에 대해 의문을 갖거나 비꼬는 형태로 나타난다. 만약에 내담자가 이러한 문제로 논쟁을 하려고 한다면 상담자는 논쟁에 말려들지 않으면서 유연하게 대처해야 한다. 상담자가 이러한 문제에 대해 논쟁하면서 자신이 타당함을 보여 주려고 하면 상황은 더욱 악화될 것이다. 이런 경우는 조용한 목소리로 "지금 그것에 관해 논의하는 것이 적절치 않다고 생각되는군요."라고 말하는 것이 최선이다.

2) 내담자의 배경정보

상담자가 내담자에 관한 정보를 충분히 알고 있으면 상담에 많은 도움이 된다. 그러므로 상담자는 내담자와 내담자의 문제에 관한 정보를 어떻게 알아볼 것인가를 생각해 보아야 한다. 그렇다면 상담자는 구체적으로 어떤 배경정보를 어떻게 알아보아야 하는가? 그것은 상담의 종류와 목적, 문제의 특성과 범위, 상담자의 취향, 배경정보의 적절성, 정보의 유용성에 따라 결정된다.

상담자에게 필요한 배경정보는 상담의 종류나 목적에 따라 달라진다. 내담자가 어떤 자격증을 소지하고 있는가는 진로 및 직업 상담에서 매우 필요한 정보가 된다. 복지기관에 근무하는 사회복지사가 정부보조금 지급에 관한 상담을 할 경우는 내담자 가족의 수입에 대해 자세한 정보를 갖는 것이 매우 중요하다. 그러나 급우들 간의 갈등 문제를 다루는 학교상담자에게는 자격증이나 가정의 수입에 관한 정보는 별로 중요하지 않다.

다음으로 내담자가 가진 문제의 특성과 범위에 따라 필요한 배경정보가 달라진다. 만약 내담자의 성격을 변화시키는 것이 상담의 주요 목적이라면 내담자에 관한 광범위하고 심층적인 배경정보가 필요할 것이다. 반면 내담자가 적극적으로 자기표현을 하는 방법이나 취업면접에 필요한 태도와 면담기술을 습득하기 위해 상담하고 있는 경우라면 그렇게 자세하고 포괄적인 배경정보는 필요하지 않다.

또한 상담자가 필요한 배경정보를 얻는 방법은 상담자의 취향에 따라 차이가 있다. 사전에 계획한 질문을 중심으로 구조화된 면접을 통하여 배경정보를 얻는 것을 좋아하는 상담자도 있을 것이고, 그때그때의 판단에 따라 형식에 구애받지 않고 자유스럽게 필요한 정보를 얻고자 하는 상담자도 있을 것이다. 또 어떤 상담자는 시간을 절약하고 내담자를 더 잘 이해하기 위해서 내담자를 만나기 전에 미리 필요하다고 판단되는 배경정보를 얻고자 하기도 한다. 이와 반대로 타인의 해석이나 사전 지식에서 오는 선입관을 배제하기 위해서 사전에 배경정보를 수집하는 것에 반대하면서, 내담자를 직접 만나 나름대로의 인상을 갖고 문제를 분석하고 필요한 정보를 얻고자 하는 상담자도 있을 것이다.

한편 상담자가 내담자에 관한 배경정보를 수집할 때는 배경정보의 유용성과 출처의 신뢰성을 반드시 고려해야 한다. 학교나 병원과 같은 곳에서 진행되는 상담이라면 내담자에 관한 종합기록(예를 들면, 학교생활기록부, 진료기록부 등)을 살펴보고 관련되는 사람들의 의견을 듣는 것이 유용하다. 그러나 비밀유지를 위해 내담자에 관한 정보가 공개되지 않은 경우도 있다. 이런 경우에는 내담자의 사전 허락을 받아 정보를 수집해야 한다. 역시 내담자로부터 정보를 직접 제공받아야 하는 경우도 있다. 정보가 어떤 방법으로 수집되든지 간에 상담자는 이러한 모든 배경정보 출처의 신뢰성을 반드시 검토해야 한다. 그리고 수집된 배경정보는 내담자의 허락 없이 제3의 타인에게 공개되어서는 절대 안 된다. 전문적인 상담 상황에서 일반적으로 필요한 배경정보는 다음과 같다.

- **기본 정보**(이름, 생년월일, 주소, 전화번호)
- **가족 사항**(이름, 연령, 관계, 직업, 수입, 종교, 건강상태)
- **가족에 대한 느낌**
- **문제**(특성, 발단, 심각성 정도, 지속기간, 문제해결을 위한 지금까지의 시도, 부모, 교사 또는 의사의 견해와 태도)
- **신체적 건강**(청력, 시력, 주요 병력, 현재 건강상태, 외모)
- **교육정도 및 학력**

- **심리검사 결과**
- **사회적 관계**(사회성 및 적응성, 친구, 가입단체)
- **정서적 특성**(일반적 정신건강, 안정성, 자아상, 지배적 정서, 스트레스 징후)
- **직업 경험**(근무지 및 근무기간, 직무유형, 업무에 관한 태도, 직업에 대한 장래 계획과 포부)

2. 첫 대면과 상호지각

내담자를 처음으로 대면하는 상황에서 상담자는 상담실의 환경이 적절한지를 먼저 살펴보아야 한다. 비밀보장이 될 수 있는 환경인지, 실내장식이 아늑하고 편안한지, 날씨에 따른 실내 온도 조절은 적당한지, 외부 소음이 잘 차단되는지, 전화를 비롯한 방해 요소는 미리 차단하고 있는지, 의자가 편안하고 잘 배치되어 있는지 등을 살펴보아야 한다. 그리고 상담자가 앉을 위치에 대해서도 한 번쯤 진지하게 생각해 볼 필요도 있다. 상담자가 내담자와 마주 보고 앉는 것이 좋은지, 옆으로 나란히 앉는 것이 좋은지, 상담자는 책상에 앉고, 내담자는 따로 마련된 의자에 앉는 것이 좋은지 등이다. 상담자가 앉을 위치와 관련해서는 일반적인 정답이 있다기보다는 상담자의 취향이 우선될 것이다. 그렇지만 내담자의 편에서 그가 가장 편안하게 느낄 수 있는 자리배치를 고려하는 것이 상담자가 유념해야 할 일 중의 하나다.

그런 다음 상담자는 내담자를 유심히 관찰하면서 상담에 필요한 정보를 얻어야 한다. 첫 대면에서 받은 인상과 관찰한 내용이 내담자의 문제와 관련되어 있는 경우도 있기 때문이다. 내담자를 처음 만난 상황에서 상담자가 관찰해야 할 주요 사항은 다음과 같다.

표 3-1 첫 만남에서의 상호관찰

구 분	상담자의 관찰과 질문	내담자의 관찰과 질문
외 모	• 그녀는 매우 야위고 창백하다. • 그녀는 아픈가? 긴장하고 있는가? 우울한가? • 그녀의 머리는 흐트러져 있고 블라우스 단추는 떨어져 있다. • 그녀는 우울한가? 옷차림이 남루해 보이는데…. • 경제적으로 문제가 있나?	• 그는 매우 체구가 크고 키도 크다. 그래서 아버지가 생각나게 한다. 그것은 두려운 일이다. • 저 사람을 믿어도 될까? • 저 사람은 경제적인 어려움이 없을 것 같은데, 나와 같은 처지를 잘 이해할 수 있을까?
자 세	• 그녀는 의자 끝에 걸터앉아 움츠리고 있다. • 그녀는 많이 긴장하고 불안한가?	• 두 손은 자연스럽게 서로 모으고 있다. • 그는 바른 자세로 앉아 있다. 그렇지만 딱딱해 보이지는 않는다.
태 도	• 그녀는 위축되고 있다. • 그녀는 우울한가? • 여기 있기가 싫은가? • 그녀는 나를 두려워하는가 아니면 자신의 불안감이 드러나는 이 상황을 두려워하는가?	• 그의 목소리는 따뜻하고 우호적이다. • 그는 내 눈을 보고 웃고 있다. • 그는 손을 자연스럽게 두었고 편안해 보인다. • 나 역시 편안할 수 있을까?
동작과 제스처	• 그녀는 고개를 돌리고 손을 꼬면서 왼쪽 발을 위 아래로 움직이고 있다. 떨고 있다. • 그녀는 긴장되고 불안한가?	• 그는 매우 조용하다. • 그렇지만 굳어 있거나 긴장하지 않고 있다.
시선접촉	• 그녀는 계속해서 내 눈을 쳐다보지 못한다. 가끔 나를 재빨리 쳐다본다.	• 그의 시선은 따뜻해 보인다. 그를 쳐다보고 싶지만 아직 그를 계속 보는 것은 좀 어렵다. 어쩌면 신뢰할 수 있을 것 같기도 하다.

첫째, 내담자의 신체적 외모는 어떠한가? 외모가 내담자에게 어떤 문제를 일으킬 가능성이 있는가? 외모(예를 들면, 말쑥한 옷차림, 청결 상태 등)가 건강

과 자아상에 대한 어떤 단서가 되고 있는가?

둘째, 내담자의 자세는 어떠한가? 내담자가 똑바로 앉아 있는가? 구부리고 앉아 있는가? 자연스럽게 서 있는가? 가구에 기대고 있는가? 그리고 이것은 무엇을 의미하는가?

셋째, 내담자의 태도와 동작은 어떠한가? 내담자가 신경질적으로 보이는가? 위축되어 보이는가? 공격적으로 보이는가? 방어적 또는 수동적으로 보이는가? 내담자가 가만히 있는가, 아니면 두리번거리는가? 내담자가 손, 머리, 발로 무엇을 하고 있는가? 내담자의 그러한 동작과 제스처가 의미하는 것은 무엇인가?

넷째, 내담자가 상담자와 시선접촉을 하고 있는가? 아니면 시선을 회피하고 있는가?

다섯째, 내담자가 불편할 정도로 지나치게 상담자에게 너무 가까이 앉아 있는가? 상담자와 내담자가 편안하고 적절한 거리에 있는가?

마지막으로, 내담자의 사회적 지위는 어떻게 보이는가? 내담자의 옷차림이 빈곤함이나 부유함, 사회적 위치, 마음의 상태 등을 보여 주고 있는가?

내담자와 상담자는 첫 대면부터 즉각적으로 서로를 평가하기 시작한다. 둘은 각각 상대방을 관찰하고 마음속으로 질문을 하기 시작한다. 〈표 3-1〉은 상담자와 내담자가 첫 대면에서 서로를 관찰하면서 마음속으로 하는 내면적인 대화의 예로서, 먼로 등(1983)이 제시한 내용을 일부 수정한 것이다.

3. 상담자의 자세

상담은 상담자와 내담자의 상호관계 속에서 일어난다. 상담자와 내담자는 서로를 관찰하고 반응한다(〈표 3-1〉 참조). 상담의 성패 여부는 내담자가 상담자의 태도와 행동을 어떻게 지각하고 있느냐에 따라 크게 좌우된다. 내담자는 상담자의 시선접촉, 자세, 제스처, 태도를 알아차리고 그에 대해 반응한다. 내담자는 상담자의 반응시간, 반응시간 간의 간격, 개입, 이야기의 양과 목소리의 특성에 따라 다르게 반응한다.

상담자의 적절한 시선접촉이란 내담자를 보면서 관심과 수용을 함께 표현해 주는 시선이다. 날카롭게 쳐다본다든지 허공을 쳐다본다든지 또는 내담자의 시선을 회피하는 것은 내담자를 당황하게 할 것이다. 일반적으로 사람들은 말할 때보다 들을 때 시선을 더 많이 접촉한다.

상담자는 개방적이고 편안한 자세로 내담자가 편안함을 느낄 수 있을 정도의 거리를 두고 내담자를 바라보고 앉아야 한다. 상담자는 가능하면 손을 자주 움직이지 않도록 하고 우호적인 표정을 유지해야 한다. 몸을 움츠리고 있다거나, 펜을 가지고 노닥거린다거나, 눈살을 찌푸리거나, 지나치게 많이 움직이는 것 등은 주의를 산만하게 한다.

시작 단계에서는 내담자가 자유롭게 이야기하도록 해 주는 것이 중요하다. 상담자가 온화한 톤으로, 간단하게, 중간 정도 크기의 목소리로 이야기할 때 대화는 더욱 효과적이다. 상담자가 말을 너무 많이 하게 되면 내담자로 하여금 자신의 생각이 중요하지 않다는 느낌을 갖게 한다. 상담자가 자연스럽게 반응을 지연하면 내담자는 더 많은 것을 말하고 설명할 것이다. 상담자가 짧게 반응하고 최소한으로 개입하여 내담자에게 많은 시간을 할애하면 내담자는 자신의 이야기가 수용되고 있고 가치 있다고 느끼면서 자유롭게 이야기할 수 있게 된다.

상담자의 경청하는 자세와 관련하여 'SOLER' 나 'ENCOURAGES' 라고 하여 머리글자를 조합해서 만든 용어로 설명하기도 한다. 이간(Egan, 1994)이 제안한 SOLER의 의미는 다음과 같다.

S(Squarely) : 내담자를 정면으로 마주 본다.

O(Open) : 개방적인 자세를 취한다.

L(Leaning) : 내담자 쪽으로 몸을 약간 기울인다.

E(Eye contact) : 적당하고 지속적으로 시선접촉을 한다.

R(Relaxed) : 편안하고 자연스럽게 내담자를 대한다.

역시 힐과 오브라이언(Hill & O' Brien, 1999)은 'SOLER' 보다 좀 더 구체적인 'ENCOURAGES' 의 머리글자로 상담자의 바람직한 자세를 설명하였다. 구체적인 내용을 살펴보면 다음과 같다.

E(Eye) : 적당한 정도로 눈을 마주친다(다른 곳을 보거나 뚫어지게 보기 피하기).

N(Nod) : 가끔 고개를 끄덕인다.

C(Cultural differences) : 문화적 차이를 인식하고 존중한다.

O(Open mind) : 내담자 쪽으로 열린 자세를 유지(팔짱을 끼지 말고, 내담자 쪽으로 기울인 자세)한다.

U(Unhmn) : '음' 등의 인정하는 언어를 사용하여 격려한다.

R(Relaxed) : 편안하고 자연스럽게 대한다.

A(Avoid) : 산만한 행동을 피한다.

G(Grammatical) : 내담자의 언어스타일에 맞추어 표현한다(자신의 언어스타일 범위 내에서 내담자의 언어스타일을 사용).

E(Ear) : 제3의 귀로 경청한다(언어적 메시지와 비언어적 메시지를 주의하여 들을 것).

S(Space) : 공간적인 거리를 적절하게 유지한다(너무 가깝거나 멀지 않도록 할 것).

4. 상담 시작하기

1) 자유롭게 이야기하도록 유도하기

상담의 시작은 내담자의 이야기를 듣는 것으로부터 이루어진다. 어떤 내담자는 상담자가 묻기도 전에 자신이 상담을 신청한 이유를 자발적으로 이야기하기도 한다. 그러나 대부분의 내담자들은 상담자가 질문할 때까지 이야기를 하지 않고 기다린다. 이때 상담자가 질문을 통하여 내담자의 대답을 이끌어 내는 것이 일반적인 현상이다. 그러나 상담자의 질문에 내담자가 대답을 하게 하는 것보다는 내담자로 하여금 자유롭게 이야기를 하도록 유도할 때, 내담자는 자신의 문제를 훨씬 더 잘 표현한다. 내담자로 하여금 자신의 문제에 대하여 이야기를 하도록 유도하기 위해서는 상담자는 자신의 말뿐만 아니라 내담자를 대하는 자세, 태도, 제스처, 목소리의 톤 등에 세심한 배려를 해야 한다. 예를 들면, 상담자는 다음과 같은 말로써 이야기를 유도할 수 있을 것이다.

"상담을 받고 싶은 점에 대해서 말해 주시겠어요?"
"걱정이 되는 것이 무엇인지요?"
"당신을 괴롭히고 있는 것이 무엇인지 말해 주시겠어요?"
"내가 당신을 어떻게 도와줄 수 있을까요?"
"접수상담원의 말로는, 당신은 ______에 대해 많은 염려를 하고 있다고 하던데요."

상담자는 따뜻하고 수용적인 목소리와 말로 자연스럽게 말해야 한다. 너무 공식적이고 사무적인 느낌이 들지 않도록 하는 것이 좋다. 그렇다고 섣부른 유머를 사용하는 것은 피해야 한다. 또한 내담자가 '골칫거리' 나 '문제' 라는 용어를 사용하지 않는 한 그러한 용어는 사용하지 않도록 한다.

상담을 시작할 때 어떤 내담자는 상담의 효과에 대해 의문을 갖기도 한다. 대부분의 내담자들은 이러한 의문을 겉으로 표현하지는 않는다. 그렇지만 마음속으로는 상당히 많은 걱정을 하고 있다. 상담자는 내담자의 태도와 반응을 세심히 살펴보면서 내담자의 의문에 적절히 대응해야 한다. 이때 가장 중요한 점은 내담자의 반응에 대해 당황하거나 감정적으로 대응하지 않고 자연스럽게 받아들이는 것이다. 다음 내용은 상담의 시작 단계에서 내담자의 의문에 대해 상담자가 반응할 수 있는 예의 하나다(김계현, 2002).

내담자 : 이 상담이 저에게 도움이 될까요?

상담자 : 상담의 효과가 있을지 믿음이 안 가는 모양이지요?

내담자 : 사실, 솔직히 말해 확신이 안 섭니다. 상담을 받으면 문제가 나아질지….

상담자 : 그런 의문을 말로 표현해 주어서 고맙습니다. 쉽지 않은 일이었을 텐데….

내담자 : 이런 얘길 해도 되는 거였나요?

상담자 : 물론이지요. 이야기를 해 주지 않았다면 나는 아직도 당신이 상담의 효과를 믿고 있다고 생각했을 거예요.

내담자 : 네….

상담자 : 상담의 효과에 믿음이 가지 않는 것은 제가 뭔가 제대로 하고 있지 못한다는 이야기가 되나요? 괜찮으니까 솔직히 말해 주세요.

내담자 : 그건 아니고, 저에게 그런 성격이 있어요. 사람을 잘 안 믿어요. 일단 의심부터 하죠…. 이거 문제 아닌가요?

상담자 : 저에게 불만이 조금이라도 느껴지면 주저하지 말고 이야기해 주세요. 그게 우리에게 도움이 되니까요. 다시 당신에 관한 대화로 돌아가지요. 사람을 잘 안 믿는다고 하셨는데….

2) 문제 분류하기

상담의 초기에 이야기를 잘하지 않은 내담자도 많지만 그 반대의 경우도 있다. 한꺼번에 너무 많은 이야기를 하는 내담자도 있다. 이러한 내담자는 상담자가 자유스럽게 이야기하도록 유도하면 기다렸다는 듯이 자신의 문제나 걱정거리를 봇물처럼 쏟아놓기도 한다. 이들은 잠시도 쉬지 않고 서로 관련되거나 관련되지 않은 문제들을 수없이 이야기할 것이다. 상담자와 내담자는 문제를 충분히 이해하고 명료화할 필요가 있기 때문에 상담자는 내담자가 자신의 문제를 분류할 수 있도록 도와주는 방식으로 시작하게 된다. 이것은 내담자가 언급한 걱정거리들을 일단 죽 듣고 나서, 내담자가 생각하기에 먼저 다루어져야 할 걱정거리가 무엇인지 선택하도록 하는 것이다.

문제 분류하기 기술이란 상담자가 내담자의 이야기에 대해 적극적으로 관심을 갖고 열심히 듣고 있으며, 또 내담자가 힘들어 하는 문제에 대해 초점을 맞추고자 한다는 점을 내담자에게 잘 전달해 준다. 다음은 '문제 분류하기'의 한 예다.

내담자 : 학교에 가기 싫어요. 공부가 너무 어렵고 영어 선생님은 나를 괴롭혀요. 엄마 아빠는 숙제를 열심히 안 한다고 잔소리가 심하고, 가장 친한 친구 두 명이 요즘 계속해서 나를 무시하고 있어요.

상담자 : 너는 여러 가지를 이야기했어. 공부의 어려움, 너를 대하는 영어 선생님의 태도, 숙제를 하지 않는 것에 대한 부모님의 잔소리, 그리고 두 친구와의 문제 등에 대해 말했어. 그런데 이것들 중에서 어떤 것에 대해 가장 먼저 이야기해 보고 싶니?

3) 개방형 질문

상담의 시작 단계에서 내담자의 이야기를 충분히 이끌어 내기 위해서는 개방형 질문을 적절히 사용하는 것이 좋다. 개방형 질문이란 폐쇄형 질문과 반대되는 것으로, 내담자로 하여금 질문받은 주제에 대해 자유롭게 여러 가지의 내용을 좀 더 상세하게 대답할 수 있도록 묻는 질문을 말한다.

(예) "당신을 그렇게도 실망시키는 어머니에 대해서 어떻게 생각하세요?"

이러한 개방형 질문은 면접의 초기 단계에서 특히 중요하다. '무엇을? 언제? 어떻게? 어디서? 왜?' 로 시작되는 질문을 하는 것은 개방형 질문을 만드는 좋은 방법이다. 다만 '왜' 로 시작되는 질문을 너무 자주 하는 것은 내담자에게 심문받고 있는 느낌을 주기 때문에 적절히 자제할 필요가 있다. 개방형 질문이나 진술을 사용함으로써 상담자는 탐색할 만한 단서나 자유로운 정보를 얻을 수 있다. 그럼으로써 대화를 계속해 나갈 수 있다. 또한 개방형 질문의 사용은 내담자에게 그가 원하는 화제에서 자유롭게 이야기할 수 있다는 것을 의미한다.

이와 반대로 폐쇄형 질문은 '예' 또는 '아니요' 로 답하게 함으로써 대화가 계속 이어지지 못하게 하는 경향이 있다. 폐쇄형 질문이나 진술을 계속하는 것은 마치 심문하는 것처럼 들릴 수도 있다. 다음은 폐쇄형 질문의 예다.

상담자 : 마치 어머니가 당신을 실망시키고 있다고 말하는 것처럼 들리네요.
내담자 : 예.
상담자 : 어머니가 당신을 화나게 합니까?
내담자 : 예.
상담자 : 어머니로부터 도망치고 싶은가요.
내담자 : 정말로 아니에요.
상담자 : 나는 당신이 집을 떠나고 싶어 한다고 생각했어요.
내담자 : 아니에요.

4) 주제 이야기 계속하기

상담의 시작 단계에서는 내담자의 이야기를 충분히 듣는 것이 중요하다. 그러므로 내담자가 이야기를 중단할 때는 이야기를 계속하도록 적절히 격려할 필요가 있다. 또 여러 가지의 주제에 관한 이야기를 한꺼번에 듣기보다는 현재 이야기되고 있는 주제 이야기를 충분히 듣고 나서 다음 이야기를 듣는 것이 좋다. 이러한 목적으로 사용할 수 있는 기술이 '주제 이야기 계속하기'다. 이 방법은 따뜻한 관심을 가지고 간단한 진술이나 질문을 하면서 상담자가 내담자의 이야기를 진지하게 듣고 있음을 알게 하는 것이다. 그리하여 내담자가 그 주제를 계속 탐색하도록 도와주는 것이다. 이것은 새로운 방향이나 의미를 더하는 화제를 다루기보다 내담자가 실제로 말한 내용에 초점을 맞춘다는 것을 의미한다. 다음 내용은 주제 이야기 계속하기의 한 예다.

"당신이 방금 말한 내용에 대해 좀 더 자세히 말해 주시겠어요?"
"당신이 의미하는 바를 알겠어요."

5) 간단한 촉진자극

내담자는 이야기를 하면서 상담자의 반응을 살피기도 한다. 상담자가 자신의 이야기를 잘 듣고 있는지를 확인하면서 이야기를 계속해 가는 것이다. 그러므로 상담자는 내담자의 이야기를 들으면서 자신이 잘 듣고 있음을 보여주는 신호를 사용하여 내담자의 계속적인 반응을 촉진시키는 것이 좋다. 간단한 촉진자극이란 상담자가 내담자의 말에 관심을 갖고 듣고 있음을 나타내는 제스처, 고개 끄덕임, 간단한 말이나 소리, 몸의 자세, 핵심 단어 반복 등을 말한다. 그렇지만 이러한 자극들이 내담자가 이야기를 어느 방향으로 끌고 갈 것인지 결정하는 데 방해가 되어서는 안 된다. 이러한 자극들은 상담면접의 초기 단계에서 자연스럽게 대화를 주고받을 때 사용되어야 한다. '음' '아하' '예?' '그래서?' '당신 어머니가?' 등은 이러한 자극들의 좋은 예다.

반면 상담자가 너무 많은 말을 하게 되면 내담자는 다음과 같은 생각을 할 수도 있다. '이 면접은 나를 위한 상담이 아니구나. 상담자는 내 이야기를 듣기보다는 자기가 이야기하기를 더 원하는걸!' 내담자의 이러한 생각은 상담을 그만두게 하는 요인이 되기도 한다.

6) 적극적이고 정확한 경청

"사람을 변화시키는 것은 입이 아니라 귀다."라는 말처럼 상담에서 듣는 활동의 중요성은 아무리 강조해도 지나치지 않는다. 제1장에서 강조하였듯이 상담자는 충고나 해결책을 제시하려고 노력하기보다는 내담자의 말을 잘 들으면서 내담자가 스스로 자신의 문제를 해결해 나가도록 돕는(또는 촉진하는) 노력을 더 많이 해야 한다. 그러므로 모든 상담에서 경청은 가장 기초가 되는 기술이다. 상담자는 경청할 때 대부분의 시간을 조용히 침묵하면서 그의 모든 감각을 이용해서 전체적인 메시지를 파악해야 한다. 경청할 때 상담자는 귀로는 내담자가 한 말과 목소리의 톤을 듣고, 마음으로는 내담자의 말 속에 숨은 이면의 메시지를 듣고, 눈으로는 내담자의 자세나 표정과 제스처에 나타난 신체언어를 들어야 한다(Munro et al., 1983). 내담자의 말을 경청하면서 상담자는 자기 자신에 대한 경청도 해야 할 필요가 있다. 다시 말해서, 상담자는 내담자로부터 받은 메시지에 대해 자신이 어떻게 반응하고 대처하고 있는지를 인식하고 있어야 한다는 것이다. 여러 가지 구체적인 경청기술에 대해서는 제4장에서 살펴보게 될 것이다.

적극적이고 정확한 경청은 상담면접의 전 과정에 걸쳐 매우 중요하지만, 상담자가 언어적인 활동을 다소 덜하는 초기단계에서 특히 중요하다. 상담자는 경청할 때 몸을 내담자 쪽으로 향하고, 내담자에게 주의를 집중하고, 내담자의 메시지가 가장 우선적인 것이 되도록 해야 한다. 상담자의 경청하는 자세와 관련하여 앞에서 살펴보았던 이간(Eagan, 1994)의 SOLER 자세나 힐과 오브라이언(Hill & O' Brien, 1999)의 ENCOURAGES 자세가 많은 도움이 될 것이다. 결국 이러한 자세들은 상담자가 내담자가 한 말을 듣고, 이해하고, 수용했음을 보여 주는 것으로 공감을 나누기 위한 것이다.

7) 소리 내어 생각하기

상담을 하다 보면 가끔 내담자가 지금 말하고 있는 이야기의 내용을 바꾸는 것이 더 좋을 것 같다는 생각이 들 때도 있다. 즉, 내담자의 이야기를 계속 듣고 있는 것이 문제를 효과적으로 해결하는 데 방해가 되기도 한다. 이런 경우 상담자는 이야기의 주제를 약간 바꿀 필요가 있는데, 너무 갑자기 이야기 주제를 바꿔서 내담자를 당혹스럽게 하기보다는 소리 내어 생각하기를 사용하는 것이 좋다.

예를 들면, 대학진학과 관련된 진로상담에서 내담자가 자신의 흥미만을 지나치게 강조하면서 합격가능성이 매우 낮은 어떤 대학의 특정 학과로의 진학을 고집하는 경우를 생각해 보자. 이때 상담자는 합격가능성이 좀 더 높은 다른 대학의 특정 학과를 권유할 수도 있을 것이다. 예를 들어, '내 생각에는 A대학 A학과보다는 B대학 A학과가 더 나을 것 같은데, 네 생각은 어떠니?' 라고 직접적으로 물어볼 수도 있을 것이다. 그러나 이러한 질문을 갑작스럽게 하면 내담자가 당황하거나 얼른 이해를 못할 수도 있다. 이때 상담자는 다음과 같이 혼잣말처럼 소리 내어 생각하기를 사용할 수 있을 것이다.

"A대학 A학과를 지원하기에는 여건이 많이 불리한 것 같은데, 어쩌지. B대학 A학과의 경우는 가능성이 훨씬 높은데…. 특히 B대학의 경우는 내담자가 갖고 있는 학교생활기록이 크게 도움이 될 것 같은데…."

이렇게 소리 내어 생각하기를 사용함으로써 내담자로 하여금 당황하지 않고 상담자의 제안을 검토해 보게 할 수 있다.

8) 즉시성

즉시성이란 어떤 특정한 시점에서 상담자와 내담자 사이에 진행되고 있는 무언가를 깨닫고 이를 건설적으로 전달해 주는 것을 말한다. 이 방법은 보통 감정이나 느낌과 관계되는 것이기 때문에 매우 강력할 수 있다. 따라서 친밀하고 정직한 의사전달에 익숙하지 않은 내담자에게는 위협적인 것이 될 수 있다. 그러므로 이것은 일종의 가정(假定)이나 하나의 의견으로 표현되어야 한다. 이 방법은 상담자가 내담자를 충분히 수용하게 되어 그들 사이의 내적 교류가 완전히 개방적이 될 수 있음을 보여 준다.

예를 들면, "어쩐지 당신은 지금 나와 함께 있는 것에 짜증을 내고 있는 것처럼 느껴지네요." 또는 "당신이 여기 있기를 꺼려 하는 것처럼 느껴지네요." 등이 그것이다.

그러나 이러한 즉시성은 시기적절하고 유용해야 한다. 그리고 그에 따라 내담자의 반응도 각기 다를 것이다(주은선 역, 2001). 먼저 즉시성이 유용하지 않거나 시기가 적절하지 않으면 내담자는 상처를 받았다고 느낄 수 있으며, 어떤 내담자는 침묵하거나 경계하기도 할 것이다. 그래서 상담자를 비난하기도 하고 상담에 참여하지 않을 수도 있다. 즉시성이 약간 유용하다면 내담자는 피드백을 듣기는 하지만 자신의 생각이나 감정을 공유하지는 않을 것이다. 그러나 즉시성이 매우 유용하다면 내담자는 상호작용에 참여할 것이다. 내담자는 무엇이 자신을 이러한 방식으로 행동하게 이끌었는지에 관심을 갖게 되어 자신의 행동에 대한 통찰을 얻을 것이다.

9) 침묵의 사용

상담 장면에서 내담자가 침묵하는 경우는 종종 있는 일이다. 그러나 초보 상담자의 경우는 내담자의 침묵에 대하여 불안해하고 당황하기도 한다. 그래서 침묵의 시간을 견디지 못하고 상담자가 먼저 침묵을 깨뜨리는 경우가 많다. 그러나 침묵은 말만큼이나 많은 것을 나타낼 수 있다. 내담자의 침묵을 수용하는 것은 상담이 어떻게 진행될 것인지를 결정하는 것이 내담자의 몫임을 강조하는 것이다. 침묵은 상담자와 내담자 모두에게 생각할 시간을 준다. 또 침묵은 신뢰감을 형성해서 결국에는 내담자가 매우 솔직하게 자신을 드러내도록 격려하는 효과를 나타낼 수 있다. 침묵을 효과적으로 사용하기 위해서는 상담자가 그 가치를 수용하고, 침묵이 오랫동안 지속되어도 신뢰감을 느낄 수 있도록 하고, 침묵이 지속되는 시점을 민감하게 잘 포착해야 한다.

상담 중 내담자의 침묵은 어떤 의미를 갖는 것일까? 첫째, 내담자가 문제 또는 문제의 해결방안에 대해 생각하고 있는 시간일 수도 있다. 둘째, 내담자가 감정에 빠져 있거나 감정을 추스르는 시간일 수도 있다. 셋째, 상담자의 다음 반응을 기다리고 있는 중일 수도 있다. 마지막으로 상담 또는 상담자에 대한 저항일 수도 있다. 이 중에서 처음 두 가지의 의미라면 상담자는 침묵을 깨뜨리기보다는 내담자가 다음 반응을 할 때까지 충분히 기다리는 것이 좋다. 세 번째의 경우라면 상담자가 적절한 반응을 해야 할 것이다. 그러나 만약 침묵이 상담에 대한 저항이나 내담자의 분노의 표현이라면, 특히 비자발적인 내담자의 경우라면 내담자와 함께 침묵의 의미에 대해 이야기를 하면서 저항을 다루어야 한다. 그리고 이때 내담자가 원한다면 상담을 받지 않고 그냥 가도 된다는 점을 말해 주는 것이 도움이 될 것이다.

5. 상담받기를 꺼려 하는 내담자 참여시키기

상담의 시작 단계에서 상담받기를 꺼려 하는 내담자를 만나는 것은 상담자에게 자주 일어나는 일이다. 우선은 비자발적인 내담자의 경우가 그러하다. 부모의 권유나 학교 학생부의 조치 또는 법원의 명령으로 자신의 의지와 상관없이 상담을 받게 된 내담자가 기꺼이 적극적으로 상담에 참여하기를 기대하기는 어려울 것이다. 자발적인 내담자의 경우라도 자신이 기대한 상담자가 아닌 다른 유형(예 : 성 또는 나이 등에서)의 상담자를 만났을 때 상담받기를 꺼려 할 수도 있을 것이다. 이처럼 상담받기를 꺼려 하는 내담자를 만났을 때 상담자는 내담자가 확실히 상담을 거부하고 있음을 액면 그대로 받아들일 수도 있다. 그러나 이와 반대로 상담자가 민감하면서도 비판단적으로 내담자를 상담에 참여시켜서 내담자가 상담받기를 꺼려 하는 진짜 이유가 무엇인지를 분명하게 할 수도 있다. 상담을 꺼려 하는 내담자들 중에서 상당수는 상담자로부터 단지 진실성이나, 확신감, 적절한 권유를 얻기만 하면 상담에 보다 적극적으로 참여하는 경우도 많기 때문이다. 그러므로 이러한 내담자들과 상담을 할 때는 내담자가 편안하게 느끼고 상담자에 대한 신뢰감을 발달시킬 수 있는 시간을 주고, 내담자의 기분 및 욕구와 동기를 섣불리 판단하지 않으며, 상담에 참여시키기 위해 보통의 내담자들에게 기울인 노력보다 좀 더 많은 노력을 하는 것이 중요하다. 다음 내용은 상담받기를 꺼려 하는 내담자를 상담에 참여시키기 위한 기술을 제시한 것이다.

1) 내담자 침묵의 해석

침묵은 내담자의 진술 후나 상담자의 진술을 단순히 받아들인 후에 일어나는 적어도 5분 정도의 정지 상태를 말한다. 예를 들어, 내담자가 “나는 너무나 혼란스럽고 화가 나서 뭘 말해야 할지 모르겠어요."라고 말한 후에 상담자는 내담자가 그 느낌에 대하여 좀 더 생각할 시간을 허락하기 위해 잠시 동안 상담을 정지시킬 수 있다. 만일 내담자가 어떤 내용을 말을 하다가 정지한다면 상담자는 방해 없이 내담자가 생각할 수 있는 시간을 갖도록 하는 것이 좋다(주은선 역, 2001).

그러나 내담자의 침묵에 부딪쳤을 때 상담자가 가장 먼저 해야 할 일은 그러한 침묵이 내담자에게 무엇을 의미하는지, 그리고 침묵하는 이유가 무엇인지를 알아보는 것이다. 침묵은 분노, 공포, 따분함, 존경, 당황, 슬픔, 경멸 등 여러 가지를 나타낼 수 있기 때문이다. 이러한 노력을 할 때 상담자는 내담자의 움직임, 제스처, 겉모습을 특히 주목해 보아야 한다. 상담자가 이러한 것들을 관찰한 후 생각한 바를 이야기하면 내담자는 상담자가 관찰한 것이 맞다거나 틀리다는 반응을 보일 수 있다. 그러면 어떤 식으로든 내담자가 상담에 임하게 된 것이다.

침묵하는 내담자의 감정 해석을 서면으로 할 수도 있다. 예를 들어, 관찰 결과를 쓰거나 간단한 그림으로 그려서 보여 줌으로써 내담자의 반응을 유도할 수 있다. 서면 메시지를 사용할 때는 큰 글자로 내담자가 잘 볼 수 있도록 간단하고 짧게 써야 한다. 또 내담자의 행동 중에서 주요하고 지배적인 측면을 강조하기 위해서는 해석의 한 형태인 비춰주기(mirroring) 기법을 사용할 수 있다. 비춰주기란 내담자의 움직임이나 제스처 또는 자세를 상담자가 흉내 내는 것이다. 비춰주기는 일종의 도전적인 해석이 될 수 있다. 그래서 긍정적이든 부정적이든 강렬한 반응을 유발하게 된다(Munro et al., 1983).

2) 비언어적 반응 격려하기

상담활동은 꼭 말로만 이루어지는 것은 아니다. 일상적인 의사소통에서와 마찬가지로 상담에서도 내담자가 말로는 표현하기 어려운 생각이나 감정을 그림이나 글 또는 행동으로 표현하도록 하는 것이 효과적일 때가 많다. 이 기법은 내담자가 생각과 느낌을 말로 표현하지 않으면서 자기탐색과 자기노출을 하도록 의도적으로 격려하는 것이다. 때로는 내담자의 생각을 신체적으로 표현해 보도록 할 수도 있다. 예를 들어, 행동을 해 보게 하거나, 흉내를 내보게 하거나, 어떤 자세를 취해 보도록 하는 것이다. 거의 모든 언어적 메시지는 신체적인 방법을 통하여 그 의미를 더욱 분명하고 직접적으로 전달할 수 있다. 일단 내담자가 생각이나 느낌을 행동으로 표현하도록 상담자와 약속했다면 상담자는 특별한 행동을 과장해서 보여 주도록 내담자에게 부탁한다. 어떤 제스처를 과장해서 반복하게 되면 내담자가 자신의 행동의 의미와 그 행동의 이면에 숨겨진 개인적인 느낌을 분명하게 인식하는 데 도움이 될 것이다(Munro et al., 1983).

3) 내담자와 보조 맞추기

상담받기를 꺼려 하는 내담자를 상담으로 이끌기 위한 또 하나의 기술이 내담자와 보조 맞추기다. 내담자와 보조를 맞춘다는 것은 내담자를 성급하게 상담하려고 하기보다는 내담자에게 상담을 받고자 하는 마음이 생길 때까지 기다리는 것이다. 그러한 내담자는 상담자와 이야기를 시작할 수 있을 만큼 안면을 익히고 믿음을 가질 수 있는 시간이 단순히 필요할 수 있기 때문이다. 그런데 여기에서 기다린다는 것은 아무 활동도 하지 않은 채 무작정 기다린다는 의미가 아니라, 내담자의 상담 의지를 유도할 수 있는 활동을 하면서 잠시 본격적인 상담활동을 미루는 것을 말한다. 이러한 방법에는 여러 가지가 있다.

내담자와 함께 상담실을 벗어나서 주변을 산책한다든지, 상담 주제와 직접적인 관련이 없는 주제(예 : 시사문제 또는 스포츠 등)에 관해서 잠시 이야기를 나눈다든지, 서로의 일상생활에 관한 가벼운 대화를 나누는 것 등이 이에 해당될 것이다. 또 내담자 자신의 사진이나 가족 또는 친구의 사진을 가져오게 해서 그 사진을 중심으로 하여 이야기해 볼 수도 있다. 이러한 방법들을 통하여 내담자가 조금이라도 협조적이 되면 다음 회기를 위해 해야 할 간단한 '숙제'를 내줄 수도 있을 것이다. 이러한 과정을 통해서 내담자는 점차 상담에 대한 호기심을 갖게 되고 마침내는 본격적인 상담으로 이어질 수 있을 것이다.

상담자가 가장 유념해야 할 점은 상담자 자신이나 상담기관의 사정 때문에 내담자를 쉽게 포기하지 않아야 한다는 점이다. 상담에 대한 거부감과 비자발성을 갖고 있는 내담자라 할지라도 내담자에 대한 진정한 관심과 인내를 갖고 간접적이면서 점진적인 방법으로 접근하면 의외로 신뢰하고 효과적인 상담관계로 발전할 수도 있기 때문이다.

4) 말이 많으면서 상담받기를 꺼려 하는 내담자에 대한 반응

내담자 중에는 상담에 대한 저항이나 거부감을 침묵으로 표현하며 상담받기를 꺼려 하는 내담자도 있지만, 이와는 반대로 적대감이나 분노 같은 감정들을 쉽게 표현하거나 지나치게 불평을 많이 하거나 말을 이리저리 돌리는 사람들도 있다. 이러한 반응은 모두 상담자와 의미 있는 접촉을 피하려고 하는 것이다. 어쩌면 이러한 내담자를 상담하기가 훨씬 더 어려울지도 모른다. 그러므로 이러한 내담자를 상담할 때는 내담자의 움직임과 제스처, 신체적 외모 등에 특별한 주의를 기울여야 한다.

내담자가 말을 하는 태도는 그가 실제로 말한 것만큼 많은 것을 나타낸다. 상담자는 내담자의 목소리의 특성에 민감해야 하며 이러한 정보를 이용해서 반응해야 한다. 많은 경우에 내담자에게 특정한 진술이나 어구 또는 단어들을 반복해 보게 하는 것이 효과가 있을 때가 많다. 이렇게 해 보는 것은 내담자가 그러한 말들의 의미와 그 이면에 숨어 있는 느낌을 보다 분명하게 아는 데 도움이 된다. 상담자는 내담자가 사용하는 언어에 유의해야 한다. 예를 들어, 내담자가 실제로 뜻하는 것이 '원한다' 이면서도 '필요하다' 를 사용하는 경우가 이에 해당된다. '필요하다' 는 수동적인 의미를 내포하지만, '원한다' 는 자율성과 변화하고자 하는 능력을 뜻하기 때문이다. 이와 유사하게 주의해야 할 것들이 '당신' 과 '나' '우리' 와 '나' '할 수 없다' 와 '하고 싶지 않다' '수동적' 목소리와 '능동적' 목소리의 차이다(Munro et al., 1983).

만약 비디오테이프를 이용할 수 있다면 내담자들에게 자신들의 모습을 보여 주고 그것에 대한 코멘트를 해 보게 할 수도 있다.

5) 상담과정의 설명

상담받기를 꺼려 하는 내담자를 대하는 또 하나의 방법은 내담자에게 상담이 어떤 것인지, 그리고 상담이 어떻게 진행되는지를 설명해 주는 것이다. 상담을 꺼려 하는 내담자 중에는 상담에 대한 이해가 잘못되어 있거나 상담에 대한 부정적인 선입견을 갖고 있는 경우가 많기 때문이다. 그러므로 상담과정과 상담의 진행방법, 상담을 통해서 얻을 수 있는 이점, 그리고 내담자가 상담자에게 기대할 수 있는 것들이 무엇인지에 대해 설명해 줌으로써 상담받기를 꺼려 하는 내담자의 태도를 보다 긍정적으로 변화시킬 수 있다. 상담자가 자신의 동기, 의도, 생각, 감정을 표현할 준비가 되어 있다는 사실만으로도 이는 내담자에게 그도 이와 똑같이 하려는 일종의 자극제나 모델로서 작용할 수 있다.

그러나 어떠한 경우도 상담자는 말하고 싶어 하지 않은 내담자에게 억지로 말을 시킬 권리가 없다는 점을 명심해야 한다. 상담받기를 꺼려 하는 것은 일시적으로 말을 하지 않은 것보다는 더 심각한 것이다. 여기에는 상담자가 유의해야 할 메시지가 있다. 이는 나를 혼자 내버려 두라는 것이다. 만약에 내담자의 저항이 아주 심한 경우라면 상담자는 내담자에게 언제든지 상담을 종료할 수 있음을 말해 주어야 한다. 상담자는 이러한 조치를 취하는 것을 상담의 실패로 받아들일 필요가 없다. 오히려 이렇게 하는 것이 내담자의 권리를 존중하고 차후 상담에 대한 가능성을 높여 준다.

6. 요약

상담의 전 과정을 통하여 상담자와 내담자의 첫 만남은 매우 중요하다. 특히 상담관계를 형성하고, 이것을 바탕으로 하여 자연스럽게 내담자의 이야기를 시작하는 상담의 시작 단계에서 상담 또는 상담자에 대한 첫인상은 매우 중요하다. 만약에 상담자가 환영하는 분위기와 적절한 목소리와 제스처, 그리고 적극적이고 정확한 경청과 같은 기술을 사용하면서 내담자에게 온정, 수용, 공감을 전해 줄 수 있다면 촉진적인 관계가 시작될 수 있다. 이러한 관계 속에서 상담자는 시작 단계의 기술들을 적절히 사용함으로써 문제에 대한 이해와 내담자의 변화를 위한 기초를 형성할 수 있을 것이다.

이 장에서 살펴본 주요한 내용으로 먼저 상담 시작 시 우선 검토 사항, 첫 대면과 상호지각, 상담자의 자세가 다루어졌다. 다음으로 상담 시작 단계에서 사용되는 상담기술로서 자유롭게 이야기하도록 유도하기, 문제 분류하기, 개방형 질문, 주제 이야기 계속하기, 간단한 촉진자극, 적극적이고 정확한 경청, 소리 내어 생각하기, 즉시성, 침묵의 사용 등을 다루었다. 마지막으로 상담받기를 꺼려 하는 내담자를 참여시키는 상담기술로서 내담자 침묵의 해석, 비언어적 반응 격려하기, 내담자와 보조 맞추기, 말이 많으면서 상담받기를 꺼려 하는 내담자에 대한 반응, 상담과정의 설명 등이 다루어졌다.

효과적 조력을 위한

〈상담 연습 Ⅲ〉: 상담자의 반응기술 1

[연습 1] 어떤 상황에서 내담자가 가장 편안하게 느끼겠는가?

1) 네 가지의 의자 배치 방법 (— : 의자, ○ : 사람)

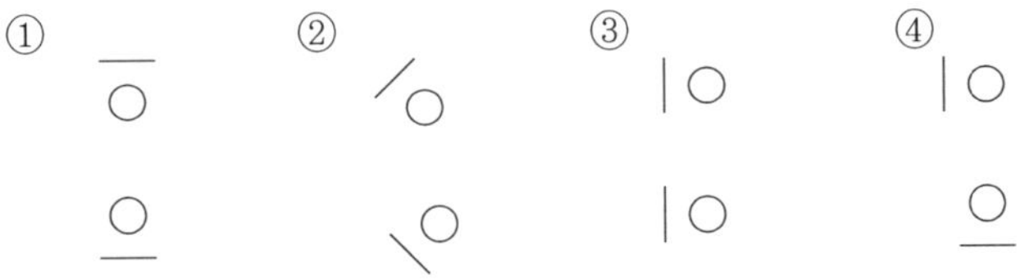

2) 앞의 네 가지 의자 배치 방법에 따라서 내담자는 각각 어떻게 다르게 느꼈는가?

[연습 2] 두 명씩 짝을 지어 일상적인 주제로 이야기를 하도록 한다. 한 사람을 A, 나머지 한 사람을 B라고 하자.

1) A가 B에게 말하는 동안 B는 A에게 시선을 맞추지 말고 팔짱을 끼고 다른 곳을 보는 자세를 취한다(약 2분). A에게 어떤 기분을 느꼈는지 말하도록

한다.

2) 이번에는 A가 B에게 말하는 동안 B는 A에게 시선을 맞추고, 경청의 자세를 취하며, 가끔씩 고개를 끄덕이도록 한다(약 2분). A에게 어떤 기분을 느꼈는지 말하도록 한다.

[연습 3] 가장 적합한 상담자의 자세를 고르시오.

① 상담자는 책상 앞에 똑바로 앉아 연필을 만지작거리고, 종이 집게(클립)를 구부리고, 발로 책상을 톡톡 치고 있다.

② 상담자는 이야기하는 동안 벽에 기대어 팔을 흔들고 있다.

③ 상담자는 무릎이 내담자의 무릎과 거의 닿을 정도로 가까이 앉아서 내담자 쪽으로 몸을 기울이고 있다.

④ 상담자는 의자에 자연스럽게 앉아서 두 손을 가볍게 내려놓고 내담자 쪽으로 약간 몸을 기울이고 있다.

[연습 4] 두 사람씩 짝을 지어서 "길동 씨, 당신이 와서 기뻐요."라는 말을 다음의 두 가지 방식으로 말해 보시오.

1) ① 평범하고 별로 흥미 없다는 말투로

② 따뜻하고 환영하는 말투로

2) 위의 방식대로 말을 시작하고 나서 대화를 해 보시오. 그러고 나서 당신의 목소리가 어떤 느낌을 주었는지 파트너의 평을 들으시오.

____

____

____

[연습 5] 다음 대화를 적절하게 수정해 보라.

상담자 : (팔짱을 낀 채로 의자에 뒤로 기댄 자세로) 자, 어떻게 오셨습니까?

내담자 : (아주 조용히) 네, 잘 모르겠어요. 최근에 제 자신에 대해 좋지 않은 기분이 들어요. 하지만 저를 도와주실 수 있는지 잘 모르겠어요.

상담자 : (자세를 앞으로 숙이며 내담자를 뚫어져라 보며) 그래서 무슨 일이 일어나고 있나요?

내담자 : 어떻게 해야 할지….(잠시 침묵)

상담자 : (끼어들며) 뭐든 말해 보세요.

내담자 : (다시 침묵) 사실 별로 할 말도 없어요. 그냥 여기 와서 괜히 선생님의 시간만 빼앗은 것 같군요.

[연습 6] 두 사람씩 짝을 지어 상담자의 역할과 내담자의 역할을 번갈아 하면서, 다음에 대해 자유롭게 이야기하도록 이끌어 보라. 그런 다음 당신의 반응이 얼마나 효과적이었는지 토론해 보라.

1) 가정생활을 파탄지경으로 몰고 간 10대 아들 때문에 혼란스러워하는 어머니

____

____

____

2) 이제 막 감원대상이 된 중년의 남자

3) 진로문제로 고민하는 10대 소녀

[연습 7] 두 명씩 짝을 지어 상담자와 내담자가 된 다음 내담자의 말에 적절하게 반응해 보라.

1) 제대로 되어 가는 것이 하나도 없어요. 일에 넌더리가 나고 직장은 꼴도 보기 싫어요. 집에 오면 아이들은 온갖 잡다한 요구사항과 문제들을 늘어놔요. 어느 누구 한 사람으로부터도 도움을 받을 수 없고 항상 모든 것을 나 혼자서 해야 해요.

2) 음, 생각해 보면 문제는 자신감이 없다는 거예요. 제 말은 제가 그런 것들을 할 수 있는 방법을 알아야 할 것 같은데도 알고 있지 못하다는 거지요. 어디로 배우러 가기라도 해야 할까요? 그리고 부모님은 절 진심으로 도와주려고 하지 않아요. 그들은 단지 제가 게으르다고 책망하기만 해요. 그들에게 뭐라고 말할 수 있겠어요? 도대체 제가 어떻게 해야 할까요?

[연습 8] 다음 중 개방형 질문을 고르시오.

① 당신은 땅콩을 좋아합니까?

② 당신은 어떤 이유 때문에 학교를 그만두었습니까?

③ 당신은 그러한 골칫거리들을 어떻게 없애려고 생각하고 있습니까?

④ 당신은 그 파티에 참석했습니까?

[연습 9] 다음 내담자의 말에 가장 적절한 반응을 고르시오.

내담자 : 저는 남편과의 결혼생활에 문제가 있어요.

① 언제 결혼하셨어요?

② 어떤 문제인지 좀 더 말씀해 보시겠어요?

③ 남편과는 여전히 함께 살고 계시죠?

[연습 10] 다음 질문들을 개방형 질문으로 다시 써라.

1) 당신은 그 모임에 나갔습니까?

____

____

____

2) 당신이 휴학을 한 것은 돈을 벌기 위해서였습니까?

____

____

____

3) 우리의 여행경비는 충분합니까?

____

____

____

4) 그 옷은 지난번 백화점 할인 행사 때 샀습니까?

____

____

____

[연습 11] 다음 내담자의 진술에 대한 상담자의 반응으로 가장 적절한 것은?

내담자 : 제가 이번 달에 몇 차례 지각한 일이 아니라면 오늘 왜 오라고 했는지 잘 모르겠는데요.

① 왜 오라고 했는지 분명 알 텐데요.

② 지각이 문제되고 있다고 생각하시는군요.

③ 지각에 대한 이야기를 함께 해 봐야 할 것 같습니다.

[연습 12] 주제 이야기가 계속되도록 다음과 같은 내담자의 말에 대해 간단한 진술이나 질문을 덧붙여라.

두 사람씩 짝을 지어 대화 내용을 써 보시오.

1) 어머니는 제가 외출할 때마다 밤 12시까지는 집에 들어오라고 강요해요. 어쩔 땐 그건 정말 불가능한데도 말이에요.

____

____

____

2) 나는 학교가 싫어요! 선생님들, 교칙, 교복, 전부가 싫어요.

____

____

____

[연습 13] 집이나 직장 또는 상담 상황에서 하는 대화에서 간단한 촉진자극을 사용하는 연습을 하라. 훈련과정에서 다른 사람들과 함께 이러한 자극을 사용해 보고 서로 코멘트하라.

[연습 14] 집단구성원 2명이 나서서 주관적인 감정이 표현될 수 있는 주제에 관해 약 3~4분 동안 대화를 나누어라.

[연습 15] 한 사람이 관찰자가 되어 주로 내담자의 말을 듣고, 메시지의 내용을 요약하라. 또 한 사람은 다른 관찰자가 되어 내담자의 신체 언어에 주목하라.

[연습 16] 나머지 집단구성원들은 내담자가 전하는 말을 경청하면서 특히 내담자의 말에 대해 자신이 어떻게 반응하고 있는지를 지각하라.

[연습 17] 다음 내담자의 말에 즉각적으로, 솔직하고, 개방적인 태도로 대화에 관여하는 상담자의 반응을 골라라.

1) 내담자 : (앞의 이야기에서 계속되는) 바로 그거죠. 몇 주가 흘러가니 다시는 직업을 못 구하게 되는 것이 아닌가 싶어 점점 두려워요. 그런데 선생님 하시는 일이라는 게 이런 바보 같은 숙제나 내주는 거잖아요. 저한테 전혀 도움이 안 돼요.

① 제 할 일에 대해 말할 필요는 없다고 생각해요. 본인 문제로 돌아갑시다.

② 제가 하라는 것을 그냥 안 하시잖아요.

③ 너무 불안해지니까 제가 결국 도와드리지 못할까 봐 걱정하고 계시는군요.

2) 내담자(젊은 상담자와 상담하게 된 나이든 남성) : 그쪽한테 문제를 털어놓는다는 게 뭔가 옳지 않다는 생각이 드네요. 얼마 동안 이 일을 해 왔습니까?

① 제가 나이가 어려 도움을 드릴 수 있을 만큼 충분한 경험이 있는지 걱정되나 보네요.

② 제가 분명 도와드릴 수 있어요. 무슨 일로 오셨는지 말씀해 보시겠어요?

③ 제 나이와 능력은 아무 상관이 없어요. 저는 필요한 자격증을 다 갖춘 사람입니다.

3) 내담자(상담 시작 30분 동안 평범했던 한 주일에 대한 이야기만 하는) : 상당히 무미건조했던 한 주였어요. 그냥 대부분 빈둥거리며 보냈어요.

① 이야기 들으면서 왜 우리가 좀 더 중요한 일에 대해 이야기 안 하고 있나 싶네요.

② 그 밖에 또 오늘 하고 싶은 이야기가 뭔가요?

③ 오늘은 상담을 계속해 봤자 별 소용이 없을 것 같네요. 다른 주에 다시 오시지 그러세요?

4

상담의 발전 단계

Experience, for me, is the highest authority.

– Carl Rogers –

상담의 발전 단계에서 중요한 과제는 상담의 시작 단계에서 형성했던 좋은 상담관계를 유지하는 것과 내담자가 자신의 문제와 관심사를 탐색하고 명료화하고 규정하도록 도와줌으로써 상담과정을 진전시키는 것이다. 그러므로 이 단계에 가장 필요하고 효과적인 기술은 내담자에게 자기 자신에 대한 이해와 함께 내담자가 안고 있는 문제에 대한 이해를 증진시킬 수 있는 기술이다. 물론 이러한 기술들은 이 단계뿐만 아니라 상담의 모든 단계에서도 효과적으로 사용될 수 있을 것이다.

먼로 등(1983)은 상담의 중간 단계인 이 단계에서 상담자가 하는 반응을 크게 두 가지로 구분하고 있다. 그 하나는 반응하기이고, 다른 하나는 유도하기다. 먼저 반응하기에는 상담자의 두 가지 능력이 요구된다. 내담자의 현재의 흐름을 놓치지 않고 따라갈 수 있는 능력과 내담자가 좀 더 분명하고 정확한 이해를 할 수 있도록 도와주는 능력이 그것이다.

반면에 유도하기는 상담자가 중요하다고 생각한 방향으로 내담자의 관심의 초점을 유도하고 이끈다는 점에서 반응하기와 다르다. 그런데 상담자의 적극적인 유도는 내담자를 혼란스럽게 하거나 소외시킬 위험도 있기 때문에 상담자는 유도하기를 매우 신중하게 사용해야 한다. 즉, 상담자는 신뢰하는 상담관계가 형성되고 난 후에만 이 기술을 사용하고, 그때도 비난조가 아닌 가설적인 방식(내담자가 그것을 거부하거나 수정할 수 있는 여지가 있는)으로 사용해야 한다.

일반적으로 내담자의 말이나 행동에 대해 상담자가 하는 진술에는 두 가지가 있다. 첫 번째는 최종적이고 판단적인 진술인데, 이것은 내담자에게 상담자의 말을 직접적으로 반대하지 않고서는 그의 말에 이의를 제기할 기회를 전혀 주지 않는다. 두 번째는 가설적인 진술인데, 이것은 내담자에게 상담자에게 직접 도전하지 않고도 그의 말에 이의를 제기하거나 수정할 기회를 준다. 다음 두 가지의 진술은 이러한 차이를 이해하는 데 도움이 될 것이다.

판단적 진술 : "너는 지금까지 선생님에 대해서 아무 말도 하지 않았어. 넌 분명히 그를 두려워하고 있는 거야."
가설적 진술 : "너는 지금까지 선생님에 대해서 아무 말도 하지 않았어. 그건 네가 그를 두려워하고 있기 때문일까?"

1. 반응기술

효율적으로 잘 진행되는 상담에서는 내담자가 중심적 역할을 하며, 상담자는 반응자 또는 조력자로서의 역할을 한다. 내담자가 중심이 된다는 것은 상담의 내용과 방향을 결정하는 사람이 내담자이며, 상담자는 내담자가 주도하는 상담의 과정이 원활하게 잘 진행될 수 있도록 도와주는 역할을 한다는 것을 의미한다. 그러므로 상담자는 내담자의 말, 생각, 감정의 흐름을 놓치지 않고 따라가면서 내담자로 하여금 자신과 자신의 문제에 대하여 보다 정확한 이해를 할 수 있도록 돕는 반응기술을 갖고 있어야 한다.

이러한 반응기술을 사용함으로써 상담자가 내담자에게 관심을 갖고 있으며, 내담자가 경험한 것을 있는 그대로 이해하려고 노력하고 있다는 점을 보여 줄 수 있다. 일부 상담자들은 상담의 시작 단계에서는 이러한 기술을 사용하는 것이 비효과적이고 상담자의 전문성에 대해 의심을 갖게 만들 수도 있다는 점을 지적하기도 한다. 그러나 대부분의 상담자들은 상담의 전 과정에서 이러한 기술들을 사용함으로써 얻을 수 있는 효과가 매우 크며, 이러한 기술은 오히려 상담의 시작 단계에서 더욱 적절히 사용될 수 있다는 점에 동의하고 있다. 그러므로 상담자는 상담자와 내담자 모두가 현재 진행되고 있는 생각이나 감정, 상황에 대해 분명히 알게 될 때까지 이러한 반응기술을 계속해서 사용할 필요가 있다.

반응기술은 여러 가지 효과를 갖고 있다. 실제로 이러한 기술을 사용하면 내담자들은 상담자가 자신을 잘 이해하고 있다는 느낌을 갖게 된다. 특히 혼란 상태에 있거나 어려움을 겪고 있는 내담자 또는 외로움을 경험하고 있는 내담자에게는 더더욱 효과가 크다. 그러므로 상담자는 이러한 기술의 사용에 주저할 필요가 전혀 없다. 다음은 대표적인 반응기술인 감정의 확인, 상담자의 자기감정 표현하기, 반영, 정확한 이해에 대한 구체적인 설명이다.

1) 감정의 확인

내담자가 자신의 마음 상태나 어려운 점에 대해서 이야기할 수 있게 하려면, 그 사람의 감정에 정확하게 반응하고 이해할 수 있는 능력을 갖추는 것이 필수적이다. 상담자는 내담자가 하고 있는 말의 내용 그 자체보다 그 이상의 것에 민감해야 한다. 흔히 내담자가 말하는 내용보다 말하는 방식이 훨씬 더 중요할 때가 아주 많다.

감정에 반응하기는 그 자체가 매우 친숙한 느낌을 주면서 또한 동시에 상담자의 다른 어떤 행동보다 내담자에게 더 많은 수용과 공감을 전해 줄 수 있기 때문에 매우 강력한 기법이다. 사람들은 보통 사회생활을 하면서 감정을 잘 드러내지 않고 일정하게 통제한다. 그러므로 누군가가 우리의 감정을 잘 이해하고 받아 줄 때 우리는 깊은 감명을 받게 된다. 우리의 감정은 어떠한 것이든 우리 자신에게는 당연한 것이며, 또한 그러한 감정을 이해해 주는 사람에게 우리는 긍정적으로 반응하게 된다.

예를 들면, 다음 내용을 비교해 보라.

내담자 : 아휴, 죽겠어요! 그녀는 나에게 항상 그런 식으로 해요. 그게 싫어요!
상담자 1 : 당신도 어느 정도는 책임이 있지 않나요?
상담자 2 : 그것 때문에 당신은 정말로 화가 났군요.

상담자 1은 단지 내담자가 말한 내용만을 다루고 있으며 화가 난 사람에게 상황을 이성적으로 볼 것을 요구하고 있다. 상담자 2는 내담자의 감정 상태를 알고서 그러한 감정이 수용될 수 있고 이해된다는 점을 포함하고 있다.

상담에서 감정을 다루는 데 요구되는 첫 번째 조건은 감정이 전해올 때 그것을 알아차릴 수 있는 능력이 있어야 한다는 점이다. 상담자는 내담자가 느끼고 있는 것을 구체적으로 확인해 보도록 격려해야 한다. 또한 상담자는 그 감정이 아무리 분명하게 보인다 해도 내담자가 느끼고 있을 것 같은 감정을 상담자 자신의 해석에만 의존해서는 안 된다. 상담자는 다음과 같은 질문들(질문 형식을 다소 변형해도 좋다)을 함으로써 내담자의 느낌을 간단하고도 효과적으로 확인할 수 있다.

"그것이 당신에게 어떤 느낌을 주나요?"

"지금 당신 느낌은 어떤가요?"

2) 상담자의 자기감정 표현하기

상담 상황에서 상담자가 감정을 다루는 데 얼마나 성공적일 수 있느냐는 상담자가 스스로 자신의 감정을 인식하고 그것을 내담자에게 가장 도움이 되는 방식으로 사용할 수 있는 능력에 따라 결정된다. 감정을 효과적으로 사용한다는 것은 많은 것을 의미한다. 상담자가 자신의 감정을 내담자와 개방적으로 공유할 때 바람직한 행동을 모델링할 수 있고 서로 신뢰하고 솔직한 분위기를 높일 수 있을 것이다. 마찬가지로 감정을 개방적으로 표현하는 것은 내적인 긴장감을 완화시켜 줄 수 있으며, 내담자가 그러한 감정들을 억압할 필요가 없다는 것을 보여 준다.

감정은 상담과정에서 그것이 일어날 때 즉시 다루어야 한다. 상담자는 계속해서 자신의 감정을 알아차리고 있어야 하며 또 이러한 감정이 왜 일어나는지를 알아야 한다. 내담자 역시 계속해서 자신의 감정을 표현하고 탐색하도록 상담자가 격려해야 한다. 만약에 그러한 감정을 표현하지 않고 덮어둔다면, 그것은 상담과정에서 지배적으로 영향을 미치고 결국 어떤 문제점에 대해 이성적으로 접근할 수 없도록 가로막아 버릴 것이다. 자신의 감정을 단순히 알아차리고 표현하는 것만으로도 충분히 감정을 완화하고, 통제하고, 수용할 수 있다. 또한 그 감정에 얽매여 있는 에너지를 다른 곳으로 돌릴 수 있을 것이다.

예를 들면, 다음과 같다.

1. 당신이 그렇게 말하니 기분이 좋습니다. 내가 도움이 되었다는 말을 해주어서 감사합니다.
   (→ 상담자는 자기에 대한 칭찬을 있는 그대로 단순하게 받아들이는 법을 보여 주고 있다.)
2. 맞아요. 당신과 이야기하는 것이 별로 즐겁지 않습니다. 하지만 우리는 지금 여기에 함께 있고, 무언가를 하려고 하잖아요?
   (→ 상담자는 내담자와의 관계에서 가식적이지 않고 솔직하게, 자신의 부정적인 감정을 개방적으로 표현하고 있다.)
3. 당신이 계속해서 변명을 하니 짜증이 나네요. 다른 사람들도 저와 같은 반응을 보였는지 궁금해요.
   (→ 상담자는 내담자에게 부정적인 감정을 표현하면서도, 내담자가 다른 사람들에게 어떤 영향을 주었는지를 좀 더 자세히 살펴보도록 하는 방법을 취하고 있다.)
4. 내담자 : 당신은 아무 말도 하지 않고 있어요! 그냥 앉아서 계속 고개만 끄떡이면서 "그래요."라는 말만 하고 있어요. 전 당신이 저를 도와줄 것으로 생각했어요!
   상담자 : 당신은 내 태도 때문에 화가 나고 혼란스러운가 보군요. 내가 어떻게 하면 좀 도움이 되겠어요?
   (→ 상담자는 내담자의 말에 화가 나거나, 불쾌하거나, 죄의식을 느낄 수

있다. 자신의 감정을 정확하게 인식한 다음 내담자에게 건설적인 반응을 보여 주고 있다.)

3) 반영

반영을 효과적으로 사용하면 상담자는 내담자가 말한 것을 정확하게 이해하고 수용하고 있다는 점을 전달해 줄 수 있다. 상담자는 내담자가 실제로 말한 핵심내용을 짧고 간단하게 재진술하거나 바꾸어 말하기를 함으로써 내용을 반영할 수 있다. 내용의 반영은 내담자가 말한 정보를 일종의 새로운 방식으로 간략하게 요약하는 것이다. 상담자는 감정, 즉 내담자가 자신의 정서적 메시지를 표현하는 진술도 반영할 수 있다. 종종 내담자가 말한 내용에는 진짜 의미는 전달되지 않았을 경우가 많다. 감정의 반영은 이면에 있거나 말로 표현하지 않은 메시지에 초점을 둔다. 반영은 상담자가 내담자의 말을 이해하고 있음을 보여 주기도 하지만, 나아가 내담자로 하여금 보다 더 완전한 자기인식과 자기이해를 촉진시키기 위해 사용되어야 한다는 점이 더욱 중요하다. 상담과정의 모든 단계에서 반영기술은 적절하고 효과적으로 사용된다.

예를 들면, 다음과 같다.

내담자: 내가 그것을 할 수 있을 것 같지 않아요. 난 실패투성이에요. 나는… 글쎄… 음… 이전에도 그런 성적을 결코 받아 본 적이 없고… 그래서 지금도 절대 해낼 수 없을 거예요.

상담자: (내용반영) 당신은 과거의 경험 때문에 지금도 그것이 불가능하다고 확신하고 있군요.

(감정반영) 당신은 노력하는 것에 대해서조차 좀 두려워하고 있군요.

다음은 상담자가 재진술(진하게 표시)을 어떻게 사용하고 있는지를 보여 주는 예다(주은선 역, 2001).

내담자: 나는 메카로 성지순례여행을 떠나야만 해요. 학기 중에 2주 동안 그 여행을 가야 하는데 학점에 큰 지장을 줄 것 같아 가는 것이 꺼려져요. 하지만 나에게는 선택권이 없어요. 내 종교와 관련되었기에 어쩔 수가 없어요.

상담자: **아, 당신은 성지순례여행을 떠나게 되는군요.**

내담자: 네, 그래요. 종교 때문이지요. 결혼하기 전에 성지순례여행을 떠나야만 해요. 그냥 당연히 그렇게 해야 하는 거예요. 그리고 성인남자와 동행해야 하기 때문에 아버지와 같이 가는데 걱정이에요. 나는 아버지와 관계가 좋지 않고, 또 아버지가 좀 편찮으시거든요. 힘든 여행인데 잘 견디실지도 모르고….

상담자: **당신은 아버지와 관계가 좋지 못하다는 말이군요.**

내담자: 맞아요. 아버지는 내가 한참 성장할 동안에 내 주위에 있지 않았어요. 늘 바쁘셨지요. 그런데 같이 2주나 있어야 한다니…. 무슨 이야기를 같이 나눌 수 있을지도 모르겠어요. 나는 아버지를 참 모른다고 여겨져요. 아버지와 많은 시간을 보내야 한다는 생각 자체만으로 벌써 불안해져요. 하지만 또 한편으로는 이런 기회를 통해 아버지를 잘 알게 될 수도 있을 것 같아요.

상담자: **아버지를 잘 알고 싶다고요.**

내담자: 네, 잘 알고 싶어요. 나는 늘 아버지와 좋은 관계를 갖기를 원했어요. 사람들은 우리가 많이 닮았다고 해요. 그리고 아버지는 내가 잘 모르는 나의 종교와 문화에 대해 잘 가르쳐 주셨으면 좋겠어요. 나는 아주 어렸을 때 미국으로 이민을 왔거든요.

상담자: **아버지로부터 많은 것을 배울 수 있겠군요.**

내담자: 그래요. 아버지로부터 많은 것을 배울 수 있을 것 같아요. 아버지는 현명하신 분이에요. 나는 단지 아버지와 같이 있을 때 있는 그대로의 내 자신이 될 수 있었으면 해요. 어머니와 같이 있을 때는 그렇

> 지 않은데, 아버지와 있을 때는 마치 내 자신이 어린아이처럼 느껴져요(내담자는 계속 탐색을 하게 된다).

카커프(Carkhuff, 1987)는 내담자의 호소를 듣고 나서 상담자가 보내는 반응을 평가하는 척도를 개발하였다. 그는 상담자의 반응을 1.0에서 5.0까지 평정하게 하였다. 이를 '촉진적 의사소통의 기술척도' 또는 '공감적 반응의 변별척도' 라고도 한다(〈표 4-1〉 참조).

표 4-1 촉진적 의사소통의 기술척도

척 도	상담자의 반응	특 징	수준
1.0~1.5	내담자의 주요 관심사에서 이탈하여 상담의 흐름에서 엉뚱한 방향으로 돌리거나, 충고, 훈계와 같은 부적절한 반응을 보임	엉뚱한 반응	최저 수준의 반응
2.0~2.5	내담자가 말한 것 중 일부분은 반응하고, 나머지는 공감하지 않거나 묵살함	삭제적 반응	부족한 반응
3.0~3.5	내담자의 말과 연관된 내담자의 감정을 상담자가 반영해 주는 수준	정확한 공감반응	기초적 수준의 촉진적 의사소통
4.0~4.5	내담자의 말의 이면에 깔린 감정을 파악하여 공감하고, 내담자가 미처 언급하지 못한 마음까지도 공감해 주는 반응	첨가적 공감반응	고차적 수준의 촉진적 의사소통
5.0	상담자가 내담자의 문제를 해결하는 방향으로 활동을 인도하는 반응	주도적 (활동지향적) 반응	

위 기준에 따르면, 의사소통 기술척도가 3.0 이상은 되어야 상담자가 내용반영과 감정반영 기술을 효과적으로 사용하고 있다고 말할 수 있을 것이다.

4) 정확한 이해

정확하게 이해하기 위해서는 내담자가 전달하고 있는 모든 언어적, 비언어적 측면들을 주의 깊게 경청하고 인식하는 것이 포함되어야 한다. 상담자는 내담자에 대한 자신의 지각과 현재의 상황에 대한 자신의 '직감' 에 의존하여 이해한다. 그러나 내담자가 이야기한 것을 상담자 나름대로 생각하여 해석하지 않도록 주의해야 하며, 그렇다고 내담자의 말을 그대로 받아들이지도 않도록 주의해야 한다.

정확한 이해를 위해 효과적인 경청을 연습할 때는 다음과 같은 점들에 주의해야 한다.

① 당신의 태도를 자각하라. 당신은 내담자에 대해서 어떻게 느끼고 있는가? 그리고 그러한 느낌들이 내담자를 지각하는 데 어떤 영향을 주는가?
② 내담자가 말한 내용 자체와 그 속에 내포되거나 암시된 것(비언어적 메시지 또는 정서적 메시지) 두 가지 모두에 주목하라.
③ 내담자의 말에 대해 어떻게 반응하고 내담자가 말한 복잡한 내용을 어떻게 하면 정리할 것인지에 초점을 두지 말고, 내담자가 당신에게 말하려고 하는 것이 무엇인지에 초점을 두라.
④ 경청은 즉각적으로 이해하는 것뿐만 아니라 모호한 것을 명료화하는 것도 포함한다. 당신이 완전히 이해하지 못한 것을 서둘러 말하려고 하지 마라. 또 내담자에 대해 어떤 것도 추측하지 마라. 그래서 설사 내담자가 어떻게 대답할지 분명하게 알 수 있는 것까지도 내담자에게 직접 물어보라.

예를 들면, 상담자는 내담자의 말을 정확하게 이해했는지를 알아보기 위해 다음과 같은 반응들을 사용할 수 있다.

당신이 말하고 있는 것이 ……입니까?
당신은 ……라고 말하고 있는 것 같습니다.
당신은 ……을 느끼고 있군요.
당신이 보기에는 ……
내가 정확히 이해했는지 봐 주세요. 당신은 ……라고 말했어요. 그게 맞나요?
당신이 ……한 것으로 생각하면 맞나요?
당신의 관점에서 보면 ……
내가 듣기로는 ……
내가 틀리면 고쳐 주세요 ……그러나 ……

2. 유도기술

유도반응은 상담관계의 강조점에 변화를 준다. 이제 내담자보다 상담자가 주도적으로 이끌게 된다. 상담자는 내담자보다 더 많은 책임을 맡게 되고, 지금 단계에서는 어떤 것이 행해져야 할지 알게 된다. 유도반응은 상담자가 내담자의 상황과 욕구를 충분히 이해하고 있을 때만 사용한다. 유도반응의 가치에 대해서는 의심의 여지가 없다. 그렇지만 상담자는 이러한 반응을 언제 사용하는 것이 적절한지, 그리고 구체적으로 어떤 반응을 사용해야 하는지를 결정해야 한다.

유도반응을 사용하는 데는 다소의 위험이 따르기도 한다. 대부분의 조력자들은 훈련을 받기 이전에도 이러한 기술에 상당히 익숙해 있다. 날마다 부딪치는 사회적 관계와 업무상황(특히 가르치는 상황) 속에 유도행동은 널리 사용되고 있다. 그래서 어쩌면 이러한 기술들을 과잉 사용하기도 하고, 어떤 어려운 상담상황이 되면 바로 그러한 기술에 의존해 버리는 경향도 있다. 나아가 상담받기를 꺼려하거나 부정적인 내담자들에게 이러한 기술을 너무 곧장, 그리고 너무 자주 사용하는 것은 성급하거나 민감하지 못한 것으로 보여질 수 있다.

다음은 대표적인 유도기술인 정보 주기, 충고하기, 직접 질문, 설득하기, 지지와 격려, 사적 경험과 일화 이용하기, 해석, 직면, 문제의 명료화, 요약하기 등에 대하여 자세히 살펴본 것이다.

1) 정보 주기

많은 경우에 내담자에게 필요한 정보를 제공해 주는 것만으로도 유용한 일이 될 수 있다. 만약 내담자가 그의 문제와 직접 관련된 실질적인 정보를 원한다면, 그러한 정보를 즉시, 분명하고도 간결하게 제공해 주어야 한다.

초보상담자들은 내담자에게 정보를 주는 데 주의해야 한다고 배웠기 때문에 직접적인 질문에 대답하는 것을 꺼려하기도 한다. 이들은 '진짜' 문제가 무엇인지를 확실히 알고 절대적으로 자신할 수 있을 때까지는 그러한 질문에 대답을 해서는 안 된다고 생각한다. 그래서 이들은 대답을 피하고 내담자가 이미 밝힌 것 이상의 다른 것들을 탐색하려는 경향이 있다. 이러한 행동은 내담자를 짜증나게 하고 혼란스럽게 한다.

상담자를 곤란스럽게 하는 또 다른 상황은 내담자가 상담자에게 직접적이고 사적인 질문을 할 때다. 대부분의 경우 최선의 방법은 직접적이고 간결한 대답을 하는 것이고, 정보제공을 거절하는 경우도 그런 식으로 대답하는 것이 더 낫다. 내담자는 답변을 직접적으로 거절당했을 때보다 답변하기를 주저하고 회피하고, 애매하게 답한 것에 대해 더욱 혼란스럽고 의아해할 것이다.

2) 충고하기

우리는 가능한 한 충고를 적게 해야 한다고 생각한다. 즉, 내담자가 요청했을 경우나 내담자의 말을 주의 깊게 경청하여 상담자가 내담자의 상황을 이해했다고 확신이 선 다음에야 충고할 수 있다고 알고 있다.

대부분의 연구에 따르면, 충고, 조언, 지시와 같은 직접적 안내는 상담기술 중 평균 약 5%로 상담자들이 그렇게 많이 사용하지 않으며, 내담자들에게도 그다지 도움이 되지 않은 것으로 평가된다(Barkham & Shapiro, 1986). 내담자가 요청했을 때도 상담자는 이것이 직접적인 요구로 한 것인지 의존적 감정에 대한 표현인지 구별해야 한다. 의심스럽다면 관련 감정을 먼저 다루는 것이 가장 좋을 것이다. 예를 들어, "당신은 몇 가지 충고를 얻는 데 매우 필사적이신 것 같군요. 당신이 무엇을 느끼고 있는지 궁금하네요."와 같이 반응할 수 있을 것이다(주은선 역, 2001).

직업상담과는 달리 전문적 심리상담에서의 충고나 조언은 내담자의 내면세계와 가치체계를 감안하는 '암시적인' 성질을 띠며, 행동과정에 대한 평가와 결정은 내담자에게 맡긴다는 점이 특징이다(이장호, 1999).

문제에 관련된 모든 요인들을 충분히 논의한 후에도 내담자가 여전히 결정을 내리지 못하고 있다면 상담자는 내담자의 결정을 도와주기 위해 충고하기를 사용하기도 한다. 충고를 할 때는 어떤 특정한 선택을 할 때 내담자 쪽에서 이미 제시한 이유들에 근거를 두고 하려는 노력이 필요하다. 때로 중 · 고등학생 정도의 청소년들에게는 적절한 조언과 암시가 효과적일 때가 많다.

예를 들면, 다음과 같다.

내담자 : 우리가 이야기를 다한 것 같은데도, 아직도 나는 생물과 미술 중에서 어느 것을 선택해야 할지 결정할 수가 없어요.

상담자 : 음, 미술이 어떤가요. 당신은 올해 이미 과학과목을 두 과목이나 수강했어요. 그리고 당신은 다른 분야를 알고 싶다고 했고, 또 미술 선생님을 좋아한다고 했지요.

다음은 상담자의 충고가 상담에서 어떻게 사용되는지에 대한 또 다른 예다(주은선 역, 2001).

내담자 : 6살 된 우리 딸아이는 매일 한밤중이면 우리 침실로 와서 침대에 올라오는 것이 습관이 되었고, 아침까지 그렇게 있고 싶어 해요. 처음에는 아이가 좀 더 사랑이 필요한 것 같아 그냥 내버려 두었는데 이제 완전히 우리는 두 손 들었어요. 남편은 더블침대의 절반 이상을 차지하고 나는 아이와 함께 있으려니 잘 움직일 수도 없고 숙면을 취할 수가 없어요. 그 아이를 옮기려고 하면 도대체 나갈 생각을 하지 않아요. 그래서 우리는 뭔가 조치를 취해야 할 것 같아요.

상담자 : 당신이 힘들겠군요.

내담자 : 네, 그래요. 무엇을 어떻게 해야 할지 모르겠어요. 아이가 안정감을 필요로 한다면 아이에게 충격을 주고 싶지 않아요. 아이는 정말 우리와 함께 자고 싶어 하는 것 같아요.

상담자 : 지금까지 시도해 보신 것은 무엇이 있나요?

내담자 : 아무것도 해 보지 않았어요. 최근에 와서야 도저히 안 되겠다고 느낀 거죠. 그리고 그 아이가 그런 행동을 하기에는 너무 큰 것이 아닌가 생각해요.

상담자 : 당신의 목표는 무엇인가요?

내담자 : 그 아이가 잠에서 깨고 당황해할 때 편안하게 해 주고 싶고 자기 침대로 돌아가게 하고 싶어요. 그 아이가 침대로 오는 것은 원치 않아요. 일단 들어오면 나가게 하는 것이 너무 어렵거든요.

상담자 : 아이와 문제가 생기면 일반적으로 쓰는 방법은 무엇인가요?

내담자 : 문제가 생기기 전에 서로 이야기해서 아이들이 준비가 되고 그것을 실행에 옮길 수 있게 하는 편이에요.

상담자 : **당신은 시간을 두고, 그 아이와 당신이 하려고 하는 계획에 대해 이야기한다면 이 경우에도 아마 적용할 수 있을 것 같군요.** 당신

은 어떻게 할 것입니까?

내담자 : 취침 전에 아이에게 깨면 우리 침실로 더 이상 오지 말라고 이야기 할 수 있을 거예요. 그런데 그것을 대신할 긍정적인 무언가가 없을까 걱정이에요.

상담자 : 좋은 지적이네요. **아이가 다시 잠들 때까지 아이의 침대에서 같이 누워 있다가 아이가 잠들면 당신의 침실로 돌아가면 어떨까요?**

내담자 : 그거 좋은 생각 같네요. 아이가 우리 침대로 오면 나는 아이를 데리고 아이 방으로 가서, 잠들 때까지 아이 옆에 있다가 나는 침대로 돌아오는 거예요. 내가 그것에 대해 아이에게 미리 이야기한다면 특별히 더 효과를 볼 것이라고 생각해요. 내가 잠을 좀 설치겠지만, 밤새 잠을 못자는 것보다는 나을 거예요.

상담자 : 아주 좋아요. 다른 문제는 없나요?

내담자 : 글쎄요. 내가 그 아이 침대에서 잠들어 버릴 수도 있어요. 그러나 아마 그것 또한 불편하기 때문에 그리 오랫동안은 아니겠죠. 또 어쩌면 나는 한밤중에 귀찮으므로 그 아이 버릇대로 내버려 둘 수도 있지요.

상담자 : **글쎄요. 아마 버릇을 깨는 데는 3일 내지 5일 정도 걸릴 겁니다. 당신 스스로 자신에게 그 기간 동안만 잘 견딜 수 있다면 버릇을 없앨 수 있다고 이야기해 보는 것도 좋을 것 같군요.**

내담자 : 좋은 지적이에요. 그렇게 할게요. 그것은 내가 하고 싶은 방법과 잘 맞고, 효과가 있을 것 같아요.

3) 직접 질문

직접적인 질문하기는 명칭 그대로 어떤 구체적인 사항에 논의의 초점을 맞추는 기술이다. 이 기술은 상담자가 좀 더 탐색해 볼 만한 가치가 있는 문제를 명료화하기 위해 사용된다. 이 기술은 내담자가 자신의 상황을 자신의 페이스와 방식으로 검토할 기회를 충분히 갖기까지는 가능한 한 사용을 삼

가야 한다. 이 기술을 사용할 때 직접적인 질문이나 탐색하는 질문은 폐쇄형 보다 개방형 질문으로 해야 한다. 그래야 내담자가 최대한 자유롭게 반응할 수 있으며, 또 상담자가 심문하는 사람으로 보이지 않게 된다.

예를 들면, 다음과 같다.

1. 내담자 : 어머니를 좋아해요. 우리는 서로 잘 지내요. 어머니는 나를 이해해 주셔요. 아버지 역시 그럴 것 같아요.
   상담자 : 아버지에 대해서는 확신을 갖고 있지 않은 것 같네요. 아버지와는 어떻게 지내요?
2. 내담자 : 집사람 때문에 화가 나요.
   상담자 : 집사람 때문에 화가 나요?
   내담자 : 네.
   상담자 : 당신의 감정, 화나는 것이 부인에게 달려 있다는 뜻인가요?
   내담자 : 그게 아니고, 내가 화나는 것은 집사람의 태도가 원인이 된다는 말이지요.
   상담자 : 부인의 어떤 태도 때문에 화가 나나요?
   내담자 : 관심이 없어요.
   상담자 : 무엇에 대해서요?
   내담자 : 저의 기분을 알아차리지 못해요. 퇴근했을 때의 제 기분을 전혀 알아차리지 못해요.
   상담자 : 당신이 퇴근했을 때 당신 기분을 알아차리고 그에 맞게 배려를 해 주기를 원하는군요. 그게 화가 나는 이유가 될 수 있겠군요(김계현, 2002).

4) 설득하기

상담자는 내담자의 생각이나 태도 또는 행동을 변화시키려고 할 때 이러한 반응들을 사용한다. 내담자는 어떤 결정을 내리거나 새로운 행동을 시작할 때 상담자가 밀어붙여 주도록 원하는 경우가 있다. 그러나 설득을 너무 자주 사용하거나 내담자가 처한 상황을 충분히 이해하지 못하고 사용하면 성공적이지 못할 것이다.

예를 들면, 다음과 같다.

내담자 : 소용없어요. 나는 그런 상황이 정말 편안하지 않아요.
상담자 : (1) 나는 당신이 그것을 할 수 있다고 확신합니다. 특히, 당신이 여기에서 우리가 연습한 대로만 한다면 틀림없이 잘할 수 있어요.
(2) 당신이 못한다고 한다면 당신을 더 이상 도와줄 수 없을 것 같아 걱정이 되네요.

상담자의 이 두 가지 반응의 차이에 주목하라. 각 반응이 언제 가장 효과적이고 그 이유는 무엇이겠는가?

5) 지지와 격려

설득하기의 한 형태로서 다소 강도가 약한 지지하기와 격려하기가 있다. 이 기술을 잘 사용하여 내담자가 인정받을 만하고 대처능력이 있는 사람이라고 지지하고 격려함으로써, 내담자는 아주 힘차고 에너지 넘치는 사람이 될 수 있다. 지지와 격려의 감정은 대부분 시선접촉, 얼굴 표정, 미소, 자세, 신체접촉, 어조 등을 통해 비언어적으로 전달될 수 있다.

언어적인 방법을 통하여 지지와 격려를 할 때는 상담자는 내담자의 특정한 생각이나 태도 또는 행동으로 판단하기보다는 내담자를 온전한 한 인간으로서 긍정해야 한다. 만약에 상담자가 단순히 내담자의 어떤 특정한 측면에 대해서만 긍정하는 반응을 보이면 내담자에게서 어떤 점이 좋고 나쁜지,

그리고 어떤 점이 옳고 그른지를 판단하는 위험이 따르게 된다.

예를 들어, 다음에 있는 세 가지 반응 간의 차이를 주목해 보라. 어떤 것이 가장 덜 판단적이고 그 이유는 무엇인가? 어떤 것이 가장 내담자에게 영향력이 있을까?

내담자 : 나는 변화를 위해 정말 노력해 왔어요. 그래서 결국 어느 정도 변화되고 있어요.

상담자 : (1) 대단해요! 그건 정말 내가 듣고 싶었던 말이에요.

(2) 당신은 이제 훨씬 긍정적으로 보이네요. 그 말을 듣게 되어서 기쁘네요.

(3) 나는 당신이 할 수 있을 거라고 생각했어요. 그 점에 대해 믿어 의심치 않았어요.

6) 사적 경험과 일화 이용하기

때때로 상담자가 내담자와 비슷한 경험을 한 적이 있을 때 어떻게 대처했는지를 말해 주면 내담자에게 힘이 되고 확신을 갖게 하기도 한다. 그러나 이 기술을 사용할 때도 역시 주의해야 한다. 사적인 일화를 사용하고 나서 후회하는 경우가 아주 많기 때문이다. 상담자의 사적인 경험들은 '내담자'를 상담의 중심에서 벗어나게 하고, 가장 중요하고 상담관계의 핵심인 '내담자의 감정'에서 주의를 딴 데로 돌리게 한다. 당신이 당신에게 아주 중요한 어떤 것에 대해 이야기를 하고 있는데 다른 사람이 자신의 유사한 경험에 대해 이야기하기 시작했다고 생각해 보라. 어떤 느낌이 들겠는가?

다음 내용은 상담자가 자신의 사적인 일화를 적절하고도 간단히 사용하고 나서 다시 면접의 초점을 내담자에게로 돌려놓는 좋은 예다.

내담자 : 나는 여러 사람 앞에서 설 수가 없어요. 흥분이 되고 내가 말하려고 했던 것을 잊어버려요.

상담자 : 그래요. 난 그런 느낌을 잘 알고 있어요. 나도 여러 사람 앞에 서는 것이 너무 끔찍했고, 그것 때문에 교사가 되기 어려웠어요. 그러나 우리가 그 문제를 다뤄 본다면 당신이 그러한 공포를 이겨낼 수 있을 거라고 확신해요.

자기개방이 가질 수 있는 위험성 중 하나는 상담자 자신의 감정이나 반응을 내담자에게 투사하는 것이다. 상담자는 내담자로부터 분리되어 있고, 다른 경험을 가진다는 것과 상담자의 개인적 통찰을 내담자에게 적용할 수 없다는 것을 기억해야 한다. 그래서 상담자는 개방화를 제공한 후에 즉각적으로 내담자에게 초점을 돌려야 한다.

힐과 오브라이언(Hill & O' Brien, 1999)은 이러한 상담자의 자기개방에 대한 내담자의 반응을 그 효율성의 정도에 따라 다음과 같이 설명하였다(주은선 역, 2001). 부적절하거나 유용하지 못한 자기개방 후에는 내담자가 상담자의 비위를 맞추거나 내담자에게서 상담자로 주의가 옮아 간다. 또는 내담자가 침묵하거나 무관한 것들에 대하여 이야기하거나 상담자를 경멸하는 감정을 느끼게 되기도 한다. 그리고 중간 정도나 약간 유용한 자기개방 후에는 내담자는 개방화를 알게 되고 심지어 좋아하게 되기도 하지만 통찰을 증가시키기 위해 그것을 이용하지 않는다. 마지막으로 매우 유용한 자기 개방 후에는 내담자는 자신과 상담자의 유사성을 인식하고, 누군가가 같은 것을 느끼거나 같은 것을 하고 있다는 안도감을 느끼며, 자신에 대한 새로운 통찰을 얻는다. 내담자는 전에 느끼지 못했던 자각과 통찰을 인정한다. 내담자는 통찰을 증가시키고 자신의 감정이 상담자의 시각과 어떻게 다른지 명확하게 표현할 것이다.

7) 해석

해석이란 상황을 설명하거나 통찰하는 것을 말한다. 상담에서 해석을 사용할 때는 내담자의 문제에 대한 또 다른 관점을 제시해 줌으로써 내담자가 사건의 의미를 이해하는 데 도움이 되도록 해야 한다. 해석은 내담자가 표현한 정보를 가지고 하는 것이 상담자의 경험이나 이론적 지식을 통하여 하는 것보다 훨씬 더 많은 도움이 된다.

상담자는 해석이 어떤 사건에 대한 단지 하나의 설명이라는 점을 유념해야 한다. 내담자도 완전히 다른 설명이나 똑같이 타당한 설명을 할 수도 있다. 상담자는 가설적으로 해석을 해야 한다. 그래서 내담자가 상담자가 해석한 것을 수정할 수 있는 기회를 충분히 갖도록 해야 한다.

다음에 있는 상담자의 해석을 읽어 보라. 모두 내담자가 이미 말한 것에 토대를 두고 있으며, 자기가 한 해석을 내담자가 거부하거나 수정할 수 있는 기회를 주고 있다.

1. 당신이 당신의 아버지에 대해 말한 바에 따르면, 당신은 아버지를 정말로 두려워하고 있는 것 같아요. 당신의 생각은 어때요?
2. 당신은 비만 때문에 매우 곤란해하는 것 같아요. 아마 당신이 다른 사람들을 공격적으로 대하는 것이 당신의 수치스러움을 감추려고 하기 때문인 것 같아요. 그런가요?

다른 많은 유도 행동들과 마찬가지로 해석도 부정적인 측면이 있다. 해석은 상담자의 우월성을 강조하는 비인간적인 기법이 될 수도 있다. 또한 해석을 너무 사용하면 내담자는 해석 내용을 사실적이고 숙명적인 것으로 받아들여 변화를 위한 노력을 중단할 수도 있다. 해석을 해 주는 것은 상담에서 가치 있고 필요하기는 하지만, 최종적인 설명으로 해석을 하는 것은 단지 상담자의 욕구를 충족시킬 뿐 내담자의 욕구를 충족시키지는 못한다. 상담자의 능력이 상담자가 사용한 해석의 재간이나 빈도에 따라서 측정되어서는 안 될 것이다.

다음 상담자의 반응을 비교해 보라.

내담자 : 일중독인 남성으로 친구관계 유지가 힘들어 상담을 받고 있다. 어머니와는 가까운데 아버지와는 사이가 안 좋다.

상담자 1 : 말씀을 들어 보니 아버지한테 애정을 받지 못해 생긴 안전감에 대한 강한 욕구 때문에 친구 사귀는 데 문제가 되고 있는 것 같은데요.
(→ 내담자가 말한 내용과 거리가 있는 무리한 해석이다.)

상담자 2 : 어머니에 대한 강한 애착 때문에 친구관계를 오래 지속시킬 수 없는 것 같네요.
(→ 역시 내담자의 관점과 너무 거리가 있는 해석이다. 내담자가 이해를 못하고 무시할 수 있다.)

상담자 3 : 말씀을 들어 보니 본인의 일이 친구 사귀는 데 많은 지장을 주는것 같은데, 어느 정도로 지장을 주는지 한 번 생각해 보시면 좋을 것 같네요.
(→ 내담자가 쉽게 받아들일 수 있는, 내담자의 준거기준과 가까운 해석이다.)

8) 직면

직면은 내담자가 그 자신이나 상황에 대해서 설명한 것이 상담자가 본 것과 맞지 않을 때 이를 내담자에게 솔직하고 직접적으로 지적해 주는 것이다. 직면은 상담자가 주도한다. 직면은 내담자의 관점에 기초해서 단순한 설명을 하거나 해석하는 것이라기보다는 오히려 상담자가 자신의 관점을 표현하는 것이다. 직면은 내담자가 인정하지 않으려고 하는 강점이나 약점, 잘못된 정보나 정보의 부족, 하겠다고 한 것을 행동으로 옮기기 꺼려 하는 것, 다른 관점을 보려고 하지 않는 것 등을 다룰 수 있다.

내담자를 직면시킬 때는 현재의 감정과 행동에 초점을 두어야 하며 내담자가 과거에 말한 것이나 행동한 것에 초점을 두어서는 안 된다. 이 기술을 효과적으로 사용하기 위해서는 상담자가 다음과 같은 것을 할 수 있는 능력이 있어야 한다.

① 자신에게 어떤 느낌이 생길 때마다 그것을 인식할 수 있는 능력
② 그러한 느낌을 분명하고 간결하게 진술할 수 있는 능력
③ 내담자의 진술이나 행동에 대해 솔직한 반응을 보여 주고 그러한 반응에 대한 구체적인 이유를 제시할 수 있는 능력
④ 자기가 한 반응에 대해 내담자가 반응할 기회를 줄 수 있는 능력

예를 들어, 30세의 어떤 내담자는 변화에 매우 저항한다. 그는 대인관계에 문제가 있는데, 남을 생각하지 않고 비꼬면서 비판하는 것을 자신이 정직하기 때문인 것으로 알고 있다. 그에 대한 상담자의 반응을 비교해 보라(이장호, 금명자, 2000).

상담자 1 : 당신을 한번 잘 생각해 봐요. 그렇게 황소처럼 씩씩거리고만 있지, 왜 사람들이 당신에게 그렇게 대하는지는 모르고 있잖아요.

상담자 2 : 내가 당신이 한 말을 제대로 이해하고 있는지 한 번 들어 보세요. 당신이 다른 사람에게 기껏 말했는데도 그 사람은 그 말을 무시하는 것 같군요. 그렇게 되면 당신은 뭔가 문제가 생겼다고 생각하게 되고요. 그럴 때 두 가지 일이 생기게 되는데 상대방은 상처를 받게 되고, 당신은 소외되는 거죠. 당신은 대인관계에 상당히

노력을 하시는 것 같은데 그 힘을 더 효과적으로 사용했으면 하는데, 어떠세요?

상담자 1은 내담자를 질책한다. 그러나 상담자 2는 내담자의 행동과 행동의 영향을 기술하여 단순히 내담자의 부정적인 면에 초점을 맞추는 것이 아니라 내담자가 미처 깨닫지 못했거나 사용하지 않은 능력과 자원을 지적하여 보다 적절한 방법으로 행동하도록 격려하고 있다.

직면에는 위험이 뒤따르지만 성공적으로 사용하면 상담과정을 매우 많이 앞당길 수 있고 장애요인을 제거할 수 있다. 만약에 상담관계가 이미 잘 형성되어 있다면 직면은 그렇게 위험스럽지 않고 실제로 내담자에게도 도전할 만하고 도움이 되는 것으로 보일 수 있다.

다음과 같은 상담자의 반응이 좋은 예가 될 것이다.

① 당신은 지금까지 계속해서 제시간에 일어나서 제시간에 학교에 가겠다고 말했어요. 그러나 전혀 그렇게 하고 있지 않네요.
② 당신은 계속해서 아내를 사랑하고 있다고 말하고 있지만, 집에 좀 더 자주 머무르면서 그녀를 더욱 행복하게 해 주고 싶은 마음이 없는 것처럼 보이네요!
③ 바로 지금 당신은 상황이 좋아지고 있다고 말하고 있어요. 그렇지만 당신은 이전에 그것에 대해 두 번이나 실수를 했어요. 지금 무엇이 달라졌나요?

9) 문제의 명료화

지금까지는 신뢰하는 상담관계를 형성하고 개방적인 의사소통을 유지하는 것을 전체적인 상담과정의 목표로 하였다. 그러나 상담의 목표는 문제의 해결이기 때문에 문제가 무엇인지를 정확히 확인하고 그러한 문제를 해결하기 위한 방법을 찾아내는 것이 중요하다. 이를 위해서는 분명히 구분되는 몇 가지 단계를 밟아 나갈 수 있다. 다음 내용들은 내담자의 문제와 문제해결 방안을 명확히 하기 위해 거쳐야 할 단계의 한 예다.

- 1단계 : 첫 단계의 목표는 문제를 규정하는 것이다. 일반적인 문제를 구체적이고 행동지향적인 문제들로 바꾼다.

상담자의 과제

① 내담자가 말한 일반적인 용어들의 의미를 명료화하라.

"당신이 ……라고 말할 때 그 의미가 무엇인지를 말해 주겠어요?"

② 내담자에게 상황에 대한 구체적인 예와 설명을 요청하라.

"구체적인 예를 들어 주시겠습니까?"

- 2단계 : 이 단계는 구체적인 대안을 찾는 것이다. 즉, 내담자가 어떻게 하면 더 나아질 수 있는지 구체적으로 확인한다.

상담자의 과제

① 내담자가 어떻게 좀 더 구체적으로 행동해야 하는지 질문하라.

"당신이 좀 더 ……게 해야 하는지(구체적으로) 말해 보시겠어요?"

② 문제에 대처하기 위해서 내담자가 무엇을 하려 하는지 질문하라.

"당신은 그 문제에 어떻게 대처하려고 합니까?"

- 3단계 : 내담자에게 대안들이 가져올 결과나 효과에 대해 생각해 보고 그 중에서 가장 최선의 대안을 선택하도록 격려하는 것이다.

상담자의 과제

① 내담자가 각 대안의 장단점을 이해하도록 돕는다.

"……의 장점(단점)이 무엇이라고 생각합니까?"

② 내담자가 신체적, 정서적, 사회적 요인들을 고려하여 현실적인 선택을 하도록 돕는다.
"어떤 이유에서 ……을 선택하려 하나요?"
"어떤 것이 가장 좋은 것 같아요. 그리고 왜 그런 것 같아요?"

- 4단계 : 마지막으로 내담자가 선택된 대안을 달성하는 데 필요한 변화나 새로운 기술을 찾아내도록 도와주는 것이다.

상담자의 과제

① 내담자가 부족한 점을 인식하도록 돕는다.
"당신은 어떤 것을 해야/배워야/구입해야 ……할까요?"
② 내담자가 부족한 점을 차근차근 극복해 낼 수 있도록 단계별로 돕는다.
"……부터 한 번 시작해 볼까요?"

10) 요약하기

요약하기는 상담회기의 일부나 전체에서 이야기되었던 것을 함께 종합하는 과정이다. 요약하기는 상담과정 중에 어떤 일이 일어났고 달성된 것이 무엇이고 아직 달성되지 않은 채로 남아 있는 것이 무엇인지 등에 관한 주요 사항들을 종합하려는 것이다. 요약하기는 또한 상담회기를 끝내거나 시작하는 수단으로 자연스럽게 사용되기도 한다.

예를 들면, 다음과 같다(홍경자, 2001).

(1) 상담회기를 시작할 때
"지난번에 우리가 ……….에 대해 함께 이야기했었죠."
(2) 상담 중간에
"지금까지 우리의 계획이 효과가 별로 없었지만 한 가지 효력을 본 것은 당신이 아내와 말다툼하지 않고 이야기할 수 있었다는 것입니다."

(3) 상담회기가 끝날 무렵

"이번 상담 시간에는 아내에 대한 당신의 감정을 알아보았습니다. 당신이 아내에게 고함치지 않고 이야기할 수 있던 점을 말씀하셨고 상담하면서 또 '나-전달법'을 사용하면 더 좋은 방향으로 바뀔 수 있다는 것을 알게 되었지요. 이렇게 정리할 수 있겠습니까?"

때때로 내담자가 직접 상담과정 중에 일어났던 일이나 논의되고 있는 내용을 요약해 보도록 하는 것도 효과적이다. 이렇게 함으로써 상담자는 내담자의 관점을 더 잘 이해하도록 할 수 있고 내담자도 상담과정에서 어떤 진전이 이루어졌는가를 알게 된다.

요약을 적절하게 함으로써 얻을 수 있는 효과가 많다. 즉, 내담자를 준비시키거나, 흩어져 있는 생각과 느낌을 한곳으로 모으거나, 특정 주제에 대한 계속된 논의를 마감한다거나 특정 주제를 더 철저하게 탐색하도록 자극하게 된다. 대개 흩어져 있는 요소를 함께 모을 때 내담자는 '큰 그림'을 명확히 보게 된다. 그래서 요약 반응은 새로운 조망이나 대안적 틀로 이끌 수 있다(이장호, 금명자, 2000).

요약하기를 할 때 상담자는 가장 뚜렷했던 내용을 종합하여 그것들을 가능한 한 간결하고 분명하게 진술해야 한다. 그리고 내담자에게 상담자의 요약이 정확하게 되었는지를 물어보아야 한다.

예를 들면, 다음과 같다.

(1) 상담자 : 지금까지 이야기했던 것을 종합해 볼까요. 한편으로 당신은 외롭고 고립된 느낌을 갖고 있어요. 특히 여러 사람들 앞에서 그렇지요. 그런가 하면 당신은 다른 사람과 일대일로 만나는 상황도 어울리기 힘들다고 말하고 있어요. 그래서 다른 사람들과 사귀고 싶으면서도 어떻게 시작해야 할지 잘 모르고 있다고 했어

요. 그런가요?

(2) 내담자: 글쎄요. 그 전까지는 저는 저 자신한테 상당히 강했던 것 같은데 요즈음은 점점 약해지는 것 같아요. 강하다는 게…. 대학에 들어오기 전까지는 주어진 삶이랄까, 자신이 주관해 왔다는 삶보다는 선생님이나 부모님이 하라는 대로 따르면 되었고, 그러면서도 말로 직접 부모님께 대항하지는 않았지만 제 문제에서는 사소한 것 말고는 제 고집대로 해 왔던 것 같아요. 그래야만 했던 것 같고 내가 내 삶을 제대로 살아가기 위해 적극적이어야 한다고 많이 생각하고, 그러기 위해서는 내 자신이 강해져야 한다는 것, 특히 남들에게는 너그러워야 하지만 내 자신에게 엄격해야 한다고 생각했던 것 같아요.

상담자: 비록 순종적으로 보이긴 해도 나름대로는 주관을 갖고 책임감 있게 살아왔다고 했어요. 특히 남들에게는 너그러워도 자신에게는 강하고 엄격해야 한다고 생각해 왔고 말이지요. 그런데 요즘은 그렇지 않는 것 같다는 느낌을 받는다고 했지요?

3. 요약

상담자는 상담의 발전 단계에서 다양한 반응기술과 유도기술을 사용하여 내담자가 자신의 문제나 걱정거리를 가능한 한 보다 분명히 알 수 있도록 도와줄 수 있다. 이렇게 함으로써 내담자는 문제를 감소시키거나 해결하기 위한 방안들을 이제 행동으로 실천할 수 있게 된다.

이 장에서 다루어진 주요한 내용으로 먼저 상담자 반응기술로서 감정의 확인, 상담자의 자기감정 표현하기, 반영, 정확한 이해에 대해 설명하였다. 그리고 상담자의 유도기술로서 정보 주기, 충고하기, 직접 질문, 설득하기,

지지와 격려, 사적 경험과 일화 이용하기, 해석, 직면, 문제의 명료화, 요약하기 등에 대한 내용을 다루었다.

효과적 조력을 위한 〈상담 연습 Ⅳ〉 : 상담자의 반응기술 2

[연습 1] 다음 내담자의 말에 가장 적절하게 감정을 알아차린 진술은?(성숙진 역, 2000)

내담자 : (외동아들 이야기를 하면서 울고 있는 과부) 제 아들이 먼 곳에 있는 대학으로 진학하게 되어 정말 기뻐요.

① 무척 자랑스러우시겠네요. 어디로 가는데요?

② 대학에 가게 되어 기쁘면서도 혼자 남는다니 좀 외로우시겠어요.

③ 대학에 가겠다고 해서 정말 기분이 아주 안 좋으신가 봐요.

[연습 2] 각 문항에는 세 가지의 진술문이 있다. 이 중에서 단지 하나만 감정을 구체적으로 진술하고 있고, 나머지 두 개는 감정을 포함하고 있기는 하지만 그 감정이 구체적으로 어떤 것인지를 기술하고 있지는 않다. 말하는 사람의 느낌을 가장 직접적으로 기술하고 있는 진술문을 골라라.

1. 1) 넌 항상 날 비난하는 것 같아.
   2) 날 혼자 내버려 둬!
   3) 네가 비난할 때마다 난 화가 나.

2. 1) 당신은 많은 것을 알고 있는 것 같아요. 저도 자신에 대해 그렇게 말할 수 있으면 좋겠어요.
   2) 당신은 정말 흥미로워요.

3) 당신 말을 들으면 편안해져요. 이렇게 느끼는 사람이 저 혼자만이 아니라는 것을 알게 되기 때문이에요.

3. 1) 당신이 부모님께 말을 해서 모든 것이 엉망이 되어 버렸어요. 전 두려워요.
   2) 당신이 제 일을 망쳐 버린 것 같아요.
   3) 왜 우리 부모님에게 말을 해야만 했지요? 어느 누구라도 그렇게 하지는 않았을 거예요.

[연습 3] 둘씩 짝을 지어 상담자와 내담자의 역할놀이를 하면서 다음 문제에 대해 간단한 진술을 해 보라.

1) 상담자 : (속으로 다음과 같이 느끼고 있다 : '신경이 예민해지는데. 왜일까? 다른 사람과 이렇게 가까이 앉는 게 정말 편안하지 않군.')

내담자에게 ⇒ ________________________________

2) 내담자 : 당신에게는 말하기가 참 편안해요. 당신은 제가 한 말과 행동을 모두 이해하고 있는 것 같아요. 당신은 저에게 무엇인가를 해 줄 수 있을 것 같아요.

상담자 : ________________________________

3) 내담자 : 도대체 뭐가 문제지요? 전 모르니까 모른다고 말했을 뿐이에요. 왜 절 믿지 않지요. 제가 어떻게 해야 할지를 안다면 여기에 왜 왔겠어요.

상담자 : ________________________________

[연습 4] 이 책에 있는 연습문제들을 하면서 당신의 느낌과 반응을 적어 보라. 가능한 한 연습을 중단하면서 자주 당신의 느낌을 확인하여 그것을 글로 쓰거나 말로 표현해 보라. 예를 들어, 당신은 어리석다거나 초조한 느낌

을 가질지도 모르며, 흥분되기도 하고 기쁨을 느낄 수도 있다. 당신이 느낀 바를 다음과 같이 글로 쓰거나 말로 표현해 보라. "나는 집단 앞에서 역할연기를 하는 것이 좀 떨린다." 이렇게 함으로써 당신은 당신의 현재의 느낌을 더욱 잘 인식하고 그 느낌을 더욱 정확하고 빠르게 표현할 수 있게 될 것이다.

____

____

____

[연습 5] 다음 내담자의 진술을 읽고 내용반영과 감정반영을 각각 쓰고 함께 이야기해 보라.

1) 내담자 : 싫어요. 하고 싶지 않아요! 당신에게 내 일에 관한 어떤 것도 말하지 않겠어요. 난 당신을 부른 적이 없어요. 난 강제로 여기에 왔어요! 당신은 나로부터 어떤 것도 알아내지 못해요!'

상담자의 내용반영 : ____________________________

감정반영 : ____________________________

2) 내담자 : 난 정말 당신의 도움이 필요해요. 난 정말로 요즘 애들 그 누구와도 친구가 될 수 없을 것 같아요. 그 아이들은 나를 무시하기만 해요. 그리고… 모르겠어요… 음… 내 느낌엔… 내가 뭘 잘못하고 있는 걸까요? 당신이 보기에 뭐가 문제인가요?

상담자의 내용반영 : ____________________________

감정반영 : ____________________________

[연습 6] 다음 내담자의 진술에 가장 정확하게 이해하고 반영한 상담자의 진술을 골라라.

내담자 : 저는 독일에 유학을 가고 싶습니다. 그런데 4년 동안 약혼자와 떨어져 있으면 여러 가지로 힘들 것 같아요.

① 당신은 독일에 유학 갈 계획인데 또한 결혼도 하고 싶다는 것이지요.

② 당신은 4년 동안 그 여자 없이는 공부할 수 없다는 이야기지요.

③ 그러니까 약혼자가 곁에 없이는 4년이 너무 긴 고역이라고 느끼고 있군요.

[연습 7] 다음 내담자의 진술을 읽고 정확하게 이해하는 연습을 해 보자. 상담자는 자기가 할 반응을 표현해 보라. 그런 다음 각 반응이 상담자가 내담자를 이해하려고 노력하고 있다는 점을 보여 주고 있는지에 대하여 집단 내 다른 구성원들과 논의해 보라.

내담자 : 내 느낌이 어떤지를 확신할 수 없어요. 어떤 때는 내가 실패한 것에 대해 화가 나요. 그러나 또 어떤 때는 개의치 않기도 하고… 그러나 그것 때문에 신경 쓰이는 것은 사실이에요.

____

____

____

[연습 8] 정보 제공과 관련하여 적절하지 못한 것은?

① 정보제공은 직접적이고 명확하며 구체적이며 간결해야 한다.

② 정보제공은 대안적 관점을 제시하기 위함일 수 있다.

③ 정보제공 시 폭넓고 일반적 사실을 중심으로 말해 주어야 한다.

④ 내담자의 요구에 적절한 자료나 사실을 알려 주어야 한다.

[연습 9] 다음 내담자의 말에 가장 적절한 상담자의 반응을 골라라(성숙진 역, 2000).

내담자(첫 번째 상담에 방금 도착한) : 선생님께서 답해 주실 수 있는지 잘 모르지만 직장에 못 돌아가면 제 봉급은 어떻게 되는 건지 알고 싶은데요.

① 중요한 질문이긴 하지만 그 문제로 들어가기 전에 다른 것부터 해야 됩니다.

② 그 사실은 회사에서 나온 소책자 안에 나와 있는데 그렇지 않으면 상담 끝난 후 경리 담당 직원에게 확인해 보시면 금방 알 수 있을 겁니다.

③ 그것이 왜 알고 싶은지 이유를 모르겠네요. 돈이 떨어진 건지 아니면 다른 질문에 어떤 문제가 있는 건지 말씀해 보시겠어요?

[연습 10] 상담자의 답변을 완성해 보라.

1) 내담자 : 학교는 어딜 나오셨나요? 상담과 관련하여 어떤 자격증을 소지하고 있나요?
   상담자 : (   )

2) 내담자 : 선생님도 고등학교 다닐 때 담배를 피워 본 적이 있어요?
   상담자 : (   )

[연습 11] 내담자 진술에 대해 개별적으로 반응을 기록해 본 뒤 실제로 상담자 내담자를 선정하여 역할연기를 해 보라. 효과적인 반응이었는지 집단구성원들끼리 함께 논의해 보라.

1) 수학선생님과 이야기하는 것이 힘들어요. 어떻게 해야 하지요?

____

____

____

2) 난 시간을 효율적으로 이용하려고 애쓰고 있어요. 그러나 실제로는 매일매일을 아이들과 보내 버리고 아무것도 하는 게 없어요.

____

____

____

[연습 12] 내담자 진술에 대해 개별적으로 반응을 기록해 본 뒤 실제로 상담자 내담자를 선정하여 역할연기를 하라. 효과적인 반응이었는지 집단구성원들끼리 함께 논의해 보라.

1) 내가 하루에 담배를 몇 개비를 피우는지 세어 보는 것은 전혀 도움이 되지 않는다고 생각해요.

____

____

____

2) 당신은 나에게 그렇게 해야 한다고 말하고, 나도 그렇게 해야 한다는 것을 알고 있어요. 그렇지만 난 시작을 할 수 없어요.

____

____

____

3) 무슨 일이 일어나든 상관없어요. 어떤 선생님이라도 다시는 나에게 강요할 순 없어요. 다음번엔 정말 그를 날려 버리겠어요.

____

____

____

[연습 13] 내담자 진술에 대해 개별적으로 반응을 기록해 본 뒤 실제로 상담자 내담자를 선정하여 역할연기를 해 보라. 효과적인 반응이었는지 집단구성원들끼리 함께 논의해 보라.

1) 당신은 진정으로 내가 그 시험에 합격할 것으로 믿어요? 나도 그랬으면 좋겠어요. 이제 스스로 그렇게 믿기 시작하고 있어요.

____

____

____

2) 그렇게 많이 구직에 실패하고 나니 힘들어요. 그렇지만 아직 포기할 생각은 없어요.

____

____

____

[연습 14] 다음 중 상담자의 사적 경험과 일화를 통한 자기노출과 관련하여 적절하지 않는 것은?

① 상담 중 사적인 이야기를 털어놓아도 괜찮다는 것을 시범 보이기 위해 자기노출을 할 수 있다.

② 상담자의 적절한 자기개방은 효과적인 상담기술이 된다.

③ 가능한 한 상담자가 자기노출을 많이 할수록 상담에 유리하다.

④ 보통 내담자의 주의를 특정 문제에 집중시키기 위해 자기노출을 사용한다.

⑤ 상담자는 사적인 경험을 이야기할 때 내담자로 하여금 자신의 문제에 대해 정확하게 초점을 맞출 수 있도록 해야 한다.

[연습 15] 다음 내담자 진술에 대해 개별적으로 반응을 기록해 본 뒤 실제로 상담자 내담자를 선정하여 역할연기를 해 보라. 효과적인 반응이었는지 집단구성원들끼리 함께 논의해 보라.

1) '난 새로운 사람을 만나는 게 싫어요. 무슨 말을 해야 되고 어떻게 행동해야 할지 모르겠어요.'

____

____

____

2) '전 이번 시험에 정말 자신이 없어요. 아무리 해도 집중이 되지 않아요.'

____

____

____

[연습 16] 상담자의 해석과 관련하여 적절하지 않은 것은?

① 해석은 내담자의 관점과 거리가 있을 때 변화를 가져온다.

② 해석은 수정할 여지가 있도록 가설적으로 제시되어야 한다.

③ 상담과정에서 해석을 내리는 시기는 중요하지 않다.

④ 해석 내용은 내담자 말 속의 숨은 내용에 근거하는 것으로 다른 관점에서 상황을 볼 수 있게 한다.

[연습 17] 다음 내담자의 진술에 가장 적절한 답변을 골라라(성숙진 역, 2000)

내담자(구조조정 중인 큰 회사 여직원인데 직장에서의 문제를 상의하기 위해 직장인 지원 프로그램 상담자를 만나고 있다) : 정말 걱정이 돼요. 일이 저한테 중요하거든요. 매일 쌓여 있는 일을 다 해치우겠다는 결심으로 직장에 출근하지만 그 날 마칠 때 보면 너무 한 것이 없는 것 같아요. 저의 주의집중 능력에 뭔가 문제가 있다는 생각이 들어요.

① 상담자 : 그 문제는 구조조정이 되면서 생긴 일자리 불안과 관련이 있어요.

정리해고가 되면 어떡하나 하는 생각에 사로잡혀 있기 때문에 집중이 안 되는 거죠.

② 상담자 : 한 가지 고려해 봄직한 가능한 설명은 구조조정으로 인한 걱정과 집중 안 되는 것이 관련이 있을 수 있다는 거예요. 어떻게 생각하세요?

③ 상담자 : 구조조정에 대한 걱정을 해 봤자 업무처리에 도움이 안 될 거예요. 문제가 더 심각해지기 전에 빨리 해결하셔야 됩니다.

[연습 18] 다음에 있는 내담자의 진술들에 대해 할 수 있는 한 많은 설명이나 해석을 써라. 그런 다음 그중에서 어떤 것이 효과적인 해석의 여건(예, 내담자가 말한 것이나 직접적으로 암시한 것에 토대를 두고 있는지, 상황에 새로운 의미를 부여하고 있는지, 내담자가 상담자의 해석을 부정하거나 수정할 수 있는 방식으로 제시되고 있는지)을 제대로 갖추고 있는지 다른 사람들과 논의해 보라.

1) 내 인생은 끝난 것 같아요. 그 공장 일은 너무 따분해요. 나는 매시간 상자마다 똑같은 조각들을 넣는데 이제 신물이 나요. 난 피곤하고, 지겹고, 불행해요.

____

____

____

2) 정말 속상해요. 전 그냥 우연히 서점에서 김 과장님을 만나게 되어서 차를 한 잔 같이 마신 것뿐이데, 부장님(우연히 찻집에서 마주쳤지요)은 마치 제가 불륜이라도 저지르고 있는 것처럼 어떻게 우연히 만나게 되었냐고 꼬치꼬치 캐묻고 있어요.

____

____

____

[연습 19] 다음 내담자의 진술에 대한 상담자의 직면 반응이 가장 적절한 것을 고르시오(이장호, 금명자, 2000).

1) 내담자 : 저는 성적이 떨어져도 걱정이 안 돼요.

① 성적이 중요한 것은 아니지.

② 성적 따위는 아무래도 괜찮다는 말인가?

③ 성적이 떨어져도 걱정이 안 된다는데, 말하는 모습은 성적을 마음에 걸려하는 것 같구나.

2) 내담자 : 전 고생하기 싫습니다. 고생하지 않고도 얼마든지 잘살 수 있습니다.

① 당신은 원래 고생을 싫어하는군요.

② 고생하지 않고도 얼마든지 잘살 수 있다면서 지금 겪고 있는 고생은 무엇인가요?

③ 그런 방법이 있으면 어디 말해 보세요.

[연습 20] 당신의 생활 중에서 직면을 함으로써 도움을 받았던 상황을 생각해 보시오. 그 상황에서 스스로를 직면시켰던 내용을 생각하고 그때의 당신의 느낌이 어떠했는지, 그리고 왜 그렇게 느꼈는지 이야기해 보시오.

____

____

____

[연습 21] 다음은 문제의 명료화와 관련된 문제다(성숙진 역, 2000).

1) 다음 내담자의 진술 중 문제를 가장 명료하게 규정지은 것은?

① 제가 자아개념이 낮아 데이트할 때 문제가 되는 것 같아요.

② 부모님 탓인 것 같아요. 데이트를 못하게 되었거든요.

③ 어떻게 데이트를 주선할지, 만날 기회가 생겨도 어떻게 행동할지 한 번도 배운 적이 없는 것 같아요.

2) 목표는 구체적 용어로 만들어져야 한다. 목표를 구체적인 행동으로 유도하는 상담자의 진술로 가장 적절한 것은?

내담자 : 그런 식으로는 생각해 보지 못했어요. 여자랑 데이트하는 것은 생각만 해도 약간 겁이 나는 것 같아요. 하지만 뭔가 해야 된다는 것은 알고 있어요.

상담자 : 이랬으면 좋겠다 싶은 것 한 번 얘기해 볼까요. 만약 이런 문제가 없었다면 여자한테 어떻게 대했을 것 같아?

내담자 : 저도 좀 같이 뭘 해 보게 데이트 신청을 할 수 있었으면 좋겠어요. 제 친구들은 여자친구가 있어 항상 같이 뭘 하거든요.

상담자 : (   )

① 적당한 목표처럼 여겨지네. 그것을 해낼 몇 가지 방법 찾는 일로 이제 넘어갈 수 있겠다.

② 친구들과 친구들 행동이 부러운 모양이네. 어떤 행동이 부러웠는지 몇 가지만 말해 볼 수 있을까?

③ 적당한 목표네. 데이트 신청에 익숙해지려면 첫 번째 뭘 해야 할까?

[연습 22] 두 사람씩 짝을 지어 다음의 주제로 내담자와 상담자의 역할놀이를 해 보라. 역할놀이를 통해 앞에서 살펴본 네 단계 문제 확인 과정대로 내담자를 이끌어 보라. 그리고 집단구성원들 앞에서 발표하고 상담의 안내자나 조력자로서 이 과정이 유용했는지, 실제의 상담상황에 얼마나 적절하게 이용될 수 있을지 의견을 교환해 보라.

역할놀이 1 : 다른 사람에게 비만이라고 놀림당하는 초등학생

___

___

___

역할놀이 2 : 자신을 무시하는 자녀 때문에 속상해하는 어머니

[연습 23] 다음 내담자의 진술을 정확하고 간결하게 요약해 보라(이장호, 금명자, 2000).

내담자 : 저번에 한번 얘기한 것 같은데요. 사람들이 나한테 만약에(상담자-음) "너는 뭐 공부만하고 이기적이다."라고 말했을 때, 그렇게 딱 꼬집어서 말은 하진 않았지만 그런 암시를 풍기면서 얘기했을 때(상담자-으음) 그 말에 대해서 자꾸만 생각을 해 보게 되는 거죠. 그러니까 이 사람은 나한테 대해서 인상을 죽 그렇게 가지고 있었구나. 이 사람은 나를 이렇게 생각하고 있었구나(상담자-으음)라는 게 확실해지면서, 그렇기 때문에 저 사람은 나한테 공격을 하려고 했었고, 굉장히 나를 밉게 보고 나를 막으려는 것 같다는 생각이 들어요. (상담자-음) 그리고 이런 생각이 들거든요. 내가 지나치게 다른 사람들 앞에서 약점을 많이 보이는 것도 (음) 그 사람들과 거리가 생기는 원인인 것도 같고, 아니면 또 지나치게 그 반대의 면 있잖아요. (음) 그런 걸 많이 보이는 것도 사람들하고의 관계를 어렵게 하는 것 같아요. 제가 느끼기에는, 저는 그런 걸 많이 느껴요. 제가 약점을 보이면 저를 무시하는 것 같고, 제가 무시해서 저를 무시하는 것 같다는 느낌이 많이 들고, 그 반대의 면을 보였을 때, 즉 약점을 전혀 보이지 않았을 때는 어떤 그 경쟁적인 마음을 많이 느끼기 때문에 (으음) 또 저와 거리감을 두는 것 같아요.

[연습 24] 파트너와 관심 있는 주제에 대해 5분 정도 함께 이야기하라. 시간이 되면 각 파트너가 그때까지 이야기했던 내용을 요약해 보라. 그리고 서로 상대방이 한 요약이 맞는지 확인해 보라.

___

___

___

[연습 25] 다음 내담자 이야기를 읽고 지시되어 있는 대로 상담자의 구체적인 답변을 직접 만들어 보고, 다음에 예시되어 있는 답변과 비교해 보라(성숙진 역, 2000에서 다소 변형).

내담자 : 아들이 하는 짓을 보면 입양한 게 후회가 되기도 하지만, 지난 수년간 우리가 누린 기쁨을 생각해 보면 입양하길 잘했다고 생각합니다.

상담자 : ① 내용반영

내담자 : 네. 그런 일이 벌어지고 있는 것을 약간만이라도 알았더라면 좋았겠죠. 그냥 어느 날 갑자기 경찰이 들이닥쳤으니 말입니다. 게다가 한 번도 아니고 14번이나 가게 물건을 훔쳤으니 말입니다.

상담자 : ② 감정반영

내담자 : 생각해 보면 그 문제가 지난 3~4년 동안 일어나고 있었던 것 같아요. 학교도 늦기 시작했고…

상담자 : ③ 최소한의 촉진자극

내담자 : 모르겠어요…. 그러다가 이제는 우리가 시키는 일을 안 하기 시작하더라구요.

상담자 : ④ 개방질문

내담자 : 지난 몇 해 여름 동안 잔디를 깎는 대신 용돈을 받기로 저와 약속했거든요. 그런데 매년 여름마다 몇 주 하다가 그만두더라구요. 모든 일이 그런 식이었어요. 제 생각엔 자신이 집에서 해야 할 일들을 자기 책임

으로 생각하지 않는 거죠. 그냥 자기를 하숙생처럼 생각하는 거죠.

상담자 : ⑤ 지금까지 한 내담자의 이야기 요약하기

____

____

____

<예시>

① 수년간 누린 기쁨이 현재 문제보다 훨씬 더 값지군요. 또는 현재 문제로 입양한 것에 대한 회의가 들긴 해도 대체로 입양한 것을 후회하지 않으시는군요 등

② 그런 식으로 알게 된 게 감당하기 힘들었겠네요 또는 너무 갑작스럽고 엄청나서 놀라셨을 것 같네요.

③ 흠… 또는 그리고요…

④ 그런 일을 한 예를 말씀해 보시겠습니까? 또는 걱정하게 만든 다른 일은 어떤 것이었는데요?

⑤ 그러니까 지금까지 하신 말씀을 요약해 보면, 아들이 준 기쁨이 컸고 아들 행동으로 걱정해 오긴 했지만 경찰이 들이닥치는 그런 상황에는 준비가 되지 못했던 것이죠.

또는, 하신 말씀을 제가 정확히 이해했는지 보겠습니다. 아들 행동으로 걱정해 오긴 했지만 경찰이 들이닥치는 그런 상황에는 준비가 되지 않았군요. 최근까진 아들과 잘 지내오셨군요.

[연습 26] 제3장과 제4장에서 살펴보았던 기술들을 복습하기 위해 요즘 느끼고 있는 어려운 점(가령, 아이의 고쳐야 할 습관 때문에 고민하는 어머니, 아이의 진학문제로 갈등하는 부모와 자녀, 직장 상사와 성격이 안 맞아 고민하는 직장인 등)을 주제로 상담자와 내담자의 대화목록을 만들어 보라. 상담

자 역을 맡은 사람은 이 대화에 서로 다른 다섯 가지의 기술이 포함되도록 반응하고 유도해 보라.

---

5 상담의 행동변화 단계

We are always playing, but only the wise ones know it.

– Arthur Schnitzler –

상담의 시작 단계와 발전 단계에서 살펴본 기술들이 실제로 적용된다면, 상담자는 내담자를 충분히 도울 수 있게 될 것이다. 그리하여 내담자의 문제들은 객관적으로 명료화될 것이고, 정서적인 반응들은 탐색될 수 있을 것이며, 다양한 대안과 그 결과가 검토될 수 있을 것이다. 내담자들은 그러한 도움만으로 충분하다고 생각할 수 있다. 즉, 그들은 더 이상의 도움을 받지 않더라도 계획을 수립하고 새로운 단계로 나아갈 준비가 되어 있다고 느낄 것이다.

그러나 문제에 대한 통찰과 자기이해에만 그치지 않고 실제적인 문제해결에까지 이르기 위해서는 내담자에게 좀 더 많은 직접적인 도움을 주어야 할 필요가 있다. 효과적인 상담이란 일반적으로 어떤 사람으로 하여금 이전과는 다르게 되도록 도와주는 것을 말한다. 이 말은 누군가로 하여금 다르게 행동하도록 도와주는 것, 다시 말해서 이전과는 다른 것을 하거나 지금까지 익숙해져 있는 어떤 습관을 중지하거나 자신에 대해서 다르게 느끼고 생각하도록 도와준다는 것을 의미한다.

1. 일반적 원리

내담자를 변화하도록 돕는 데 유용하게 사용할 수 있는 몇 가지 일반원리가 있다. 어떤 때는 이 일반원리들만 가지고도 내담자를 충분히 도와줄 수 있지만, 또 때로는 이 장의 후반부에서 살펴볼 구체적인 기법들로 이 일반원리들을 보완할 필요가 있다.

1) 지시 또는 제안하기

내담자의 행동변화를 돕기 위해 상담자는 내담자가 이해할 수 있는 말로 간결하고 분명하게 지시하거나 제안할 수 있어야 한다. 이것은 상담의 필수적인 기술이다. 내담자에게 구체적인 지시를 하는 것은 상담과정의 어느 단계에서도 할 수 있다. 이 원리를 가장 많이 사용하는 경우는 내담자에게 새로운 행동을 해 보도록 하거나 변화를 시도하도록 도와줄 때다. 어떤 내담자들은 '눈을 감고 에너지의 흐름에 따르시오.' 라는 말을 더 잘 알아들을 수 있는 반면에, 또 다른 내담자들은 '눈을 감고 편안한 상태로 앉아서 머리에 떠오르는 대로 자연스럽게 생각하고 억지로 생각하려고 하지 마시오.' 라는 말을 더 쉽게 받아들일 수 있을지 모른다. 지시와 제안이 효과적이려면 우선 간단해야 하고, 내담자가 이해할 수 있어야 하고, 또 대화하고 있는 주제와 관련해서 내담자가 받아들일 수 있는 것이라야 한다.

2) 구체적 목표 설정하기

어떤 내담자들은 자신의 목표를 애매모호하고 일반적인 용어로 표현한다. 상담의 행동변화 단계에서 상담자가 해야 할 첫 번째 일은 내담자에게 분명하고 구체적인 목표를 설정하도록 하는 것이다. 이를 위해 상담자는 내담자의 일반적인 목표를 좀 더 작고 다루기 쉬운 것으로 나눌 수 있게 도와준다든지, 목표에 이르는 단계들을 계획하도록 돕는다든지, 여러 개의 바람직한 목표들 중에서 하나의 주요 목표를 선택하도록 도와줄 수 있을 것이다.

내담자가 목표설정 하는 것을 도와주기 위해 사용할 수 있는 유용한 기법 중 하나는 그에게 대안적인 행동방식을 생각해 보도록 격려하는 것이다. 이 방법은 내담자가 구체적인 행동을 모색하게 한다.

예를 들면, 다음과 같다.

대안적인 행동방식을 생각하도록 격려하기

상담자 : **어떤 것을 예전과는 좀 다른 방식으로 하고 싶습니까?**

내담자 : 아이들과 좀 더 즐겁게 생활하고 싶어요.

상담자 : 어떻게 하면 즐겁게 생활하는 것인지 구체적인 예를 들어볼까요?

내담자 : 하루에 적어도 20분간 아이들과 게임을 하거나, 매일 아침 아이들에게 농담을 건넨다거나, 아침 시간에 아이들과 동화책을 읽는다든지 말이에요.

상담자 : 당신은 아이들이 당신을 대하는 태도 때문에 속을 썩이고 있습니다. **아이들이 어떻게 행동하면 당신이 더 나아질 것 같아요**?

내담자 : 아이들이 좀 더 공부를 열심히 하면 좋겠어요.

상담자 : 아이들이 어떻게 하고 있으면 '아, 공부를 열심히 하고 있구나.' 하는 생각이 들 것 같아요?

내담자 : 음, 아이들이 이틀에 한 번은 한 40분 정도 쉬지 않고 책을 읽는다거나 노트정리를 한다든지 말이지요.

3) 약속하기

내담자는 상담을 통해 자신의 행동을 변화시키고자 한다. 내담자가 스스로 목표를 선택하고 구체화시킨다면 이것은 가장 바람직한 일이다. 왜냐하면 그렇게 될 때 내담자는 열심히 노력하여 목표를 달성하려 할 것이기 때문이다. 그러나 내담자와 좋은 상담관계가 형성되었다면, 내담자의 생각을 촉진시켜 주는 한 방법으로서 상담자가 제안해 주는 것을 주저할 필요는 없다. 그렇지만 이러한 경우도 내담자가 스스로 자신의 목표를 분명히 약속하고 그에 대한 책임을 수용해야 한다는 점을 확실히 해 두어야 한다. 만약 상담자가 이 점을 소홀히 하게 되면 목표 달성에 실패할 경우 내담자가 상담자를 비난할지도 모른다. 상담자는 내담자가 생각하기에 현실적이고, 바람직하며, 자신의 시간과 노력을 투입할 준비가 되어 있는 목표를, 내담자가 자발적으로 약속할 수 있도록 주의를 기울여야 한다.

내담자로부터 그러한 약속을 이끌어낼 때 몇 가지 중요한 기술이 있다.

'영향 주기 기술'은 쉽게 포기하고 숙명론적인 태도를 취하는 사람을 납득시키는 데 필요한 기술이다. 그런 경향의 사람들은 '그건 정말 유전이야. 내 어머니가 꼭 그랬어.' 라고 말한다. 이럴 때 상담자는 너무 심하게 몰아붙이지 않고, 일상적인 용어로 내담자의 상황과 비슷하게 여겨지는 구체적인 내용들을 인용하면서 신중하게 선택한 한두 가지 사례를 보여 줄 수 있다.

예를 들면, 다음과 같다.

> '많은 부모들이 단지 일주일 남짓 정도에 짜증을 잘 내는 아이의 성격을 고칠 수 있었습니다. 그래서 그들은 더 이상 속상해하지 않지요.'

상담자가 내담자에게 목표를 구체화하도록 노력함에도 불구하고 내담자는 가끔 자기가 진술한 목표와 모순되게 반응할 수도 있다. 그러한 경우는 직면이 적절한 기법으로 사용될 수 있다. 예를 들면, 다음과 같다.

> '당신은 나에게 남자 친구와 좀 더 동등하게 이야기할 수 있기를 바란다고 말했어요. 하지만 당신은 능히 시작할 수 있는 어떠한 주제도 다루려 하지 않아요. 그런데다 당신은 내가 내놓은 모든 제안마다 반대하고 있군요.'

직면기술의 성공 여부는 분명히 상담자가 지금까지 내담자와 얼마나 개방적이고 정직한 관계를 맺었느냐에 따라서 달라진다. 약속을 할 때는 내담자의 구두진술에 그치지 않고 일종의 계약처럼 공식화하는 것이 도움이 된다. 만약 내담자가 어떤 상황에서 행동하기를 매우 어려워한다면 내담자에게 간단하고 직접적인 말로 자신의 계획을 적어 보도록 하는 것이 좋다. 내담자에게 자기가 작성한 진술이나 계약서에 날짜를 쓰고 서명하게 할 수도 있다. 예를 들면, 다음과 같다.

'나는 방에 들어갈 것이며, 자리에 앉고, 돌아다닐 것이며, 나를 소개하고, 집단구성원들에게 이야기하는 방법을 연습할 것에 동의합니다. 나는 이번 주에 매번 모임 직전에 이것을 세 번씩 연습하겠습니다. 각 모임이 끝난 후 잘된 점과 아직 노력해야 할 점을 기록하겠습니다. 그리고 이렇게 기록한 것을 다음 회기에 가져와서 그것에 대해 이야기하겠습니다.'

이러한 계약에서는 다음과 같은 사항들이 강조되고 있음을 주목하라.

① 내담자가 해야 할 일은 정확하게(구체적으로) 무엇인가?
② 그것을 얼마나 자주 할 것인가?
③ 그것을 다음 회기에 어떻게 사용할 것인가?

이러한 계약은 상담자와 내담자가 공동으로 함께 작성해야 한다. 과제가 문제해결에 적절한 것이고 또 현실적이고 간단한 것이라면 그 과제를 수행하는 일이 내담자에게 만족스러운 것이 될 것이다. 내담자의 동기가 유발되어 내담자가 스스로 자신의 행동을 변화시키는 데 적극적으로 참여하는 것이 중요하다. 내담자에게 이러한 식으로 과제를 계획하고 수행하게 함으로써 내담자가 상담과정에 더욱 몰두하게 할 수 있다.

4) 상황 예견하기

내담자가 상세하게 설정된 목표로 언약을 했다면 그 다음에 상담자가 해야 할 일은 내담자가 정확히 어떤 방법으로, 언제, 어디에서 변화의 과정을 본격적으로 시작할 것인지를 계획하도록 도와주는 것이다. 내담자는 성공에 도움이 되는 많은 요인들을 알고 있어야 한다. 이러한 요인들 중에서 무엇보다 성공 확률이 높은 상황에 대해서 첫 번째 연습을 해 보는 것이 중요하다.

모든 것은 주의 깊게 계획되어야 한다. 상담자는 내담자가 언제 어느 곳에서 시작할 것인지를 선택하고, 정확하게 무슨 말을 하고 무슨 행동을 할 것인지를 결정하고, 어떻게 보이고 어떻게 느끼기를 원하는지 상상해 보고, 자신과 타인들이 어떤 반응을 보일 것 같은지를 고려해 보고, 또 이러한 다양한 반응들에 대해 스스로 어떻게 반응할 것 같은지 예상해 보도록 도와주어야 한다. 이러한 문제들은 내담자가 실천하려고 계획하고 있는 것에 대해 확실하게 안심할 수 있을 만큼 충분히 논의되어야 한다. 상담자는 내담자가 성공을 예상하도록 격려해야 한다. 심지어 앞으로 다가올 상황이 내담자가 생각하기에 결코 유쾌하지 못한 것이라 할지라도 그래야 한다.

실패의 전망에 대해서도 역시 논의를 해야 한다. 왜냐하면 상담자가 성공을 보장하는 것은 어리석은 일이기 때문이다. 물론 긍정적인 면과 성공을 위한 계획에 강조점을 두어야 하지만 설령 실패한다 해도 내담자가 '잃은 것은 아무 것도 없다.' 고 생각하고, 또 실패를 다음에 더 좋은 계획을 수립할 수 있는 기회로 생각하도록 격려해야 한다.

5) 결과 평가

내담자가 행동변화 계획을 실천해 본 후 가능한 한 빨리 상담자는 내담자와 함께 그 경험에 대해 이야기를 해 보아야 한다. 성공을 하게 된 요인들을 탐색해서 그 요인들을 다시 연습하도록 격려해야 한다. 그 실천사례에 이르기까지 일련의 사건들과 실천사례 그 자체의 세부적인 사항들을 다시 점검해 보아야 한다. 또 상담자는 내담자가 어떻게 느끼고 있는가에 대해서 함께 이야기해 보고, 내담자가 성취한 만족감을 상기시켜 주어야 한다. 내담자가 그러한 즐거운 느낌들을 가능한 한 생생하게 다시 경험해 보도록 격려해야 한다. 이러한 느낌들은 내담자에게 첫 번째 경험을 반복하는 동기로 작용할 것이다. 상담자는 실제 연습을 반복하는 것이 중요하다는 점을 강조하여 내담자에게 필요할 때마다 과제를 반복해서 실습하도록 해야 한다. 만약 내담자가 주저하면 실제 행동을 해 봄으로써 얻게 되는 '성과'를 재인식시켜 주어야 한다.

6) 기록하기

기록을 한다는 것은 단순한 일이기는 하지만 행동의 변화를 촉진시키는 가장 강력한 수단의 하나를 제공한다는 점에서 매우 중요하다. 성취한 것이 거의 없다고 느끼는 내담자에게는 그가 하루를 어떻게 보내고 있는지 자세하게 일기를 써 보도록 한다. 아이의 비행에 대해 불평하는 부모나 무질서한 학급 분위기 때문에 신경 쓰고 있는 교사는 문제행동의 전후에 무슨 일이 일어났는지, 그것이 얼마나 자주 일어나는지를 체계적으로 기록해 보는 것이 도움이 될 수 있다.

기록은 문제의 핵심이 되고 셀 수 있는 관찰 가능한 행동들 중에서 한두 가지의 행동에 초점을 맞추어야 한다. 일반화된 행동이나 모호한 문제에 대한 관찰 결과를 기록한 것은 이용 가치가 별로 없다. 의미하는 바와 구체적인 예가 상세하게 설명되지 않는 행위들, 가령 주의산만, 과식, 불복종, 서투른 의사전달 등과 같은 행위에서 정확한 정보를 얻기는 불가능하다. 상담자는 구체적인 질문을 통하여 내담자가 문제를 명료화하도록 도와야 한다.

예를 들면, 다음과 같다.

> 매일 24시간 동안 매 끼니 사이에 정확하게 무엇을 먹었습니까?
> 그때 얼마나 많은 질문을 하였습니까?
> 그녀가 수업시간에 몇 번이나 자리를 떠났습니까?

기록하기를 상담기술이라고 하기는 어렵다. 그렇지만 변화를 유도하는 데 도움이 된다는 점에서 기록은 중요한 역할을 한다. 상담자는 내담자로 하여금 행동을 변화시키고자 할 때 자신과 타인의 행동에 대한 적절한 정보를 모으게 해야 한다. 어떤 경우는 다른 상담기술이나 방법을 사용하지 않고서도 객관적이고 정확한 기록만으로도 변화를 유도할 수 있다.

2. 구체적 기법

상담자는 종종 내담자가 이전과는 다른 행동방식을 시도해 보도록 도와줄 필요가 있다. 상담자는 내담자에게 이야기해 주거나 상담과정이나 일상생활에서 실제연습을 할 수 있는 새로운 행동을 가르쳐 주는 방식으로 이러한 도움을 줄 수 있다.

1) 보상의 이용

사건이나 행동들은 '작은 요소들'이 연합된 형태라고 할 수 있다. 이러한 연합의 고리를 체계적으로 바꾸어 줌으로써 다양한 상황(가정, 직장, 학교, 기관)에서 사람들의 행동을 변화시키는 방법에 오늘날 많은 관심이 모아지고 있다. 이러한 행동변화 방법을 일반적으로 강화(reinforcement)라고 부르는데, 이것은 사건이 일어날 가능성을 증가시키거나 감소시키는 방법을 의미한다. 일반적으로 이러한 행동을 보상된 행동 또는 긍정적으로 강화된 행동이라고 한다. 반면에 무시되거나 불쾌한 결과가 수반되는 행동은 다시 나타날 가능성이 줄어든다.

일상생활에서 일어나는 여러 가지 일들은 종종 이보다 훨씬 더 복잡하다. 그래서 이러한 법칙과는 관계없는 다른 법칙을 따르거나 아니면 아무런 법칙도 따르지 않는 것처럼 보인다. 특정한 상황에서 어떤 사람에게는 보상이 되는데 다른 사람들에게는 보상이 되지 않을 수 있고, 다른 상황이 되었는데도 보상이 되는 등 그러한 규칙이 일반적이지 않기 때문이다. 이와 같이 복잡하고 모순된 것처럼 보이는 것은 일반적으로 우리가 정말로 무엇이 일어났는지를 충분하고도 정확하게 관찰하지 않았기 때문이다. 예를 들어, 가정이나 학교에서 아이의 비행을 중지시킬 의향으로 위협을 하고 잔소리를 하는 것은 종종 정반대의 결과를 가져온다. 이는 확연히 왜곡되어서 원하지 않는 행동을 강화시키는 작용을 할 뿐이다. 그 이유는 어른들이 오직 아이의 비행에 대해서만 반응을 보일 뿐 아이의 좋은 행동을 인정해 주거나 보상해 주는 일이 거의 또는 전혀 없기 때문이다. 그러한 상황에서는 거의 모든 바람직한 행동은 어른들의 주목과 칭찬을 받지 못하고 그냥 지나치며, 어른들이 반응을 보인 것은(주목하거나 심지어 잔소리의 형태로) 오직 비행에 대해서 뿐이다. 비행을 하는 아이를 다루기 위한 가장 효과적인 방법은 가능하다면 비행을 무시하고 그 대신 적절한 행동을 칭찬해 주는 것이다. 이는 행동이 일어난 직후에 곧바로 해야 한다. 그래야 바람직한 행동이 강화된다. 이러한 방법을 처음으로 사용해 보는 부모나 교사는 종종 그 효과에 깜짝 놀라게 된다.

상담자는 정확하게 무엇이 내담자의 어떤 행동을 강화시키는가를 주의 깊게 관찰하여 변화를 계획하도록 내담자를 조력해야 한다. 바람직한 행동을 보상하고 부적절한 행동을 무시하는 방법을 결합하는 것이 비록 모든 경우에 다 충분하고 적절한 것은 아닐지라도 매우 강력한 방법임에는 틀림없다. 그래서 널리 응용될 수 있다. 집단, 가족관계, 생활지도, 훈련 상황에서 생기는 문제들은 이런 식으로 강화를 변화시킴으로써 종종 해결될 수 있다.

상담의 초기 단계와 발전 단계에서 사용되는 대부분의 상담기법들은 보상효과를 포함하고 있다. 시선접촉을 적절하게 한다든지 또 다른 형태로 최소한의 격려를 해 주는 것은 내담자로 하여금 수용되고 있다는 느낌을 갖게 하고 이야기를 계속하도록 유도한다는 점에서 보상이라고 할 수 있다. 내담자가 이야기하고 있는 주제를 잘 이해하고 느낌을 반영해 주는 것도 똑같은 효과를 갖는다. 상담의 초기 단계에서 사용하는 거의 모든 기법은 친근감, 느낌의 공유, 문제 탐색 그리고 문제해결 방법의 탐색에 도움이 된다.

그런데 보상효과에는 상담자가 내담자로 하여금 어떤 특정한 관심사에 좀 더 초점을 두도록 하게 하는 또 다른 측면이 있다. 성공적인 교사나 부모처럼 좋은 상담자는 기법을 선택적으로 사용하여 내담자가 한 말 중에서 어떤 것은 강화하고 어떤 것은 무시한다. 상담자는 이런 식으로 상담과정에 효과적인 영향을 줄 수 있다. 왜냐하면 상담자가 어떤 식으로든(정말로 동의할 수 없는 말의 경우는 제외하고) 관심을 보인 내담자의 말은 증가하는 경향이 있지만, 그가 무시한 말은 없어지는 경향이 있기 때문이다. 예를 들면, 내담자가 스스로 통찰한 것과 앞으로의 계획에 대해 말할 때, 상담자가 그 내용에 대해 언급하거나 관심을 보여 주고 있다면 이는 문제해결과 긍정적 태도를 보상하고 있는 것이다. 만약 내담자가 오랫동안 계속해서 불평과 괴로움을 토로하고 있는데도 불구하고 상담자가 이러한 내담자의 이야기를 무시하거나 중단시킨다면(즉, 보상해 주지 않는다면), 이는 내담자의 무책임성을 좌절시키고 있는 것이다. 그리고 이것은 실제로는 "나는 더 이상 어떤 싸움 이야기도 듣고 싶지 않아요. 우리가 이 문제에 대해 실제로 무엇을 할 수 있는가를 생각해 봅시다."고 말하고 있는 것이다(내담자가 특별히 이야기하고 싶은 것을 상담자가 무시할 가능성도 있다. 그러나 상담자와 내담자 간에 좋은 관계가 형성되어 있는 경우라면 보통 그러한 실수는 극복될 수 있다. 왜냐하면 그것이 자신에게 정말로 중요한 것이라면 내담자가 그 이야기를 다시 제기하기 때문이다.).

어떤 내담자들에게는 강한 보상 요소를 갖고 있는 간단한 상담기법들을 가르쳐 주는 것이 적절할 것이다. 예를 들면, 대화능력이 부족한 내담자에게는 기본적인 경청기술을 가르쳐 줄 수 있다. 사회적 상황에서 사용될 때 이러한 기술들은 이야기하는 사람에게 보상으로 작용하여 더 적극적으로 반응하게 하는 효과를 나타낸다. 상담자는 내담자에게 이러한 기술을 실제상황에서 스스로 연습해 보게 하고 그 효과를 보고하도록 해야 한다. 이렇게 하면 경청기술은 일반적인 사회적 기술만큼 가치 있는 것이 될 것이다.

상담자는 보상기법이 다른 방향으로도 작용할 수 있음을 명심해야 한다. 다시 말해서, 보상기법은 상담자가 내담자에게만 사용하는 것이 아니라 내담자가 상담자에게 사용할 수도 있음을 알아야 한다.

또 다른 유용한 보상기법은 내담자가 자신이나 그가 소중하게 여기는 사람을 만족시키는 활동목록을 만들어 보는 것이다. 내담자는 다음과 같은 목록을 만들어 볼 수 있을 것이다. 즉, 화초 가꾸기, 전화로 잡담하기, 개 데리고 산책하기, 음악 듣기 등등. 청소년기의 내담자들은 다음과 같은 목록을 작성할 수 있다. 즉, 운전교습 받기, 컴퓨터 게임하기, 영화 보기, 당구 치기, 클럽 가기 등등. 두 경우 모두 최소한 12개의 항목이 제시되어야 한다. 이러한 목록은 여러 가지의 만족스러운 활동들을 선택할 수 있는 일종의 메뉴로 간주될 수 있다.

이러한 활동들은 하기 싫은 과제를 수행하고 난 후에 즐기는 일종의 보상물로 사용되거나 또는 자기패배적 행동을 대신하는 대체행동으로 사용될 수 있다. 첫 번째 경우를 생각해 보면, 하기 싫은 일을 하고 난 후 또는 40분간의 공부를 두 번 하고 난 후에 커피 마시는 시간을 갖는다든지 운전교습을 받는 것과 같은 만족스러운 활동을 할 수 있을 것이다. 두 번째 경우는 내담자가 긴장되거나 따분하거나 우울한 느낌이 들 때마다 이 목록에서 하나의 활동을 선택할 수 있을 것이다. 이렇게 하면 내담자는 유쾌하지 못한 생각과 감정에 더 깊이 빠져드는 대신에, 점심식사에 친구를 초대하거나 쇼핑을 나가거나 하면서 우울한 기분이나 따분한 감정에 대처할 수 있게 된다.

2) 모델 제시

모델링은 어떤 상황에서 적절하게 행동할 방법을 알지 못하는 내담자에게 좋은 행동의 예나 패턴을 제시해 주는 것을 의미한다. 물론 한편으로 보면 모델링은 단순히 물질적인 예를 보여 주는 것을 의미할 수도 있다. 예를 들어, 내담자의 노트정리 습관은 동료학생이 정리한 것을 한 페이지만 표본으로 보고도 개선될 수 있다. 상담자는 그러한 단순한 방법으로 내담자를 기민하게 도울 수 있어야 할 것이다.

그러나 보통 모델링은 노트 정리와 같은 단순한 행동보다는 매우 복잡하게 보이는 행동에 대해서 사용하는 말이다. 이런 이유 때문에 모델링은 보통 두 가지 방식으로 실시된다. 즉, 전체적인 효과를 위해 부분으로 나누지 않고 완전한 형태도 제시되는 방식과 관찰과 연습을 위해 부분적인 기술들을 따로 따로 떼어서 제시되는 방식이 있다. 상담자는 자신의 사무실에서 모델로 행동할 수 있다. 내담자의 일상적인 사회적 상황에서는 내담자의 동료나 친구가 모델이 될 수도 있다. 또 특수한 형태로 행동을 보여 주는 방식으로 모델을 제시할 수도 있다. 필름이나 비디오테이프를 이용하는 경우가 그 예다.

이러한 방법들에는 몇 가지의 분명한 장점과 단점이 있다. 가장 심한 문제는 내담자의 동료나 친구가 모델이 될 때 이들이 행한 행동을 통제할 수 없거나 반복할 수 없다는 점이다. 만약 상담자가 이들이 행한 행동 중에서 중요한 어떤 부분을 강조할 수 있고, 또 앞으로 계속 강조하고자 하는 부분을 반복할 수 있다면 가장 좋다. 다소 과장을 하는 것도 때로는 요점을 강조하는데 도움이 된다.

모델이 제시된 다음에는 내담자에게 모델이 한 행동을 따라해 보도록 해야 한다. 모델의 행동을 시연해 보도록 격려하면서 즉각적으로 긍정적인 피드백을 주고 개선이 필요한 점을 지적해 주어야 한다. 그리고 내담자에게 스스로 그러한 행동 시연을 해 보는 것이 중요함을 깨닫도록 해야 한다.

효과적인 모델링의 절차를 요약하면 다음과 같다.

① 내담자에게 그가 일반적으로 행동하는 방식을 해 보도록 요구한다.

② 관찰, 토론, 실습을 위해서 내담자의 행동에서 효과적인 부분과 비효과

적인 부분을 분류한다.

③ 비효과적인 행동들 중에서 한두 개를 선택해서 보다 효과적인 방식으로 시범을 보인다.

④ 만약 필요하다면 여러 번 반복해서 시범을 보인다. 그리고 이때 어려움을 느끼는 부분은 과장하기도 한다.

⑤ 내담자에게 관찰한 행동을 시연해 보도록 한다. 그리고 내담자에게 도움이 되는 피드백을 준다.

⑥ 자연스럽게 될 때까지 계속해서 시연하게 한다.

⑦ 내담자의 행동 중에서 보다 복잡한 다른 부분도 이런 과정을 반복하도록 한다.

모델링을 시작할 때는 내담자의 행동 중에서 단순한 것부터 시작하는 것이 중요하다. 그래야 내담자가 성취감과 행동의 향상을 경험하여 보다 복잡한 행동을 시연해 보고자 하는 의욕과 자신감을 갖게 된다. 보통 복잡하고 언어적인 기술을 연습하기 전에 단순하고 비언어적인 기술을 숙달하게 하는 것이 더 쉽다.

훌륭한 모델링 회기는 다음과 같이 진행될 것이다.

"단계마다 요점을 기억하세요. 항상 분명하게 노크해야 합니다. 누가 '들어오세요.' 라고 하면 똑바로 서서 문을 열고 방안으로 들어가세요. 그리고 그 사람을 똑바로 보고 웃으세요. 알았어요? 이제 다른 것을 해 보기 전에 방금 이야기했던 요점들을 나에게 말해 보세요. 좋아요. 그럼 이제 내가 하는 것을 보면서 우리 함께 큰소리로 다시 한 번 말해 봅시다. '먼저 내가 하는 것을 잘 보고 따라 해 보세요. …… 잘 이해했나요?' 이제 우리가 같이 다시 한 번 큰 소리로 각 단계를 반복해서 말하는 동안 당신이 해 보도록 하세요. 매우 좋아요. 당신은 이것, 이것, 이것, 그리고 이것을 완벽하게 해냈습니다. 그러나 다음번에는 좀 더 똑바로 서고 좀 더 분명하게 문을 노크하세요."

3) 역할연기

역할연기란 어떤 특정한 직함이나 역할을 지닌 사람들이 일반적으로 행하는 방식대로 행동을 해 보는 것이다. 역할연기는 모델링이나 행동시연과 비슷한 점이 있다. 그리고 이 세 가지는 종종 서로 함께 사용되기도 한다. 그러나 역할연기는 다른 것보다 덜 자세하게 시연하는 행동방식이다. 역할연기에서는 특정한 방식으로 행동함으로써 갖게 되는 느낌을 강조하며, 때로는 그 역할이 자신의 방식과는 다르기 때문에 친숙하지 않다는 의미를 포함하기도 한다. 역할연기를 오랫동안 할 필요는 없다. 필요한 시간은 3분이나 4분 정도면 충분하다.

예를 보여 주는 것도 도움이 된다. '교사는 학생' '간호사는 환자' '상담자는 내담자'와 그 역할이 다르다. 만약 이 사람들이 역할을 바꾸어서(가령, 교사는 학생과 역할을 바꿈) 행동을 해 본다면, 아마 그들은 각자 파트너의 느낌과 행동을 경험해 볼 수 있을 것이다. 결과적으로 이러한 역할 바꾸기는 각자의 파트너가 자신의 상황에서 실제로 무엇을 경험하고 있을지 이해하는데 보다 도움이 될 것이다. 만약 그들이 전문가라면, 이것을 배움으로써 자신의 일을 보다 효율적으로 수행할 수 있을 것이다.

역할연기와 역할 바꾸기를 직접 시연할 기회를 많이 가짐으로써 상담자는 이 기법을 내담자를 변화시키기 위한 실제적인 기술로 사용할 수 있다. 가령 상담자가 좀 더 어른 티를 내면서 어머니에게 말하고 싶어 하는 여학생을 도와주려는 사례를 들어 보자. 상담자는 먼저 여학생이 말한 방식(여학생이 설명한 자신의 어머니 특징)대로 그 부모 역할을 맡고, 여학생은 어머니 역할을 맡은 상담자에게 몇 가지 다른 방식으로 역할연기를 해 본다. 여학생은 자유롭게 몇 가지의 대안 행동을 실험해 볼 수 있다. 그런 다음 상담자와 여학생이 역할 바꾸기를 해 본다면 여학생은 자신의 느낌을 행동으로 나타내 보임으로써, 그녀의 어머니가 다양한 대안적인 행동들에 대해서 어떻게 반응할 것인지를 좀 더 정확하게 예상해 볼 수 있게 된다.

역할연기와 역할 바꾸기를 할 때 상담자는 내담자가 연기하려는 대상에 완전히 몰입할 수 있도록, 즉 그 대상이 지닌 모든 감정, 제스처, 어조, 그 사람의 전형적인 목소리 크기, 또는 내담자가 그것들과 더불어 실험해 볼 수 있는 것 등을 제대로 연기해 낼 수 있도록 격려해야 하고 심지어는 지도해 주기까지 해야 한다. 역할이 실감나게 연기될수록 내담자가 학습할 기회와 변화의 가능성은 더욱 많아지게 될 것이다.

4) 신체 자각, 이완, 활동

행동이란 변화되는 과정의 하나로서 신체적 감각을 보다 잘 자각하고 통제할 수 있는 것은 매우 많은 도움이 될 수 있다. 자각 수준이 높을수록 내담자는 자신의 감정을 더욱 자세히 알 수 있게 된다. 예를 들어, 남들로부터 선심 쓰는 체한다는 말을 들을 때마다 자신이 유치하게 느껴져서 기분이 매우 나빠진다는 내담자의 경우를 보자.

선심 쓰는 체한다는 말은 무엇을 뜻하지요?

음, 그는 이런 말을 해요. '전형적인 여자야, 또 과잉반응이야!' 라고요."

그래서 당신은 모멸감을 느끼는군요. 그렇다면 그때 당신은 신체적으로 어떤 반응을 보이나요?

속이 완전히 뒤집어져요. 얼굴이 빨갛게 달아오름을 느끼고, 그에게 소리를 꽥 지르고 싶어요.

상담자는 내담자가 자신의 전형적인 행동을 보고하는 식으로 신체적인 반응을 보다 잘 활용할 수 있다. 즉, 내담자가 먼저 '자신의 내적 반응에 주목' 하도록 하고, 신체적인 느낌을 행동으로 표현하도록 하는 것이다. 신체 자각

기법은 내담자에게 자신을 좀 더 잘 통제하도록 도와주기 위해서도 사용할 수 있다. 이를 위해서는 이완이 특히 유용하게 사용될 수 있는 기술이다. 초월적 명상, 요가, 바이오피드백 그리고 최면술은 이완과 비슷한 목적을 가지고 있는 다른 형태의 기법들이다. 이완은 쉽게 가르치고 배울 수 있다는 장점을 갖고 있다. 또 이완은 광범위하고 다양한 실제 생활상황에 편리하게 사용할 수 있다는 장점이 있을 뿐만 아니라 다른 상담기술을 보조하기 위한 수단으로도 유용하게 사용할 수 있다.

이완은 신체 근육 중 어느 부분에도 긴장이 없을 때까지 신체의 모든 근육을 점진적으로 풀어 줌으로써 이루어진다. 이완에는 몸 전체가 풀리도록 하는 완전한 이완도 있고 어떤 특정한 신체 부위(예를 들어, 목이나 위장)의 긴장에 대처하는 방법으로 사용할 수 있는 부분적 이완도 있다. 이완의 수준에는 여러 가지가 있다. 단순히 근육의 긴장을 제거하는 정도부터 거의 잠이 들 정도로 가끔은 실제로 잠이 들기도 하는 정도의 상태에 이르기까지 다양하다.

상담을 하는 동안 내담자가 말을 하면서 매우 불안해하고 있다는 것을 느끼면 내담자에게 몇 가지의 간단한 연습을 하게 하여 이완이 되도록 도와줄 수 있다. 이러한 방법을 통해 상담과정에서 내담자에게 자신의 문제에 좀 더 차분하게 대처하도록 도와줄 수 있다.

> '의자에 등을 똑바로 대고 서너 번 심호흡을 하시오. 이제 천천히 숨을 깊이 들어 마시세요. 더 천천히, 이제 팔을 편안하게 하시오.'

내담자에게 일상생활에서도 이런 식으로 이완을 하도록 해도 좋다.

이완은 면접이나 시험 또는 중요한 모임과 같이 특별히 긴장된 상황에 대처하기 위해 사용될 수 있다. 상담자는 내담자에게 실제로 긴장된 상황에서 부분 이완 기술을 사용하도록 격려해야 한다. 또 이완은 걱정이나 속상한 경험 또는 심한 신체활동을 한 후에 만족스러운 휴식으로 사용할 수도 있다.

다음 지시내용들은 깊은 상태의 이완에 이르기 위해 사용할 수 있는 전형적인 것이다. 이완 기법을 자주 사용하는 상담자는 이 지시사항들을 내담자가 쉽게 사용할 수 있도록 보통 팸플릿 형태나 녹음테이프를 준비해 둔다. 녹음 테이프로 준비할 경우는 지시사항이 약 20분 동안 매우 천천히 지속되도록 해야 한다.

① 반듯이 등을 대고 누워서 두 발을 18인치(45cm) 정도 벌리시오. 손은 손바닥을 위로 해서 몸에서 조금 떨어지게 놓으시오.
② 눈을 감고 편안한 느낌이 들도록 신체의 모든 부분을 천천히 움직이시오.
③ 그런 다음 한 부분 한 부분씩 신체 이완을 시작하시오. 먼저 오른쪽 다리에 주목하시오. 숨을 들이쉬고 다리를 바닥으로부터 약 1피트(31cm) 정도 천천히 들어 올리시오. 오른쪽 다리의 근육을 완전히 긴장시키시오. 5초 후에 한꺼번에 숨을 갑작스럽게 내쉬면서 오른쪽 다리의 근육을 이완시키시오. 그런 다음 오른쪽 다리를 바닥에 놓으시오. 그 다리를 오른쪽에서 왼쪽으로 천천히 흔들면서 완전히 이완되도록 하시오. 그리고 다리의 존재 자체를 잊어버리시오.
④ 이와 똑같은 과정을 왼쪽 다리에 반복하시오. 그런 다음 나서 두 손에도 한 번에 하나씩 반복하시오.
⑤ 이제 골반, 엉덩이 그리고 항문의 근육에 주목하시오. 다시 한 번 이 근육들을 긴장시키고 이완시키시오. 다음에는 복부에 주목하시오. 코를 통해 숨을 깊이 들이마시면서 복부를 팽창시키시오. 5초 동안 호흡을 정지시켰다가 갑자기 공기를 입으로 토해 내면서 동시에 복부와 횡격막의 모든 근육을 이완시키시오.
⑥ 가슴 부위를 들어 올리시오. 코를 통해 숨을 깊이 들이마시고 가슴을 팽창시키시오. 5초 동안 호흡을 정지시켰다가 갑작스럽게 공기를 입으로 토해 내면서 가슴과 횡격막의 모든 근육들을 이완시키시오.

⑦ 어깨를 들어 올리시오. 팔 앞부분을 바닥에서 떼지 않고 양 어깨를 몸에 붙여 보시오. 그런 다음 양 어깨를 이완시키고 바닥에 내려놓으시오.

⑧ 마음속으로 목 근육들을 이완시키면서 천천히, 조심스럽게 목을 좌우로 돌리시오. 그런 다음 목을 바로 하시오.

⑨ 안면 근육으로 와서 턱을 위, 아래, 왼쪽, 오른쪽으로 몇 번 움직이시오. 양 입술을 꼭 다물고 앞으로 쭉 내미시오. 그런 다음 이완시키시오. 양 볼의 근육을 쭉 빨아들였다가 이완시키시오. 코끝을 긴장시켰다가 이완시키시오. 앞이마의 근육을 주름지게 찡그렸다가 펴시오.

⑩ 이제 신체의 모든 근육들이 이완되었습니다. 좀 더 확실히 하기 위해 발끝부터 머리까지 신체의 모든 부분 중에서 조금이라도 긴장된 부분이 있는지 살펴보시오. 조금이라도 긴장된 부분이 있으면 이 부분에 이완훈련을 집중하시오. 그러면 이완될 것입니다. 만약에 이러한 이완훈련을 근육을 움직이지 않고 마음속으로 한다면 마음속으로 이완시키는 부분들이 당신의 명령에 따라서 이완되는 것을 알게 될 것입니다.이제 완전히 이완상태에 이르렀습니다. 이제는 심지어 마음까지도 편안합니다. 숨소리를 들어 보면 아주 자유스럽고 조용하게 호흡하고 있음을 알 수 있습니다. 또 무슨 생각을 하려고 애쓰지 않고 있음을 알 수 있습니다. 당신은 몸이나 마음이 아닌 평화스럽고 편안한 바다를 보고 있습니다. 이러한 상태에 최소한 5분 동안 머무르세요. 아무것도 걱정하지 마세요. 아주 천천히 깨어나세요. 머리부터 발끝에 이르기까지 신체의 각 부분에서 신선한 에너지가 조용히 스며 나온다고 상상하십시오. 그런 다음 천천히 일어서세요. 이러한 훈련을 연습하면 몸과 마음에 대해 신선하고 편안한 느낌을 가질 수 있습니다. 이러한 훈련을 하루에 1~3회씩 하십시오. 특히 아침에 일어날 때와 잠자리에 들기 전에 하는 것이 좋습니다(이완을 위한 이러한 지시사항은 Munro, et al., 1983에서 재인용한 것임.).

몇 가지의 신체활동을 통해 긴장을 감소시키는 것 역시 내담자의 행동을 변화시키도록 도와주는 유용한 방법으로 인식되어야 한다. 상당한 에너지의 발산을 요구하고 사회적인 상호작용을 할 수 있는 게임은 긴장을 해소할 수 있고 훌륭한 보상으로 작용할 수 있다. 그러나 어떤 사람들은 혼자서 열심히 무엇인가를 하기를 좋아하기도 한다. 신체활동은 현대생활-정신적, 정서적으로 따분하고, 고독하고, 오래 앉아서 일하는 것을 요구하는-로부터 오는 많은 스트레스를 감소시킬 수 있다. 무용, 취미, 게임, 그림과 수공예, 노래 부르고 듣는 것 등의 활동을 함으로써도 비슷한 효과를 야기할 수 있다. 그러므로 내담자로 하여금 모든 '강화목록' 속에 몇 가지의 신체적 또는 창의적 활동을 넣도록 하는 것이 현명한 것이다.

5) 사고와 상상

내담자의 정신활동을 직접적이고도 건설적으로 다루는 능력은 또 다른 중요한 상담기술이다. 상담의 전 과정을 통한 내담자의 사고, 생각, 지각은 분명히 중요하다. 그렇지만 내담자의 행동을 변화시키는 데 이러한 것들을 사용하는 경우는 그리 많지는 않은 것 같다. 상담이 어떻게 사용될 수 있는 지를 보여 주는 좋은 예가 이완을 배우는 방법에 잘 나타나 있다. 통상적인 방법 외에도 상담자는 내담자에게 신체적 긴장감을 풀어 주는 사건과 상황을 회상하거나 상상하도록 격려할 수도 있다. 이처럼 상상을 하는 것은 근육의 긴장을 푸는 데 도움이 된다. 만약 내담자가 조용하고, 안락하고, 편안한 느낌과 관련된 심상을 회상할 수 있다면 내담자의 신체적 긴장은 감소될 수 있다. 상담자는 풍부한 언어와 적절한 목소리 톤을 사용하여 내담자로 하여금 이것을 해 보도록 격려할 수 있다. 다음은 그 좋은 예다.

> "어두운 조명의 방에서 조용하고 느린 음악을 들으면서 부드러운 소파에 앉아 있다고 상상하시오."
>
> "지금 당신의 호흡이 매우 느리게, 그리고 깊게, 그리고 편안하게 진행되고 있다고 상상하시오."
>
> "마치 따스한 이불 속에 있는 것처럼 모든 긴장이 풀어지고 있음을 느껴 보시오."

생각과 상상은 상담관계의 여러 시점에서 변화의 과정을 돕기 위해 유용하게 활용될 수 있다. 예를 들어, 상담자는 내담자가 말하는 '실제의 어떤 장면' '그렇게 좋지 않은' '더 나은 느낌'과 같은 용어를 보다 구체적으로 표현할 수 있도록 격려해야 한다. 상담자는 다음과 같은 질문과 요구에 대한 반응에 대해 내담자가 구체적이고 매우 다채롭게 사물들을 생각하고, 상상하고, 묘사하도록 도와야 한다.

1. "속임수에 빠졌다고 말하고 있는데 지금 당신의 느낌이 어떠한지 말해 주시오. 당신의 신체가 당신에게 무어라고 말하고 있는 것 같습니까?"
2. "그런 다음 그는 무엇을 합니까? 그러한 순간에 그가 어떻게 느낀다고 생각합니까? 그리고 그가 그러한 것들을 말하고자 할 때 당신은 어떻게 느낍니까?"

어떤 내담자들은 지나칠 정도로 적극적으로 상상을 하는 것 같다. 그들이 안고 있는 대부분의 어려움은 부정적인 측면에 너무 얽매이기 때문에 생기는 것 같다. 이러한 사람들은 항상 실패를 예견하기 때문에 점점 더 불안해지고 변화하기를 주저하게 된다. 그래서 결국은 변화를 회피한다. 어떤 방식이 됐든지 간에 상담자는 내담자가 부정적인 측면에만 골몰하는 것을 중지시켜야 한다. 상담자는 대안과 관련된 이야기를 강조하고, 부정적인 측면에 대한 언급을 무시하거나, 그러한 사고의 자기 패배적 속성을 알아듣게 지적할 수도 있다. 또 유쾌한 감정과 관련된 내담자의 '강화목록'을 끄집어내서 내담자로 하여금 부정적인 심상이 떠오를 때마다 강화목록을 생각하도록 촉구할 수도 있다. 물론 이러한 일종의 '유도된 환상' 프로그램은 그 이미지가 보다 적극적으로 작용하여 실제 생활로 대치될 수 있도록 해야 할 것이다.

보다 극적인 기법으로 불리는 사고중지 기법은 내담자의 행동을 변화시키려고 할 때 내담자의 정신 활동을 이용하는 또 다른 예다. 이 기법은 항상 비생산적인 이야기만 늘어놓고 있는 내담자를 돕기 위해 사용된다. 예를 들어, 내담자가 계속해서 변화에 대한 회의나 공포를 말한다면 상담자는 내담자의 이야기에 개입할 수 있다. 상담자는 "지금 바로 그만두시오!"라고 단호하게 말하면서 의자를 탕 친다거나, 벌떡 일어서거나, 고개를 돌려 버리는 등 다소 거친 동작으로 주지하고 싶은 점을 강조할 수 있다. 이런 방법으로 상담자는 내담자가 건설적인 행위로 이끌 수 있는 것에 대해 이야기하도록 방향을 잡아 줄 수 있다.

이러한 기법의 성공 여부는 서로에 대한 신뢰와 상담자의 적절한 판단에 따라 확실히 좌우된다. 때로는 이 기법을 좀 확장해서 사용하는 것도 유용하다. 만약 어떤 상황이 내담자의 부정적인 사고를 촉진시키는지 상담자가 알았다면 내담자로 하여금 스스로 사고중지 신호를 고안하게 할 수 있다. 잘 보이는 곳에다 '불평 그만하시오!' 또는 '변명하지 마시오!'라는 말을 적어 둘 수도 있다.

6) 둔감화

행동을 변화시키기 위한 이 방법은 생각하기, 이완하기, 상상하기를 포함한 몇 가지의 기법을 함께 사용한다. 간단히 말하자면, 특정 상황에서 매우 강하게 나타나는 공포와 불안으로부터 내담자를 면역을 시키고자 하는 것이다. 상담자는 내담자가 놀라거나 불안했던 상황을 회상할 때 일어나는 긴장된 신체적 감각에 대처하기 위한 방법으로서 내담자의 이완된 신체 상태를 이용한다. 이 과정에는 몇 가지의 고려할 점과 단계별로 특징이 있다.

① 이 기법은 구체적인 문제에 대해서 불안해하고 있는 내담자에게 가장 적절하게 사용된다. 예) 시험공포, 비행공포, 피에 대한 공포 등.

② 시작하기 전에 진행과정을 내담자에게 충분히 설명해야 하고 그것에 대해 내담자가 어떻게 느끼는지 알아보아야 한다. 만약 변화의 가능성과 대부분의 공포는 학습되었고 그래서 학습되지 않을 수도 있다는 점을 내담자가 받아들이지 않는다면, 이 과정은 효과가 없을 것이다.

③ 먼저 내담자는 상담자가 지시했을 때 또는 자유자재로 깊게 이완할 수 있는 방법을 배워야 한다.

④ 다음 단계는 상담자와 내담자가 함께 공포와 관련된 사건들의 목록을 작성하는 것이다. 그런 다음 이러한 사건들을 가장 약한 공포상태부터 가장 심한 공포상태까지 위계적으로 정리한다. 가장 약한 공포상태는 일반적으로 주요한 관심이나 상황으로부터 시간적, 공간적으로 가장 멀리 떨어져 있는 사건들일 것이다.

예를 들어, 시험공포의 위계는 아마 '시험 보기 3주 전에 시험에 대해 생각하는 것' 에서 시작해서 '시험 보는 장소에 앉아서 시험지를 집어 드는 것' 에서 끝날 것이다. 위계가 중요하기 때문에 상담자는 내담자로부터 최소한 10개 항목은 끌어내야 한다. 위계항목을 척도상에 정리하면 도움이 된다. 이때 가장 약한 공포상태에 0점, 가장 심한 공포상태에 100점을 주고 그 사이에 가능한 한 중간 점수를 많이 끼워 넣는 것이 좋다. 이 단계에 포함된 생각하기와 상상하기는 이 기법을 적용하는 과정에서 매우 중요한 부분을 차지한다.

⑤ 다음 단계에서는 먼저 상담자가 내담자로 하여금 정신적 이완 심상을

가능한 한 많이 갖게 해서 깊은 신체적 이완상태에 도달하도록 돕는다. 그런 다음 상담자는 공포위계에서 가장 낮은 상태를 내담자에게 말해준다. 만약 내담자가 그 상태를 상상하기가 힘들다는 신호를 보내면(가령 어떤 손가락 하나를 드는 행동) 상담자는 내담자가 이완하도록 돕고 그 상태를 상상할 수 있을 것 같은 느낌이 들 때까지 계속해서 다른 유쾌한 장면들을 집중적으로 상상하도록 돕는다. 내담자가 신호를 보내지 않은 것은 그 상태를 견딜 수 있다는 것을 의미한다. 그러면 상담자는 다음 상태를 제시한다.

⑥ 이런 식으로 점차 위계를 높여 가면서 진행한다. 상담자는 내담자에게 이 기법을 혼자서도 연습하도록 강조해야 한다. 또 불안이 생긴 실제 상황에서 도움이 될 수 있는 것은 어떤 것이든지(심호흡, 부분이완, 생각-중지하기 등) 연습하도록 해야 한다.

7) 혼합 전략

둔감화는 몇 가지의 서로 다른 상담 기술들을 조합한 기법이다. 다양한 상담기술과 변화과정을 숙달했으면 상담자는 그것들을 적절히 결합해야 한다. 조합의 형태는 여러 가지가 있으며, 상담관련 서적들은 종종 이렇게 조합된 것을 혼합된 전략 또는 다중 전략이라고 기술하고 있다.

게슈탈트 상담자들이 개발한 기술들은 상상, 신체적 자각 그리고 역할연기를 결합함으로써 이러한 방법의 좋은 예가 되고 있다. 주장 훈련 역시 상담자가 혼합전략을 사용해서 사람들은 어떻게 도울 수 있을지를 보여 주고 있다. 그러한 훈련에는 합리적 계획, 상상, 모델링 그리고 역할연기가 포함되어 있으며 행동, 말 그리고 감정을 주의 깊게 시연하는 것이 수반된다. 그 결과 너무 소심하거나 너무 지배적이어서 원하는 것을 제대로 말할 수 없는 사람들이 자신을 보다 효과적으로 표현하는 방법을 배울 수 있게 된다.

3. 요약

내담자가 문제를 해결할 수 있도록 동기유발을 시키는 것은 모든 상담자의 목표다. 이는 상담자가 효율적인 교사이어야 함을 의미한다. 효율적인 교사로서 상담자는 성공이 실제로 보장된 상황에서 내담자가 스스로 선택하고, 스스로 실천해 낼 수 있도록 도와야 한다. 주된 변화는 시간을 필요로 할 수도 있다. 그러나 가능한 한 내담자가 몇 가지의 새로운 행동 패턴을 시도해 보도록 격려해야 한다.

이 장에서는 내담자의 행동변화를 위한 주요한 상담기술의 일반적 원리로서 지시 또는 제안하기, 구체적 목표 설정하기, 약속하기, 상황 예견하기, 결과 평가, 기록하기가 설명되었다. 그리고 행동변화를 위한 구체적 기법으로 보상의 이용, 모델 제시, 역할연기, 신체 자각, 이완, 활동, 사고와 상상, 둔감화, 혼합 전략 등을 다루었다.

효과적 조력을 위한

〈상담 연습 V〉: 변화를 위한 상담기법

[연습 1] 상담자로서 내담자가 다음 역할을 할 수 있도록 간결하고도 분명한 지시를 해 보라.

1) 화가 난 어머니의 역할을 해 보기

____

____

____

2) 보다 더 주장적인 자세를 취하기

____

____

____

[연습 2] 다음 각 목표들에 'G' (일반목표) 또는 'S' (구체적 행동) 표시를 하라.

1) 포커놀이하기

2) 이야기를 잘하는 사람이 되기

3) 최고의 행복감 느끼기

4) 개방형 질문하기

5) 일하는 습관 개선하기　　6) 편안한 저녁시간 보내기

7) 점심에 두 명의 친구 초대하기　　8) 차 운전하기

9) 유능감 느끼기　　10) 허튼말 안 하기

11) 매일 5분간 요가하기　　12) 테이블 설치하기

[연습 3] 다음 각 목표에 이르기 위한 구체적인 행동을 하나씩 써라.

1) 체중 줄이기　　2) 내 외모 개선하기

________________　　________________

3) 어머니에게 당당하게 맞서기　　4) 건강해지기

________________　　________________

5) 다른 사람을 따분하게 하지 않기　　6) 학급을 더 잘 통제하기

________________　　________________

7) 직업에서 성공하기　　8) 휴식시간 갖기

________________　　________________

[연습 4] 상담자-내담자로 두 사람이 짝을 지어 역할연기를 하라. 내담자의 역할은 자신이 어떤 일을 할 수 있는가에 대해 의심하고 있다. 정규학교 교육을 거의 받지 않은 내담자가 다음과 같은 내용을 학습할 수 있음을 확

신시키기 위해 사용할 수 있는 구체적인 말을 해 보라.

1) 아이들이 발끈하고 대드는 것 그치게 하기

___

___

___

2) 복지기관에 도움을 요청하기

___

___

___

3) 정규 근무시간 이외의 업무 거절하기

___

___

___

4) 선생님에게 불평하기

___

___

___

5) 빌려준 물건을 되돌려 달라고 요청하기

___

___

___

6) 마음에 들지 않은 물건을 상점에 반환하기

7) 작은 부탁을 해 보기

8) 지루한 이야기 중단시키기

[연습 5] 상담자-내담자로 짝을 지어서 세 가지 기본 규칙에 따라 계약서를 작성하라. 어떤 주제든 선택해서 작성하라(예 : 신체건강증진 프로그램, 상투적인 일을 새로운 방식으로 하기).

[연습 6] 다음 각 과제들을 다루기 위한 상세한 계획을 세워라. 각 사례마다 무엇이 일어날 수 있는지 예상해 보고, 각 사례를 다룰 수 있는 계획을 세워라(예 : 만약 그가 이렇게 말하면, 나는 저렇게 말하겠다.).

1) 일대일로 마주 앉아 간절하게 요청하는 초대를 거절하기

2) 당신이 이미 동의했던 어떤 사안에 대해 일단 의문점을 표현하고 나서, 그 다음엔 단호하게 반대하기

3) 독재적이고 거만한 감독관과 면담하면서 당신의 일 중에서 변화되었으면 하고 바라는 점 두 가지를 이야기하기

파트너와 함께 각 계획에 대해 논의해 보라.

[연습 7] 두 사람씩 짝을 지어 역할놀이를 하라. 한 사람은, 실제로 해 보기 전에는 상당히 불확실하고 불안함을 주지만 실제로 성공했거나 상상할 수 있는 성공 경험에 대해 이야기하라. 다른 한 사람은 성공을 하게 된 원인이 무엇이었는지를 질문하라. 다음에는 역할을 바꾸어서 하라.

[연습 8] 생활 속에서 날마다 많은 어려움이 있다고 상상하라. 어제 아침에 일어나서부터 잠자리에 들 때까지 당신이 한 활동을 일지로 작성하라. 그런 다음 활동들을 세부적으로 기술하라. 최소한 30분 단위로 기록하라. 파트너에게 평상시와 같은 점과 다른 점이 무엇이었는지를 설명하라.

[연습 9] 다음에 있는 내담자의 말은 각각 감정과 행동의 측면을 모두 포함하고 있다. 각 진술문에서 두 측면을 확인하고 행동측면을 강화하는 간단한 반영 코멘트를 하라.

예) 내담자: 골치 아파 죽겠어요! 아이들이 내가 말한 것을 도대체 하려고 하지 않아요.
상담자: 당신은 아이들이 당신과 더욱 협력하기를 바라는 것이지요?

1) 실제로 나는 지금 기분이 매우 침울해요. 좀 더 많은 일을 할 수 있으면 좋

겠어요.

2) 나는 요즘에 내 남편에게 말을 할 수 없을 것만 같아요. 그는 정말로 나를 미치게 해요.

3) 내 남편과 나는 더 이상 함께 살고 싶지 않아요. 아마 우리는 서로에게 싫증을 느끼고 있는 것 같아요.

[연습 10] 당신이 다음 각 상황에 있다고 가정하고 당신에게 만족을 줄 수 있는 활동의 목록을 작성하라.

1) 세 살 미만의 두 아이를 데리고 새로 조성된 교외 주택지에 살고 있는 젊은 어머니

2) 집에서 멀리 떨어진 곳에서 하숙하고 있는 16세의 학생

____

____

____

3) 가족이 없고 최근에 홀로된 45세의 미망인

____

____

____

4) 대도시에 살고 있는 은퇴한 농부

____

____

____

각 상황에 대해서 모든 사람들의 견해를 종합한 목록을 작성하라.

____

____

____

[연습 11] 파트너와 함께 모델링 회기를 계획하라. 다음 각 상황을 둘 또는 세 부분으로 나누어서 각 부분에 구체적인 행동이 포함되게 하라. 모든 세부사항, 즉 외모, 시점, 제스처, 자세, 동작의 순서, 용어, 목소리 톤, 얼굴 표정 등을 고려하라. 그런 다음 모델링의 각 부분을 실행하고 파트너와 당신이 한 것에 대한 피드백을 교환하라.

1) 일을 얻기 위해 직업소개 사무소에 들어가기

2) 다루기 힘들기로 소문난 학급 학생들과 처음으로 대면하기

3) 구입한 물건에 대한 불평 늘어놓기

4) 새치기한 사람 비난하기

[연습 12] 다음 각 상황에 대해 간단한 역할연기와 역할 바꾸기를 해 보라.

1) 어머니 — 귀가 시간을 더 늦춰 주기를 요구하는 딸

2) 노동자 — 더 많은 노동시간을 요구하는 감독관

____

____

____

3) 주부 — 물품을 판매하려는 외판원

____

____

____

4) 학업성적이 좋지 못한 학생 — 교사

____

____

____

5) 효력이 없는 약에 대한 불평을 하는 환자 — 간호사

____

____

____

6) 복지기관 접수자 — 도움을 청하는 지원자

____

____

____

7) 성직자 — 최근에 버림받은 부인

[연습 13] 2명씩 짝을 짓거나 소집단으로 위에서 기술된 이완훈련 10단계를 연습하라. 경험한 바를 논의하고 이완을 사용할 수 있을 만한 다른 용도들을 기술해 보라.

[연습 14] 상담자로서 내담자에게 다음과 같은 상황에 대해서 긍정적으로, 그리고 구체적이고 상세하게 생각하도록 하기 위해서 어떻게 할 것인지를 계획을 세워 보라.

1) 가족을 위해 특별한 저녁식사를 만들기

2) 편안한 상태로 잠자리에 들기

3) 월요일에 출근 준비하기

____

____

____

4) 정말로 마음에 들지 않은 친척과 일주일 동안 같이 있어야 하는 상황

____

____

____

[연습 15] 2명이 상담자–내담자로 짝을 지어서, 내담자가 1) 유쾌하고 재미있는 경험과 2) 매우 불쾌한 경험에 대해서 이야기하라. 상담자로서 내담자가 가능한 한 생생하게 각 경험을 자세히 기술하도록 도와주라. 각 경험의 세부 항목을 가장 약한 유쾌한(불쾌한) 상태부터 가장 강한 유쾌한(불쾌한) 상태 것까지 위계적으로 정리해 보라. 각 항목을 0부터 100까지의 척도에 분포시켜 보라.

____

____

____

[연습 16] 상담면접 축어록을 보고 상담자가 사용한 기술들을 확인해 보라. 당신 답을 다른 사람들의 답과 비교해 보라. 이러한 연습을 함으로써 지금까지 논의한 많은 기술들을 복습할 수 있고, 또 아직 확실히 잘 모르는 점

이 무엇인지를 알 수 있을 것이다.

[연습 17] 내담자의 허락하에 상담면접 내용을 녹음하라.

면접내용을 다음과 같이 분석하라.

1) 면접의 두 부분에서 15번 계속 상호작용한 내용의 축어록을 두 개 작성하라.

2) 어떤 상담기술을 썼는지, 의도하는 효과는 무엇이었는지, 실제 효과는 어떠했는지 등의 관점에서 축어록의 내용을 비판적으로 분석하라. 덧붙여서 상담기술을 사용하는 패턴과 전형적인 스타일이 있는지를 알아보고 면담의 과정에 영향을 준 부적절한 유도나 가정이 있었는지를 찾아보라.

[연습 18] 한 가지 또는 여러 가지 기술을 효과적으로 사용하는 것을 보여 주는 간단한 시청각 프로그램을 만들어라. 이 방법은 특정한 상담기술을 이해해서 사용하는가를 증명할 수 있는 매우 좋은 방법이다.

6

상담의 종결 단계

The ending always means another new beginning. Therefore it is very important for us to keep the biginner' s mind.

– Ann Young No –

1. 상담관계의 종결
   1) 의뢰
   2) 종결
2. 요약

〈상담 연습 VI〉 : 효과적인 종결기술

종결은 상담과정을 마무리하는 것으로 상담자와 내담자가 설정한 상담목표가 만족스럽게 달성됐다는 상호동의가 이루어졌을 때 일어난다. 다시 말하면, 내담자가 이제 더 이상 상담자의 조력 없이 자신의 힘으로 문제해결을 할 수 있다는 자신감을 갖게 될 때 상담이 종결된다. 물론 이전 단계 중에서 내담자가 문제해결이 안 된 상태에서 상담이 별로 도움이 안 된다고 생각할 때 내담자가 원하면 언제나 종결이 이루어질 수 있다. 그러나 정상적인 절차에서 종결은 내담자의 미해결 과제가 해결되어 상담관계를 마무리하는 것을 말한다.

한편으로 상담의 종결은 상담자와 내담자가 유지해 온 친숙한 관계를 청산하는 것을 의미한다. 따라서 종결이 적절하게 이루어지지 않으면 내담자는 심한 정서적 혼란을 경험할 수도 있다. 그러므로 상담자는 이별에서 비롯되는 내담자의 감정처리가 자연스럽게 이루어질 수 있도록 적절한 절차에 따라 상담을 종결해야 한다.

종결 단계에서 내담자는 상담회기들을 통해 자신이 얼마나 성숙했는가를 인식하고 획득한 지식과 기술을 바탕으로 다양한 상황에서 대처할 수 있다는 자신감을 갖는다. 상담활동에 대한 전반적인 요약과 평가를 하면서 내담자는 자신의 변화를 발견한다. 상담자와의 친숙한 조력관계를 청산하면서 이별의 아픔을 경험하지만 독립적인 삶을 위해 필요한 과정임을 인식한다. 그리고 상담관계를 마무리한 후의 새로운 방식의 삶에 대한 계획을 세운다.

종결 단계에서 상담자의 중요한 역할은 내담자가 설정한 상담목표가 달성되었는지를 확인하는 것이다. 만약 내담자가 해결하지 못한 어떤 과제가 있으면 상담자는 그 미해결 과제를 해결할 수 있도록 조력한다. 내담자의 변화된 상태에 대해 피드백을 제공한다. 상담 전 과정에 대한 요약과 목표달성에 대한 확인을 바탕으로 상담을 종결해도 괜찮은지의 여부를 최종 평가한다. 상담자는 친숙한 관계의 갑작스런 청산으로 비롯되는 내담자의 상실감을 인식하고 내담자의 특성을 고려하여 종결에 대한 준비를 해야 한다.

1. 상담관계의 종결

상담자는 의뢰 또는 종결로 상담관계를 끝낸다. 여기서는 상담자가 알아야 할 의뢰와 종결에 관련한 몇 가지 절차와 의무를 살펴보고자 한다.

1) 의뢰

만약 상담자가 내담자의 욕구를 충족시킬 수 없다고 판단된다면 내담자를 다른 기관이나 상담자에게 의뢰하는 것을 고려해 보아야 한다. 상담자가 내담자의 욕구를 주의 깊게 평가했다면 다음과 같은 원칙과 절차를 따라야 한다.

(1) 상담자는 먼저 다른 기관이 필요한 도움을 줄 수 있는지를 알아보아야 한다. 이를 위해서는 지역사회에 있는 조력기관(고용직업소개소, 거택보호소, 의료기관, 레크리에이션 단체, 재활기관, 교육기관 등)에 대한 철저한 정보, 즉 각 기관의 정책, 프로그램, 비용 그리고 한계점 등에 대해 알고 있어야 한다. 각 기관의 규칙과 모든 관련된 법적 의무를 아는 것 또한 중요하다.

(2) 적절한 기관이 선정되었으면 상담자는 그 기관에서 의뢰를 받아 줄 만한 사람과 그 사례를 논의해야 한다. 그러나 이때 내담자에 관한 비밀스런 정보는 노출하지 않도록 주의해야 한다.

(3) 의뢰하는 것이 적절하다고 판단되었다면 이제 내담자와 함께 이 문제를 논의해야 한다. 상담자는 내담자를 특정한 기관에 의뢰하기로 한 결정을 솔직하고 분명하게 설명해 주면서, 내담자가 의뢰에 대비하도록 해야 한다. 내담자에게 상담자의 제안에 대해 의견을 말해 보도록

하고, 가능하다면 실제 결정을 내리는 데 참여하도록 해야 한다. 만약 상담자가 내담자를 더 이상 도와줄 수 없다고 하면 내담자가 자신의 문제는 해결될 수 없다고 생각하는 등 부정적인 생각을 할 수도 있으므로 주의하여 제안해야 한다.

(4) 의뢰에 대한 동의가 이루어졌으면 내담자가 언제 어디로 가서 누구에게 도움을 요청할 것인지를 정확하게 알 수 있도록 확실히 준비해야 한다. 위탁기관을 찾는 첫날 상담자가 내담자와 동행해 주어야 할 경우도 있을 것이다.

(5) 상담자는 의뢰기관에 내담자에 관한 정보를 제공해 주는 데 주의해야 한다. 그 정보는 다음과 같은 내용들을 포함해야 한다.

① 내담자의 문제 또는 요구에 분명한 진술

② 지금까지 내담자에게 상담한 내용의 요약

③ 내담자에게 필요한 구체적인 도움에 대한 내용

④ 의뢰에 대한 내담자의 느낌 표시

(6) 의뢰가 끝난 후에 의뢰한 기관이 공동의 노력을 하자는 요청을 해오는 경우는 상담자는 그에 대한 준비를 해야 한다. 상담자가 그 사례에 계속 적극적으로 참여하든지 않든지 간에, 상담자는 그 기관으로부터 상담의 진척 정도에 관한 보고서를 토대로 해서 의뢰가 유효했는지를 평가해야 한다.

의뢰에 관한 결정을 할 때 상담자는 무엇이 내담자에게 가장 좋을 것인가에 대한 판단을 그 기준으로 삼아야 한다. 내담자의 의뢰에 대한 문제를 다루면서 상담자는 늘 개방적이고, 정직하고, 지지적이어야 하며, 항상 내담자의 동의하에서만 행동해야 한다.

2) 종결

상담관계의 종결은 상담과정 중 어느 때라도 이루어질 수 있다. 가장 일반적인 경우는 상담관계의 목적이 달성된 때일 것이다. 종결은 상담 시작 단계에서 단지 한 가지의 주제나 문제만 다루기로 동의한 경우나 또는 구체적으로 상담을 몇 회기를 하기로 동의했는지에 따라서 다르게 이루어질 수 있다. 아무튼 상담자는 내담자의 문제해결을 위해 적용해 왔던 상담전략의 결과에 대한 평가를 바탕으로 상담관계를 종결한다.

만(Mann, 1973)은 모든 치료요법에서 종결이 가장 어려운 것이라고 보았다. 왜냐하면 상실감은 실존과 관련된 문제이고 모든 사람이 대처해야 할 부분이기 때문이다. 그는 단기상담이든 장기상담이든 종결에 대한 준비와 계획에 대해서 매 회기마다 토론해야 한다고 했으며, 내담자에게 어느 과정쯤 와 있는가를 상기시켜 주어야 한다고 했다. 가령, "이번이 10회기입니다. 앞으로 2회기가 남았지요. 이제 거의 마지막으로 접어드는데 어떻습니까?"라고 말해 준다(주은선 역, 2001에서 재인용).

오쿤(Okun, 2002)은 일반적으로 상담관계의 종결이 다음과 같은 네 가지 방식 중 어느 한 가지 방식으로 이루어진다고 하였다(pp. 221-224).

첫째, 상담자와 내담자가 설정한 모든 목표가 달성됐다고 느낄 때 종결이 이루어진다. 이 종결 방식은 내담자가 의미 있는 관계의 상실 때문에 슬픔을 느끼지만 긍정적인 종결 방식이다. 상담자와 내담자는 모두 보통 슬픔을 느끼며 다가오는 상실감에 대한 작별 불안을 경험할 수 있다. 상담자는 내담자가 목표달성에서 비롯된 성장 및 만족 감정을 느끼면서 떠날 수 있도록 작별 감정을 탐색하고 공유할 수 있다. 상담자와 내담자는 서로가 마지막 만남을 언제 할 것인가를 알고 작별 감정을 논의할 충분한 시간을 갖는 것이 중요하다.

둘째, 상담목표가 아직 달성되지 않았지만 상담자가 종결을 주도하여 이루어진다. 이 방식은 학기가 끝날 때 학교에서 혹은 직원이 자주 바뀌는 기관에서 나타난다. 이 경우에 상담자는 다가오는 종결에 대해 내담자에게 알려야 하며 서로가 종결로 야기된 감정을 충분히 탐색하는 것이 중요하다. 내담자는 흔히 분노감과 거절된 기분을 느낀다. 상담자는 자주 죄의식 및 불편함을 느낀다. 이상적으로 상담자는 종결되기 전에 의뢰하는 것이 바람직하다. 만약 상담자가 내담자와 효과적인 관계를 이루어 왔다면 내담자가 다른 상담자와 효과적으로 작업하는 것이 훨씬 용이할 것이다.

셋째, 조력과정의 제3자가 종결을 요구하여 결정된다. 예를 들면, 건강보험회사는 평가를 위해 한 회기 혹은 두 회기를 허락해 준다. 상담자와 내담자는 상담관계의 본질, 목적, 목표에 동의하고 건강보험직원은 몇 회기가 허락됐는가를 상담자와 내담자에게 알린다. 이런 상황에서 몇 회기를 할 것인가는 전략의 선택과 이행에서 적응이 이루어질 수 있도록 전략 단계 이전에 혹은 전략 단계 중에 알려질 수 있다. 이러한 종결은 내담자의 최선의 이익이나 상담자의 전문적 판단에 따라서가 아니라 건강보험회사의 최선의 경제적 이득에 따라 이루어진다.

넷째, 내담자가 상담목표 달성 이전에 서둘러 상담관계를 종결시키는 방식이다. 이 경우에 내담자는 위협적 상황으로부터 도피하는 것일 수 있다. 그리고 상담자는 무력감과 부적절한 감정을 느낄 수 있다. 내담자가 성급한 종결을 원해 이루어지면 상담자는 이러한 성급한 종결이 누구의 문제인가를 결정하도록 노력해야 한다. 만약 내담자가 더 이상 상담받기를 거절하고 접근보다 회피를 선택하면 내담자의 문제일 수 있다. 반면에 상담자가 효과적인 조력관계를 발달시키지 못했거나 부적절한 전략을 선택한 경우는 상담자의 문제일 수 있다.

어떤 방식의 종결이건 간에 상담자는 내담자에게 긍정적 지지를 제공하고 조력의 필요가 미래에 발생하면 조력하는 데 관심이 있다는 것을 전달해야 한다. 위의 첫 두 가지 방식의 종결을 위해 와드(Ward, 1984)는 조력관계의 결과를 촉진하고 강화할 수 있는 네 단계를 다음과 같이 개념화하였다.

- 1단계의 개념 : 목표달성의 평가. 이 단계에서는 상담자와 내담자가 서로 호소하는 문제 혹은 증상이 감소되거나 제거됐는가를 알아보고 구체적으로 확인하기 위해 함께하는 과정이다.
- 2단계의 개념 : 상담관계 종결의 주제. 이 단계에서 내담자는 관계 종결과 관련하여 상담자와 상담관계에 대한 자신의 감정에 대해 이야기한다.
- 3단계의 개념 : 자기의존을 위한 준비와 학습의 전이. 이 단계는 미래에 대한 구체적 계획하기를 포함한다.
- 4단계의 개념 : 마지막 회기. 마지막 회기는 내담자가 새로운 시작을 위한 마음가짐의 준비가 절정에 이른 상태로 종종 가벼운 이야기나 좀 더 사회적 논의를 포함한다.

또한 넬슨-존스(Nelson-Jones, 2003)는 상담자와 내담자가 선택할 수 있는 다섯 가지 조력관계의 종결 형태를 다음과 같이 들고 있다(pp. 161-162).

- **확정된 종결** : 이러한 종결은 상담자와 내담자는 내담자의 문제를 해결하는 데 정확히 몇 회기를 상담할 것인가를 계약한 경우다. 확정된 종결(fixed termination)의 이점은 내담자의 의존성을 줄이고 내담자를 동기유발시켜 조력의 효과를 극대화할 수 있다는 점이다. 잠재적 단점은 내담자의 문제를 철저히 파악하기가 힘들며 내담자에게 필요한 기술을 철저히 훈련시키는 데 시간이 충분하지 않을 수 있다는 점이다.
- **목표를 달성한 경우의 합의된 종결** : 이러한 종결은 설정한 상담목표를 내담자가 충분히 달성했다고 상담자와 내담자가 동의할 때 상담관계가 끝나는 경우다.
- **소멸적 종결** : 이러한 종결은 조력관계를 점진적으로 끝내는 경우다.

예를 들면, 소멸적 종결(faded termination)은 일주일에 한 번씩 만난 상담회기를 2주일에 한 번씩, 그런 다음 한 달에 한 번씩 등으로 서서히 횟수를 줄여 가며 종결하는 경우다.

- **보조 회기를 가진 종결** : 이러한 종결은 상담관계가 종결된 일정 기간 후에 보조 회기(booster session)를 갖는 것이다. 보조 회기의 목적은 새로운 기술을 가르치기 위해서가 아니라 터득한 기술을 공고히 하는가에 대한 내담자의 진전을 확인하고, 내담자를 동기화시키고, 실제상황에서 터득한 기술을 적용하는 데 따르는 어려움을 극복하도록 내담자를 조력하는 것이다.
- **후속만남을 계획한 종결** : 이러한 종결은 종결 후에 상담자가 내담자와 전화, 서신, 전자 우편 등을 통해 후속만남을 계획하는 경우다. 이 경우에 전화와 서신 등은 보조 회기와 같은 기능을 수행한다.

종결 단계에서 상담자는 내담자가 혼자서 문제에 대처할 준비가 되어 있는지를 평가해 보는 것 외에도 본인 스스로의 반응에 대해 자각하고 있어야 한다. 어떤 상담자라도 기꺼이 즐거운 마음으로 협력했고, 많은 진전이 있었고, 그래서 더욱 감사를 표현하는 내담자와 더 이상 만나지 못하게 된 것에 대해 서운함을 느낄 수 있을 것이다. 그러나 종결 여부의 적절한 판단 준거는 역시 내담자에게 최선의 이익이 되느냐 하는 것이다. 내담자에게 가장 좋은 것은 조만간 상담자로부터 독립하는 것이다. 종결 단계는 상담자가 가능하다면 내담자와 함께 상담에서 무엇이 일어났는지를 재검토해 보고 요약하면서 시작되어야 한다. 여기에는 상담의 원래 목적과 결과, 경과한 시간도 언급될 것이다. 상담을 끝낼 때 사용할 수 있는 적절한 말은 '내 도움이 필요하면 다시 찾아오시오.' 라는 것이다. 이때 상담자는 내담자가 스스로 문제에 대처할 수 있는 능력에 대해 확신하기 때문에 더 만나지 않아도 될 것이라는 기대를 표현해 주어야 한다.

힐과 오브라이언(Hill & O'Brien, 1999)은 상담을 종결하는 효과적인 주요 세 단계를 다음과 같이 언급하였다(주은선 역, 2001). 먼저 과거를 돌아보도록 한다. 상담자는 그동안 배운 것과 변화된 것을 복습해 주고 내담자는 상담에서 가장 도움이 되었던 점과 도움이 되지 않았던 점에 대해서 말한다. 상담자는 내담자의 변화를 굳건히 하고 성취감을 느낄 수 있게 해 준다. 다음으로 미래에 대한 이야기를 한다. 상담자와 내담자는 종료 날짜를 정하고 미래 계획을 토론하고 상담 기간이 더 필요한지에 대해 다룬다. 상담자는 내담자의 현재 문제를 명확히 하고, 문제를 어떻게 다루는지 알려 주며 변화를 이루기 위해 어떤 지원을 받을 수 있는지 명확히 해 주는 것이다. 마지막으로 종료에 대한 각자의 느낌을 말하고 작별인사를 하게 된다.

2. 요약

상담자는 상담관계의 시작과 더불어 설정한 상담목표를 어떻게 달성할 것인가와 더불어 종결에 대한 준비를 해야 한다. 정상적인 절차에서 종결은 내담자의 미해결 과제가 해결되어 상담관계를 마무리하는 것을 의미한다. 상담의 종결은 상담자와 내담자가 유지해 온 친숙한 관계를 청산하는 것을 의미하기 때문에 내담자는 심한 정서적 혼란을 경험할 수도 있다. 따라서 상담자는 이별에서 비롯되는 내담자의 감정처리가 자연스럽게 이루어질 수 있도록 적절한 절차에 따라 상담을 종결해야 한다.

상담관계의 종결은 다양한 이유로 상담 시작 후 언제든 발생할 수 있다. 이 장에서는 상담관계의 종결과 관련한 내용으로 의뢰와 종결에 대해 살펴보았다.

효과적 조력을 위한

〈상담 연습 VI〉: 효과적인 종결기술

[연습 1] 우리 각자는 소중하게 여겨 왔던 물건, 동물, 사람과의 결별 혹은 이별을 하며 생을 영위한다. 상담자로서 당신이 경험했던 의미 있는 결별을 회상해 보라. 그리고 그러한 결별에서 비롯된 감정을 다시 느껴 보라. 이러한 자신의 결별경험을 다른 동료와 짝을 지어 얘기해 보라.

____

____

____

[연습 2] 상담자로서 상담관계를 종결해야 할 때 고려해야 하는 다양한 내용이 있다. 아래 제시된 각각의 내용의 대한 중요성과 타당성을 2~3명씩 짝을 지어 진지하게 논의해 보라.

1) 내담자의 자기보고

____

____

____

2) 상담자의 관찰내용

3) 제3자(예를 들면, 내담자의 부모)의 피드백

4) 상담목표의 달성 여부

5) 위에서 언급하지 않은 다른 요인들

[연습 3] 상담관계를 종결하기 위한 형태 중에서 '확정된 종결'과 '목표를 달성한 경우의 합의된 종결'에 대한 장점을 2~3명씩 짝을 지어 진지하게 논의해 보라.

[연습 4] 상담자가 내담자의 욕구를 충족시키지 못할 때는 내담자의 욕구를 충족시킬 다른 상담자에게 그를 의뢰해야 한다. 당신이 초보상담자라 가정하고 당신의 상담기술로 다루기 힘든 성폭력을 받은 내담자를 어떤 과정을 거쳐 의뢰할 것인가를 동료 상담자에게 얘기해 보라.

[연습 5] 내담자들은 그들에게 값진 시간과 돈을 투자하여 상담에 참여한다. 상담자로서 당신이 6개월 동안 총 24 상담회기를 통해 부적절한 내담자의 행동습관(흡연, 음주, 도벽 등)을 수정하기 위한 상담을 성공적으로 수행했다고 가정하자. 상담의 마지막 회기라 가정하고 두 사람씩 짝을 지어 상담자－내담자의 역할을 상담효과의 유지 혹은 재발 방지에 관련한 내용을 고려하여 수행해 보라.

[연습 6] 당신이 속한 지역사회에 조력활동을 수행하는 다양한 상담기관들로 어떤 기관들이 있는지 확인해 보고 전화번호 목록을 작성하라. 그러한 기관에서 수행하는 상담서비스가 무엇인지 구체적으로 목록을 작성해 보라. 내담자를 의뢰해야 할 경우에 이러한 자료를 활용하는 방안을 토의해 보라.

[연습 7] 먼저 두 명씩 짝을 지어라. 각자가 지난주 중에 누군가를 만나서 교류했던 5~10개의 인간관계를 확인하라. 그러한 인간관계가 어떻게 끝났는가, 누가 혹은 어떤 일이 관계를 종결시켰는가, 당신은 어떤 감정을 느꼈는가 등을 상대방에게 기술하라. 이러한 상호교류가 전화로, 직접 사람을 만나서, 혹은 편지로 있었을 수 있다. 다음 주 중에 당신이 어떻게 전화를 끊는가와 개인적 만남을 어떻게 끝마치는가를 보다 잘 자각하려고 시도해 보라.

[연습 8] 어떤 상담전문가들은 상담자가 직면하는 각 상담회기 종결을 '작은 죽음' (a mini-death)이라고 믿는다(Maholick & Turner, 1979). 이처럼 면담의 종결을 죽음과 비교한 것이 다소 극적이지만, 이러한 비교는 종결이 우리 삶속에서 얼마나 중요한지를 지적한 것이라고 본다. 당신의 상담경험을 바탕으로 상담회기의 종결과 상담관계 종결의 중요성에 대해 2~3명씩 짝을 지어 진지하게 논의해 보라.

---

7 상담기술 적용에 따른 고려사항

Wisdom I define as knowledge plus the awareness of its limitations.

-Victor E. Frankl-

상담자는 자신이 배운 다양한 상담기술을 내담자에게 적용하여 내담자의 삶의 질을 향상시키는 전문적 활동을 수행한다. 상담자가 이러한 역할을 수행할 때 내담자의 안녕과 자신의 복지를 위해 고려해야 할 사항들이 있다. 기본적으로 상담자는 전문적 활동을 할 때 상담자로서 지켜야 할 윤리적 원리에 충실함으로써 내담자를 보호할 뿐만 아니라 자신을 법적으로 보호할 수 있다는 점을 명심해야 한다. 이 장에서는 상담기술을 적용할 때 고려할 사항을 세 영역, 즉 가치문제, 상담기술을 적용할 수 있는 상황들, 상담자의 능력개발로 구분하여 살펴보고자 한다.

1. 가치문제

1) 상담을 해야 하는가

상담을 시작하기 전에 상담이 당면한 특정 상황에 적절한지 의문을 가져야 함은 당연하다. 왜냐하면 음악, 연극, 신체활동, 약물치료나 명상과 같은 다른 조력수단들이 더욱 적절할지도 모르기 때문이다. 상담을 할 것인지 말 것인지를 결정할 때 고려해야 할 가장 중요한 것은 내담자의 복지와 권리다. 내담자가 상담을 원하는지가 최우선적으로 고려되어야 한다. 그러나 만약에 내담자가 비행청소년인 경우이거나 또는 내담자의 생활이나 건강이 위기상황에 직면해 있다면 반드시 내담자의 뜻에 얽매일 필요는 없다.

상담자는 내담자를 변화하도록 도와주는 것이 그의 가족관계를 변경시키고 그가 지금까지 가족 내에서 해 왔던 역할(예 : 속죄양의 역할)을 새롭게 하도록 엄청난 압력을 가하는 결과를 초래하기도 한다는 점을 깨닫지 않으면 안 된다. 상담자는 가족 패턴을 변경시키는 것에 대해 주의해야 한다. 왜냐하면 한 사람을 변화시키면 가족 내의 다른 사람들에게 영향을 미치기 때문이다. 또 상담자는 자신이 내담자에게 도덕적, 종교적 또는 사회-경제적 입장을 나타내 보일 수 있다는 점을 유념해야 한다. 강력한 영향력을 가진 상담자가 내담자로 하여금 그가 진정으로 원하지 않는 것을 받아들이도록 부적절하게 영향력을 행사할 가능성이 있기 때문이다.

또한 상담자는 다른 사람들이 선택할 수도 없고 도달할 수도 없는 높은 수준의 개인적 기능을 요구할지도 모른다. 상담자는 내담자에게 엄청난 정신적 고통에 대처할 것을 요구하고 있을 수도 있다. 어떤 의미에서 그 과정은 수술과 비슷할 수도 있다. 환자들은 수술에 대한 설명을 듣고 나서 수술을 승낙하거나 거절할 권리를 갖고 있다. 상담을 원하는 내담자들도 이와 비슷한 권리를 가져야 한다.

2) 상담자의 가치와 상담에서 가치갈등

인간은 각자가 가치 및 신념을 갖고 있으며 자신의 가치 및 신념에 따라 행동한다. 상담에서 가치의 문제는 중요하다. 왜냐하면 많은 경우에 도움을 받기 위해 찾아온 내담자는 심리적으로 문제가 있어 올바른 판단을 내리지 못하기 때문이다. 상담에서 상담자의 일거수일투족은 내담자에게 영향을 미친다. 따라서 상담자는 자신도 모르게 자신이 가진 가치를 내담자에게 전달할 수 있다. 이런 이유로 상담자는 자신의 가치에 대한 인식은 물론 내담자에게 미칠 영향에 대해 항상 유의해야 한다. 상담자는 자기탐색과정을 통해 자신의 가치가 상담에 영향을 미치는 방식을 고찰하는 것이 필요하다. 상담은 상담자가 내담자에게 올바른 방식으로 행동하거나 느끼도록 설득하는 주입식의 형태가 아니다. 상담은 설교나 교수(수업)의 동의어가 아니다.

상담의 실제적 측면에 돌입하게 되면 상담자는 다양한 가치갈등의 사태에 직면하게 된다. 상담자는 가치중립적이어야 하며 그러한 태도가 올바른 상담자의 태도라는 견해도 있지만, 현실적으로 상담이라는 활동에 참여한 상담자가 가치중립적인 입장을 취하는 것은 불가능하다. 따라서 상담자는 가치중립을 지키려고 노력하는 것보다 다음과 같은 자세를 갖는 것이 필요하다.

첫째, 상담자는 가치문제에 대한 다양하고 유연한 자세를 견지할 필요가 있다.

둘째, 상담자는 내담자에게 자신의 가치를 주입하거나 강요해서는 안 되며, 자신도 모르게 이러한 일이 일어날 수 있는 것에 대한 자기자각이 필요하다.

셋째, 상담자와 내담자가 현격하게 다른 가치 기준을 가진 경우, 상담자는 가능한 한 그러한 기준에 대한 논란을 피하고 상담의 본래 목적에 충실하는 것이 바람직하다.

넷째, 부득이 상담자와 내담자의 가치가 달라서 원만한 상담활동이 어렵다고 판단되면 조심스럽게 다른 상담자나 수퍼바이저에게 의뢰해야 한다.

다음은 상담자와 내담자 간에 가치 유사성 혹은 가치 차이의 문제를 일으키는 주제들이다. 이런 유사한 주제와 관련해 상담자가 어떤 입장을 취하고 있는가를 아는 것이 반대 가치를 가진 내담자와 무엇을 할지 결정하는 데 도움이 될 것이다(Brems, 2001, pp. 39-46).

가치와 관련되는 상담 주제

- 낙태
- 동물권리
- 산아제한
- 아동학대
- 자살
- 일하는 부모
- 범죄 활동
- 다이어트 선택
- 노인학대
- 건강관리 선택방법
- 안락사
- 직업선택
- 아동 양육태만
- 체중과 체중감소
- 교육에 대한 열망
- 죽음
- 가정폭력
- 폭력집단

- 종교의식
- 불임
- 결혼과 동거
- 부모역할
- 정치
- 인종차별주의
- 성적 지향
- 약물남용
- 전통적 성역할 지향
- 종교적 선호
- 친밀한 관계에서의 권력문제
- 조직화된 종교
- 개인적 책임감
- 혼전 성관계
- 남녀차별주의
- 성행위의 관습
- 선택에 의해 자식을 갖지 않음
- 불안전한 성행위

이러한 모든 가치 관련 주제에 대해 개인으로서 상담자는 나름대로 입장을 가진다. 따라서 상담자는 가치와 관련된 많은 주제에 대해 내담자와 일하기 전에 나름대로 명료화하는 것이 필요하다. 가치 명료화 과정은 탐색, 선택, 행동의 세 단계로 이루어진다.

첫째, 가치가 개입되는 영역을 탐색한다. 사실상 인간 삶의 모든 측면이 가치와 관련되어 있는 영역이다.

둘째, 일단 영역과 옵션이 탐색되면 선택이 이루어진다. 물론 이는 안정된 과정은 아니며 사람은 마음을 바꿀 권리가 있다. 그러나 최소한 상담자가 지금 이 순간 어디에 서 있느냐를 생각하는 것은 중요하다. 숙고한 후에도 확고한 입장이 없다면 그것 또한 입장이다. 그것은 단순히 상담자가 아직 결정을 못했다는 의미이고 상담 중에 어떻게 반응할지를 알아야 한다.

셋째, 일단 가치에 대한 결정이 이루어지면 일치되게 행동하는 것이다. 어떤 가치를 명료화하는 것은 상담자가 자신과 내담자의 가치가 갈등하고 문제를 야기할 때 이런 경우를 빨리 자각하는 데 도움이 된다. 내담자가 강력하게 반대 입장에 설 때 상담자가 다른 데로 내담자를 소개해야 할 가치가 있을 수 있다. 예를 들면, 생명의 불가침성을 확고히 믿는 상담자는 모든 자살을 반대하므로 안락사를 준비하는 내담자를 돕는 데 커다란 어려움이 있다.

로저스(Carl Rogers)가 지적한 것처럼 인간은 가치덩어리이며 가치화 과정에 있다. 따라서 상담활동 자체는 대부분 가치와 관련되며 상담 상황에서 상담자와 내담자 간의 가치갈등은 피할 수 없는 필연적 과정으로 나타난다. 그러므로 상담자가 가치갈등에 현명하게 대처하는 것이 요구된다. 상담자가 내담자와의 가치갈등에 대처하기 위해서는 다음과 같은 일반적인 지침을 따르는 것이 도움이 될 수 있다.

1. 모든 사람은 자신의 양심을 따를 권리를 갖고 있다.
2. 자신에게 진실하기 위해서는 상담자는 자신의 사회적, 도덕적, 영적 가치로부터 자신을 분리해서는 안 된다. 상담자는 이러한 가치에 대한 권리를 갖고 있다. 그러나 상담자는 자신을 알아야 하고, 자신의 가치를 알고 그 가치들에 대해 정직해야 한다.
3. 상담자가 해야 할 일은 내담자가 자신의 가치를 합리적으로 검토하고, 스스로 결정하고(해로운 극단적인 결정은 피하는 것이 좋다), 또 자신의 정체성을 확립하도록 도와주는 것이다.
4. 젊은 사람들은 거짓된 가치를 특히 재빨리 꿰뚫어 보고 이중적인 기준에 도전한다. 상담자는 상담 기관과 자신의 동료를 무조건 방어하기보다는 내담자들의 주장 속에서 정당한 것을 정직하게 인정해야 한다. 내담자에게 그 체제에 도전하는 적절한 방법을 가르쳐줄 수 있다.
5. 상담자는 자신의 가치를 내담자에게 강요할 권리를 갖고 있지 않다.
6. 상담자의 입장은 판단하는 입장이 아니다. 또 상담자의 기능은 벌이나 면죄부를 주는 것이 아니라 내담자로 하여금 어떤 태도나 기준, 그리고 행위에 대해 객관적으로 평가하도록 격려하는 것이다.
7. 많은 내담자들은 자신이 판단받고 있을 것이라는 기대와 불안을 갖고 있다. 그들은 자신의 도덕규범이나 가족의 도덕규범 또는 사회의 도덕

규범을 위반했기 때문에 이미 죄의식을 느끼고 있다. 내담자들의 행동을 일탈적인 것으로 간주할 필요가 없다고 하면서 이러한 갈등의 실체를 부정하는 것은 도움이 되지 않는다.

8. 상담자는 고립적으로 업무를 수행하지 않는다. 상담자는 일종의 사회기관이다. 그래서 법률과 사회의 기본 가치체계 내에서 활동할 것으로 기대된다. 그의 활동영역은 정부 부서 내의 사회사업가의 경우처럼 매우 좁게 정해질 수도 있고, 일반적인 청소년지도자의 경우처럼 넓게 정해질 수도 있다. 그러나 어느 정도의 범위가 적절한가에 대한 결정이 이루어져야 한다.
9. 만약에 판단을 해야 할 경우가 있다면 판단되어야 할 대상은 행동이 되어야지 결코 사람이 되어서는 안 된다. 가치문제는 상담과정에서 매우 중요한 핵심 사항이다.

다음에 제시한 로키츠(Rokeach, 1973)가 확인한 중심적 삶의 가치는 가치 명료화를 시도하는 상담자들이 탐색할 수 있는 몇 가지 개인적 자기자각 영역을 제공해 준다. 중심적 삶의 가치 항목은 로키츠가 필수적이고 중심적 삶의 가치로 확인한 36가지 가치에 근거한 것이다. 절반은 도구적 가치, 절반은 궁극적 가치를 나타낸다. 상담자는 도구적 가치의 경우에 연속선상에서 개인의 선호가 어디쯤인지를 명확히 할 수 있다. 예를 들면, '야망 있는' 에서, '야망 없는' 까지 연속선상에서, 1 = '매우 야망 있는' 7 = '전혀 야망 없는' 등으로 범위를 수치화할 수 있고, 이는 적용되는 삶의 영역에 따라 일, 가정생활, 취미 등을 야망 같은 하위범주로 나눌 수 있다. 로키츠가 확인한 가치 목록이 상담자가 명확히 해야 할 유일한 가치는 아니지만 자기탐색의 시작점으로 고려하면 도움이 되리라 본다(Brems, 2001, pp. 47-48).

로키츠(Rokeach)의 중심적 삶의 가치

도구적 가치	궁극적 가치
야망 있는 대 야망 없는	안락한 생활
넓은 마음 대 좁은 마음	성취감
능력 있는 대 무능한	평화의 세계
깨끗한 대 불결한	미의 세계
용기 있는 대 겁이 많은	활기찬 생활
용서하는 대 용서하지 않은	평등
도움 되는 대 도움 되지 않는	가족안전
정직한 대 부정직한	자유
상상력이 풍부한 대 상상력이 없는	건강
독립적 대 의존적	내적 조화
지적인 대 지적이지 않은	성숙
논리적 대 비논리적	국가안정
애정이 깊은 대 애정이 없는	기쁨
충실한 대 불충실한	구원
순종하는 대 순종하지 않는	자아존중
공손한 대 무례한	사회적 인정
책임 있는 대 무책임한	진실한 우정
자기통제적 대 충동적인	지혜

3) 비밀보장

상담관계는 신뢰에 바탕을 둔 사적인 것이기 때문에 내담자가 비밀을 보장받을 수 있는 권리는 기본적인 것으로 간주된다. 비밀보장이란 상담 중에 내담자가 노출한 내담자에 관한 어떤 정보에 대해서도 비밀을 지키는 것을 의미한다. 불행히도 인간의 오류 가능성, 상담자 간 협의 그리고 기관 내 정보 공유 또는 정보누설에 대한 내담자의 허락 등 때문에 완벽한 비밀보장을 하기는 아마 어려울 것이다.

대부분의 내담자들은 상담자와 신뢰감을 공유하고 있다는 믿음에서 자신의 상황, 과거 그리고 내적 감정에 대한 정보를 노출한다. 왜냐하면 도움을 얻기 위해서도 정보 노출이 필요하기 때문이다. 내담자들은 그러한 정보가 비밀에 부쳐질 것이라는 점에서 상담자를 믿는다. 한계가 있기는 하겠지만 비밀보장은 반드시 존중되어야 한다.

비밀보장과 관련하여 일반적으로 권장할 만한 지침은 다음과 같다.

첫째, 내담자는 비밀보장과 관련하여 자신이 어떤 위치에 있는지를 알아야 한다. 예를 들어, 만약에 상담기관 내에서 사례연구의 발표 사례로 정해졌다면 내담자에게 이 점을 알려 주어야 한다.

둘째, 다른 기관에 위탁하거나 다른 가족구성원의 조언을 구하는 것이 적절하다고 생각되면 먼저 내담자의 허락을 구해야 한다.

셋째, 내담자가 어떤 특정한 노출 사항에 대해 비밀보장을 특별히 요구하면 이는 꼭 존중되어야 한다.

넷째, 만약에 법률이나 내담자의 생활상의 위험 때문에 비밀을 지킬 수 없는 경우는 가능한 한 빨리 내담자에게 이 사실을 알려 주어야 한다.

다섯째, 면담 내용은 최소한의 것만 기록해야 한다. 즉, 특정 기관의 상황에 꼭 필수적인 것만 적어야 한다. 기록한 내용은 잠금 장치로 보관해야 하고, 비밀보장을 할 수 있는 자격이 있는 사람에게만 보일 수 있다. 그리고 기록된 내용은 상담관계가 종결되면 폐기하여야 한다.

여섯째, 비밀보장에 대한 어떤 말보다도 비밀보장이 된다고 느낄 수 있는 분위기가 훨씬 더 중요하다. 예를 들어, 면담 중에 기록이 꼭 필요하다면 기록되고 있는 내용을 내담자가 볼 수 있게 하거나 내담자에게 기록을 하게 할 수도 있다. 그렇게 하면 비밀보장은 내담자에게 새로운 의미를 갖는다.

일곱째, 비밀보장은 전문가 윤리규약의 하나로서 신봉되어야 한다.

4) 신체적 접촉

또 다른 윤리적 문제는 상담자와 내담자 간의 신체적 접촉에 관련된 것이다. 어떤 상담자들은 가끔 내담자의 손을 잡는다든지, 내담자의 어깨에 팔을 두른다든지 심지어 내담자를 껴안기도 한다고 말한다. 문제는 그러한 행동이 내담자를 돕는 수단으로서 윤리적이고 전문적으로 정당화될 수 있느냐다.

병원과 같은 기관에서는 학교에서보다 상담자와 내담자 간의 신체적 접촉이 비교적 더 잘 받아들여진다. 심지어 동일한 기관에서도 어떤 상황에서는 다른 상황에서보다 더 정당화되기도 한다. 즉, 단지 논리적인 토론이 중심이 되는 면접상황보다 심한 정서적 혼란을 가져오는 면담과 같은 경우에 보다 더 정당화될 수 있다. 마지막으로 어떤 상담자–내담자 사이에서는 다른 상담자–내담자 사이보다 신체적 접촉이 더 잘 수용되기도 한다. 예를 들면, 여자 상담자와 소녀 내담자의 경우가 남자 상담자와 소녀 내담자의 경우보다 수용이 더 잘 된다. 규준이 변화되고 있기는 하지만 아직도 여자 상담자가 남자 내담자와 여자 내담자 모두에게 그러한 신체적 접촉을 더 자연스럽고 효과적으로 하는 것처럼 보인다.

내담자가 상담자와의 신체적 접촉을 통하여 자신의 문제(상담의 목적)를 해결하는 데 도움받을 수 있는 상황도 많다. 반면에 의학적인 상황이 아닌 경우에서는 신체적 접촉을 하는 데 아직도 위험요소가 남아 있다. 그러므로 상담자는 '신체적 접촉 문제가 언제 제기되고, 그러한 접촉을 통해 내담자의 욕구가 어떻게 충족될 것인가?' 를 늘 자문해 보아야 할 것이다.

2. 상담기술 적용의 상황

지금까지 상담자가 내담자와 일대일로 만나 개인상담을 하는 상황을 가정하고 여러 가지 상담기술들에 대해 기술하였다. 그러나 앞에서 살펴본 상담기술들은 이와는 다른 상황에서 내담자를 돕는 사람들에게도 매우 유용할 것이다. 그 대표적인 세 가지 상황에 대해서 간략히 살펴보고자 한다.

1) 집단상담

집단이란 그 속에 포함된 사람들이 각자 자신을 개인으로 인식하고 다른 사람들을 집단의 구성원으로 인식하고 있는 사람들의 모임이다. 그리고 집단에는 사람들이 참여하게 된 공통의 이유가 있다. 비슷한 욕구와 문제를 가지고 있는 소수의 내담자를 집단으로 모아서 하는 집단상담은 대부분의 경우에 개인상담만큼 효과적이다. 집단상담에 일부 한계가 있기는 하지만 개인상담보다 나은 장점을 몇 가지 제시하면 다음과 같다.

① 상담자의 시간과 기술을 보다 경제적으로 사용할 수 있다.
② 개인상담에 비해 상황이 보다 자연스럽고 현실적이다.
③ 내담자들은 자신의 문제가 자기에게만 있는 것이 아니라는 점을 알게 된다.
④ 내담자는 문제를 다루기 위한 대안적인 방법과 그 결과를 관찰할 수 있는 직접적인 기회를 가질 수 있다.
⑤ 내담자는 안전한 상황 속에서 새로운 행동을 시도해 볼 수 있는 기회를 가질 수 있다.
⑥ 다른 사람들을 도와줌으로써 내담자는 다른 사람의 도움을 더 잘 받아

들일 수 있다.

⑦ 집단의 규범을 내담자에게 해석해 줌으로써 집단의 힘으로 내담자가 계속해서 부정적 행동을 하는 것을 제어할 수 있다.

⑧ 집단의 실제성과 즉시성은 토론의 효과를 증진시킨다.

⑨ 긴장이 완화될 수 있다.

모든 상담집단은 다음과 같은 두 가지의 목적을 갖는다.

① 어떤 특정한 일을 성취하기 위한 것
(예 : 사회적 기술을 배우기 위해서, 전문적인 발달을 촉진하기 위해서)

② 집단구성원들의 욕구, 특히 정서적 욕구에 대처함으로써 집단 그 자체를 유지하기 위한 목적

집단에 한 명의 정해진 리더가 있든지, 집단구성원들이 공동으로 리더의 역할을 맡든지 간에 상담기술들을 사용함으로써 집단기능을 촉진할 수 있다. 자기소개 준비, 정보 제공, 명료화, 진술 확대하기, 요약하기, 집단 일치성 검증하기와 같은 기술을 사용함으로써 집단이 그 목적을 달성하도록 도울 수 있다. 또 격려, 집단의 갈등 해결 조력, 참여 촉진, 합의, 기준 설정 등의 기술은 집단으로 하여금 집단의 정서적 상태를 유지하고 집단의 과제를 수용하도록 돕는 기술이다. 지도자가 해야 할 또 다른 필수적인 과제는 집단으로 하여금 때때로 무엇이 이루어지고 있는가를 검토해 보도록 돕는 것이다.

집단의 목적이 무엇이든지 간에 리더가 집단의 발달단계를 알고 있으면 집단의 목적을 훨씬 더 잘 달성할 수 있고, 집단구성원들의 만족감도 높아질 가능성이 많다. 집단의 발달단계는 개인상담에 대해 기술했던 세 가지 단계인 시작 단계, 유지와 발전 단계, 계획의 수립과 실행 단계와 매우 비슷하다.

시작 단계에서는 관계에 대한 시험적인(임시적인) 검토가 시작된다. 이 단계에서는 집단의 특성, 집단 내에서의 구성원의 위치, 리더의 역할 그리고 논

의할 주제 등을 분명하게 하려는 시도가 이루어진다. 두 번째 단계에서 집단구성원들은 집단의 한계를 정하고, 각자의 역할을 철저히 하고 또 활동 방식을 협의한다. 마지막 단계에서는 집중적인 의사소통, 감정의 표현 그리고 해결방안의 산출이 이루어진다. 이 마지막 단계에서는 하나의 하위 단계를 따로 분리시키면서 끝나게 되는데, 이 하위단계에서 참여자들은 서로가 집단생활의 따스함과 깊이에 공헌한 데 대해 감사하고 집단을 떠나는 대비를 한다. 이미 잘 형성된 집단은 바로 세 번째 단계에 활동을 집중할 수 있으나, 이제 새로이 형성된 집단은 보통 충분한 시간과 능력 있는 리더십이 있어야 활동이 효과적으로 이루어질 수 있다.

상담자는 다음과 같은 몇 가지의 기본적인 규칙을 알아 두면 집단이 보다 잘 기능하도록 도울 수 있다.

① 일반적으로 과거보다 현재를 다루는 것이 보다 생산적이다.
② 신뢰감이 유지되기 위해서 집단구성원들이 각 집단원에 대한 사적인 사항들을 집단 밖의 사람들에게 전해서는 안 된다.
③ 각 참여자들은 어느 정도로 자신의 사적인 사항을 노출할 것인지를 자유롭게 결정할 수 있다.
④ 각 참여자들은 자신이 집단 내에서 한 행동에 대해 책임을 진다.
⑤ 각 참여자들은 다른 집단원이나 집단 전체를 대신해서가 아니라 자기 스스로 말하도록 격려받아야 한다.
⑥ 모든 집단구성원들은 다른 집단원의 감정을 판단하기보다는 수용해야 한다.

만약 집단구성원들 간의 관계가 온정적이고 수용적이며 위협적이지 않다면, 집단구성원들이 자신과 다른 사람, 그리고 집단이 어떻게 움직이는지에 대해 협동해서 학습할 준비가 되어 있다면, 집단은 효과적으로 작동할 가능성이 훨씬 높아진다. 모든 집단구성원들은 규칙적으로 참여하겠다는 자발적인 책임의식을 가져야 하며, 또 모두 리더의 역할을 공동으로 맡는다는 점에 대해 자유롭게 느껴야 한다. 경험은 도전적이고 시도해 볼 만한 가치가 있는 것이어야 한다. 마지막으로 집단이 행한 것에 대한 평가과정은 집단의 전체 과정의 하나가 되어야 한다.

집단활동이 효율적으로 이루어지도록 하기 위해 집단구성원이 공헌할 수 있는 방법은 많다. 자신의 생각이나 정보 또는 의견을 제공하고, 감정을 노출하며, 타인의 말을 주의 깊게 경청하고, 다른 사람을 격려하고, 피드백을 주고받고, 리더의 역할을 함께 떠맡을 자세가 되어 있는 것들은 모두 집단활동에 도움이 되는 것이다. 지정된 리더는 집단구성원들 간에 이루어지는 토론의 내용에도 주의를 기울여야 할 뿐만 아니라 집단의 분위기와 각 개인이 갖는 느낌에 대해서도 민감해야 한다. 리더는 자리를 정리하고 소개를 하면서 토론을 시작할 것이다. 그런 다음 집단구성원들이 집단의 규칙을 분명히 알도록 하고, 토론 과정을 통제하거나 지배하지 않으면서 토론을 촉진시키고 질문하고 반응을 해석하며, 또 집단구성원들로 하여금 집단의 발전 과정을 평가하도록 도울 것이다.

상담자는 앞의 여러 장에서 기술했던 개인 상담기술들을 집단 활동에 적용하는 주요 기술들로 삼아야 할 것이다. 집단 리더의 역할을 할 때 상담자는 모델링과 함께 이러한 기술들을 사용하면 크게 도움이 될 것이다. 즉시성을 한 예로 생각해 볼 수 있다. 만약 집단의 흐름이 겉으로 드러나지 않는 내면적인 감정으로 막힌 것 같으면, 리더는 다음과 같이 말할 수 있다. “나는 지금 불만스러워요. 그리고 여기에서 어떤 저항이 느껴지네요. 길동 씨, 나는 당신이 마지막에 한 말에서 당신이 현재의 진행과정을 곤혹스러워하는 것이 아닌가 하는 궁금한 생각이 들어요.” 이 예에서 리더는 곤혹스러워하는 감정을 조용히 공개적으로 언급하고 나서 집단구성원에게 반응을 하도록 직접 요청함으로써 다른 집단구성원들이 그들의 감정을 표현할 길을 열어 주고 있다. 개인상담에서와 마찬가지로, 집단 내에서의 감정과 진행과정에 대한 공개적인 토론이 시간 낭비가 되는 경우는 거의 없다.

만약에 모의게임과 같은 구조화된 연습을 이용한다면 리더는 다음과 같은 점들을 알아야 할 필요가 있다.

① 구조화된 연습은 단지 학습을 격려하기 위한 기제일 뿐이다. 구조화된 연습이 집단에 대해서 갖는 가치는 연습 그 자체에 있다기보다는 연습을 통한 상호작용과 그 후의 토론에 있다.
② 활동은 집단의 관심사와 필요와 능력에 적절한 것을 선택해야 한다.
③ 구조화된 연습을 할 때는 집단구성원들의 읽기능력과 구술능력이 고려되어야 한다.
④ 진행 순서는 비교적 위협이 적거나 정서적 활동이 적게 요구되는 것을 먼저 연습하고 점차 더 큰 개인적 위험을 포함하는 활동을 연습하는 것이 도움이 된다.
⑤ 연습내용을 다양하게 하는 것이 바람직하다.
⑥ 집단이 구조화된 연습이나 전반적인 토론을 하는 동안에 집단구성원들 중 한두 사람을 지명하여 관찰자로 행동하도록 하면 도움이 될 것이다. 관찰자는 각 집단원이 공헌한 횟수를 단순히 기록하거나, 집단이 잘 기능하도록 하는 행동과 그렇지 않은 행동들의 목록을 만들 수도 있다. 또는 그들은 시선 접촉이나 방해 행동 또는 절차상의 제안과 같은 어떤 구체적인 행동들에 초점을 맞출 수도 있다. 이러한 관찰은 집단토의를 충실하게 할 수 있는 토대가 된다.

개인상담과 집단활동 간의 주요한 차이점은 집단 리더가 권력과 지위를 얻고자 노력하는 각 개인들을 다뤄야 하고, 또 집단이 크기와 강도와 동기가 완전히 드러나지 않은 하위 그룹으로 나누어지는 문제를 다루어야 한다는 점이다. 만약 이러한 요인들이 집단활동을 방해한다면 리더는 문제점을 피하려 하기보다는 현재 진행되고 있는 것에 대해 자신이 느낀 바를 집단구성원들에게 공개적으로 이야기하고 나서 피드백을 요청해야 한다. 리더가 어떤 한 사람이나 한쪽 사람들만 편들지 않은 것으로 보여야 한다는 점이 특히 중요하다. 리더는 집단의 목표와 최초로 인식한 차이점을 언급하기 위한 노력을 많이 해야 한다. 그러고 나서 그러한 목적과 차이점을 향하여 개방적이고 합리적으로, 공평하게 활동해야 한다.

2) 가족상담

가족과의 활동은 특수한 형태의 집단활동이다. 가족은 내담자의 생활에 중요한 한 부분이다. 여기서 말한 가족은 단지 한 사람의 타인을 의미하기도 하고, 내담자와 함께 살고 있는 크고 작은 모든 집단을 의미하거나 멀리 살고 있는 친척을 의미할 수도 있다. 내담자가 그의 가족과 상호작용하는 것을 봄으로써 또는 내담자로 하여금 그의 가족에 대해 이야기하게 함으로써 상담자는 내담자를 더욱 잘 이해할 수 있는 경우가 많다. 내담자의 시각이나 행동을 변화시켜 주기 위해서는 내담자와 그의 가족이 함께 활동할 필요도 있다. 가족 내의 활동에서 무엇이 영향을 미치는지를 알아내기까지는 보통 상당한 시간이 걸린다. 그러므로 보통 개인상담을 하고 있는 상담자는 다음과 같은 가족관계의 몇몇 특징들을 알아야 한다.

① 가족구성원들 간의 상호작용은 서로 매우 다양하다.

예) 습관적인 상호작용, 경제적 관계 위주의 상호작용, 지지하고 보호하는 상호작용, 성적 관계 위주의 상호작용, 설득 위주의 상호작용, 농담을 즐기는 상호작용 등

② 각 가정이 갈등을 해소하는 방법들은 서로 다르다.

예) 어떤 가정에서는 문제들을 개방적이고 공개적으로, 그리고 비교적 완전하게 해결하지만, 또 다른 가정에서는 '미완의 과제'로서 해소되지 않은 감정을 그대로 남겨둔 채로 단지 부분적으로만 해결하기도 한다.

③ 모든 가정에서 가족구성원들이 어느 정도의 역할을 떠맡는 것은 불가피하다. 그렇지만 때로는 어떤 구성원들에게 부여된 역할이나 그 성원들이 받아들인 역할이 너무 고착되어서 그 역할들(예 : 어릿광대 역할, 병약자 역할, 가정 내의 반역자 역할, 대장의 역할)을 변화시키기가 어렵게 되는 경우도 있다.

④ 대부분의 가정에서 가족구성원들은 마치 하나의 체제를 구성하고 있는 부분들처럼 서로 관련되어 있다. 그래서 보통 한 구성원이 도움을 구하고 긴장에서 벗어나면 나머지 구성원들은 긴장이 높아짐을 느낀다.

⑤ 가족 내에서 어떻게 해서 규칙이 만들어지고 강요되고 또 정착되는지를 적어 보면 도움이 된다. 가족 내에서 작용하고 있는 규칙들을 적어 봄으로써 유용한 통찰을 얻을 수도 있다. 어떤 규칙들은 잘 지켜지고 공개적으로 이야기된다(예 : 그는 일주일에 하루를 외박한다). 그리고 어떤 규칙은 공개적으로 이야기되지 않지만 늘 지켜진다(예 : 그가 차에 타고 있을 때 그녀는 결코 운전을 하지 않는다). 또 어떤 규칙들은 가족 밖의 사람들에게는 분명해 보이지만 정작 당사자들인 가족구성원들은 부정한다(예 : 중요한 결정은 그녀가 내린다).

이러한 요소들을 잘 알고 있다면 상담자는 앞에서 기술한 대부분의 개인상담기술의 용도를 알게 될 것이다. 가족구성원 중에서 두드러지게 약한 한 구성원이 중요한 정보를 움켜쥐고 있거나 어떤 주제에 관한 논의를 거부함으로써 다른 구성원들에게 온당치 못한 영향력을 행사하고 있는 사례를 생각해 보자. 이 사례는 가족 밖의 제삼자가 개입하여 직면을 사용해서 가족으로 하여금 그러한 상황에 대처하도록 도와줄 필요성이 있다. 두 편으로 갈라진 가족 상황에서는 상담자의 객관적 태도와 어느 한쪽에 휘말리지 않는 태도가 중요하다. 왜냐하면 객관성을 잃은 태도가 가족구성원들로 하여금 각자 서로를 동등하게 대하지 않도록 만들기 때문이다. 이러한 상황이 일어났을 때는 반영기법을 사용하는 것이 효과적이다. 즉, 반영기법을 통해 가족구성원들로 하여금 상황을 다시 생각해 보게 할 수 있다.

상담자는 가능한 한 긍정적인 측면을 보려고 해야 한다. 그리고 문제가 되고 있는 인간관계를 새로운 방식으로 규정하고자 노력해야 한다. 변화가 일어나도록 하기 위해서는 가족들이 보통 규정하는 것과는 다르게 인간관계를 규정하는 것이 도움이 된다.

가족상담에서도 개인상담에서와 마찬가지로 새로운 행동들이 중요하다. 가족구성원들이 가족의 기능에 대해서 통찰을 얻는 것보다는 몇 명이라도 이제까지와는 다르게, 아주 조금이라도 다르게 행동하는 것이 더 도움이 된다. 예를 들면, 약한 구성원이 단 한 번이라도 "아니요."라고 말하도록 연습할 수 있다. 돈을 더 많이 달라고 하는 구성원에게는 꼭 필요한 것이 아닌 어떤 한 가지 물건을 사지 않도록 격려할 수 있다. 또는 조용한 사람에게는 위협적이지 않은 어떤 주제에 대해 이야기를 하게 할 수 있다.

가족문제는 보통 의사소통의 잘못으로 여겨진다. 때때로 이는 적절한 모델이 없어서 생긴다. 가족 내에서 의사소통이 원할하지 못한 데는 여러 가지 요인이 있을 수 있다. 한쪽 부모가 절박한 문제를 갖고 있을 수도 있고, 양친 모두가 자녀의 행동이나 학교 공부에 대해 완고하고 비현실적인 생각을 갖고 있을 수 있다. 또 부모가 자동차, 음주, 섹스와 관련된 청소년들의 모험에 대해 수긍할 만한 걱정을 할 수도 있고, 어떤 부모들은 자녀의 직업 선택과 신앙생활을 통제하고자 하는 강한 바람을 가지고 있기도 하다. 상담자는 이러한 문제(논쟁)의 옳고 그름을 결정하지는 않는다. 그렇지만 가족들이 해결

책을 찾도록 도와줄 수 있을 것이다.

의사소통이 만족스럽지 못한 경우에 상담자는 모든 구성원들로 하여금 서로 새로운 방식으로 이야기하도록 방향을 제시함으로써 많은 도움을 줄 수 있다. 전체 가족구성원이 함께 자리해서 실제적으로 서로 어떤 문제에 대해서 이야기하려고 노력할 때 상담자가 중재를 통해 방향을 제시하는 것이 가장 좋다. 상담자는 간단한 규칙을 가지고 방향 제시를 할 필요가 있다. 상담자는 가족구성원들이 가족 내에서 다른 사람들과 겪는 어려움을 가려내기를 원할 때마다 모든 가족구성원들이 예외 없이 이러한 규칙을 따르도록 요청해야 한다.

유용하게 활용할 수 있는 규칙들은 다음과 같다.

① 현재 이 자리에 있는 사람들에 관해서 이야기하지 말고 그들에게 이야기하라. 그리고 이야기를 할 때는 상대방을 쳐다보고 상대방의 이름을 사용하라.

② 당신이 말하고자 하는 것을 직접적으로 이야기하되 긍정적으로 하려고 노력하라. 다른 사람에게 그만하기를 바라는 것뿐만 아니라 하기를 바라는 것도 이야기하라.

③ 늘 문제와 감정에 대해 느끼는 대로 이야기하라. 다른 사람들에게 당신이 어떻게 느끼고 있는가를 이야기하라. 분노의 감정을 억누르지 말고 좋지 않은데도 불구하고 모든 것이 좋은 체하지 말라.

④ 다른 사람들이 당신에게 이야기할 때 그들의 말을 들어 주라. 그들이 말하는 중간에 끼어들거나 말을 중단시키려고 하지 마라. 더 나아가 당신에게 하는 말은 모두 주의 깊게 들어라. 특히 감정에 관해 이야기할 때는 더욱 그래야 한다.

⑤ 다른 사람들이 한 행동 중에서 당신이 좋아하는 것이 있으면 그들이 그 행동을 할 때 말하든지 아니면 그 행동을 하고 난 직후에 가능한 한 빨

리 말하고 좋은 점을 강조하라.

3) 위기상담

대부분의 사람들은 삶을 영위하면서 크고 작은 위기상황을 맞이한다. 영어 단어 crisis는 단지 위험한 상황에 처해 있는 개인을 상기시킨다. 하지만 위기의 한자인 危機는 '위험 속에 기회가 있다.'는 뜻을 함축하고 있다. 즉, 우리가 위기를 적절히 대처하면 위험한 상황을 벗어날 수 있는 기회를 얼마든지 잡을 수 있다는 것을 의미한다.

위기란 보통 갑작스럽고 예기치 못한 고통스러운 경험을 말하며, 거의 모든 피해자에게서 에너지와 정신을 빼앗아 버린다. 이러한 위기감은 심한 정서적 고통과 생활의 일상적인 요구에 대처할 수 없는 무능력감 때문에 더욱 높아진다. 위기는 상실(예 : 이혼, 가족의 죽음)이나 변화(예 : 새로운 직장) 또는 정서상태의 심한 변화로 생길 수도 있다. 오래 지속된 심한 병이나 죽음에 대한 반응으로서의 슬픔은 하나의 특수한 위기라고 볼 수 있다. 자신의 죽음이 곧 닥치리라고 예견하는 것 역시 마찬가지다.

대부분의 어른들은 자신이 직접 위기를 경험하고 슬퍼한 적도 있고, 반대로 위기에 처한 타인을 지지해 주도록 요청받은 적이 있다. 위기의 보편성 때문에 그러한 때 위기의 희생자와 조력자가 행한 대부분의 것은 문화적 또는 하위 문화적 신념의 표현이다. 그래서 피해자에게 제공되고 피해자가 수용한 많은 지지들은 인습적이고 의례적인 형태로 나타난다.

그러나 많은 사람들은 가족이나 친구로부터의 지지가 불충분하거나 전혀 없는 고통스러운 상황에 직면한다. 상담자와 사회사업가는 배우자가 도망쳤다든지, 직업을 잃었다든지, 자살을 시도하려고 한다든지 입원치료가 필요한 경우와 같은 위기상황에 처해 있는 사람을 도와달라는 요청을 종종 받는다. 많은 상담자들이 전화상담, 약물 회복, 법률 조언, 강간 위기 센터, 여성 보호

센터, 시민의 조언 센터, 지역 건강기관 등을 통하여 전문적인 위기 상담활동을 하고 있다. 이러한 상담기관들에서는 특수한 상담 규칙들을 만들어 놓았는데, 그중에 많은 규칙들은 법률을 고려하여 만들어진 것이다. 그 과정에서 각 기관들은 그 기관에서 취급하고 있는 문제들은 그 기관의 상담자들이 더 잘 다루도록 도움이 되는 많은 제안을 해 주고 있다.

개인상담 기술들을 현명하게 잘 사용하면 위기에 대처하고자 하는 사람들을 도와줄 수 있다. 그러나 다음 몇 가지 점을 특별히 유념할 필요가 있다.

① 잡담, 안심시키는 말 그리고 유쾌한 말은 위기에 처한 내담자들에게 거의 도움이 되지 않는다. 내담자들의 당면한 관심사는 자신의 문제의 절박성과 긴장감이다. 그러므로 상담자는 우선 이러한 당면한 문제에 초점을 맞추어야 하며, 보다 더 근본적인 문제를 해결하려고 하는 것은 피해야 한다.

② 침착한 태도는 상담자와 내담자 모두에게 매우 가치가 있다. 상담자의 침착한 태도는 내담자에게 전달되어서 내담자로 하여금 자신의 문제에 객관적으로 초점을 맞추도록 도울 수 있다. 상담자의 이러한 태도는 상담자 스스로 내담자가 느끼는 공포감을 갖지 않도록 방어하는 기능도 한다. 미친 듯이 괴로워하는 내담자 앞에서 상담자가 침착한 태도를 갖기는 어렵다. 그러나 만약에 상담자가 '내가 이 내담자를 도울 수 있을까?' 하는 자신의 두려움에 집중하지 않고, 내담자에게 집중하면(당연히 그래야만 한다) 이러한 태도를 유지할 수 있다.

③ 그럼에도 불구하고 내담자의 감정 표현을 억지로 가로막지 않는 것이 중요하다. 상담자는 내담자가 자신의 감정을 확인하고, 탐색하고, 표현하고, 감정과 타협하도록 도와줌으로써 내담자가 자신의 감정을 다루어나가도록 도와주어야 한다. 이러한 과정은 종종 오랜 시간을 요한다.

어떤 위기 상황, 대표적으로 죽음에서는 감정에 대처하는 일은 몇 주 이상 걸릴 수도 있다. 그러므로 감정에 대처하는 것을 이성적 계획에 대한 단순한 준비로만 여겨서는 안 된다.

④ 초기 단계에 실질적인 고려사항들이 검토되어야 한다. 이러한 고려사항들 중 어떤 것들은 즉각적으로 해결되어야 한다. 내담자나 다른 어떤 사람이 신체적 위험에 직면해 있지는 않는가, 음식물을 필요로 하는가, 의사의 도움이나 입을 옷과 거처 또는 돈을 필요로 하는가, 도움을 위해 지역사회 기관과 친구와 친지들로부터 어떤 지원을 동원할 수 있는가, 법률적, 종교적 또는 다른 문제들이 수반되는가 등을 검토해야 한다.

다음 제안들을 위기에 처해 있는 내담자를 상담하는 상담자에게 도움이 될 것이다.

① 내담자가 말하고 있는 것이 무엇인지를 주의 깊게 들어라.
② 당신이 내담자를 걱정하고 있고 기꺼이 도와주고 싶어 한다는 점을 전달하라.
③ 지금 현재의 위기에만 초점을 맞추어라.
④ 직접적인 용어를 사용하라.
  예) '다소의 걱정이 있다.' 라는 말보다는 '폭행으로 유죄 선고를 받았다.' 는 말을 사용하라.
⑤ 내담자가 문제를 자기가 다룰 수 있는 몇 개의 부분으로 분류하도록 도와주어라.
⑥ 내담자가 스스로 무엇을 할 필요가 있는지를 결정하도록 도와준다.
⑦ 내담자로 하여금 대안을 생각하게 하고 그 결과를 신중하게 고려하도록 하라.
⑧ 내담자가 달성 가능한 목표를 선택하도록 도와주어라.

⑨ 위기상황을 막는 행위와 관련하여 내담자가 느낄 수 있는 감정에 대해 내담자와 함께 이야기하라.

⑩ 내담자로 하여금 어떤 것을 스스로 하도록 격려하라.

⑪ 아무리 작은 것일지라도 긍정적인 행동이 좋은 느낌을 가져온다는 점을 지적해 주어라.

⑫ 다음 만남을 안내해 주면서 내담자가 상담자를 쉽게 만날 수 있도록 해 주어라.

3. 상담자의 능력 개발

우리는 앞에서 여러 가지 상담기술들을 살펴보고 실제 연습도 하였다. 그러나 이 책을 계속 읽어 오면서 상담자들은 배운 것을 모두 다 기억하고 적용하기가 점점 더 어렵다고 느꼈을 것이다. 뿐만 아니라 이러한 기술들을 실행에 옮겨 보려고 할 때 다소 부자연스럽고 어색하다고 느낄 수도 있을 것이다. 그러나 이러한 상담기술들을 습득하고 실제 상담에 적용해 본 사람들이 처음에는 도움이 되기보다는 방해가 되는 것 같았다고 보고한 점을 알면 다소 안심이 될지도 모르겠다. 이러한 느낌은 실습을 계속하고 시간이 지남에 따라 차츰 줄어든다. 다시 말해서, 상담자가 다양한 기술을 실제 상담 상황에서 실습해 나가면서 상담자는 그러한 기술들을 거의 자동적으로 사용하기 시작할 것이고, 자신의 수행을 그렇게 의식하지 않게 될 것이다. 그러면서 편안하면서도 기술에 토대를 둔 개인적인 스타일을 개발하기 시작할 것이다.

내담자에게 전적으로 주의를 기울이려고 노력하는 자세는 이러한 과정을 돕는 하나의 방법이 될 수 있다. 그렇게 함으로써 상담자는 내담자를 보다 잘 도와줄 수 있게 되고, 기술들을 적절히 사용할 가능성을 높이고, 또 자신이 무엇을 말하고 해야 할 것인지에 대한 걱정을 덜게 될 것이다. 이러한 일을 할 수 있게 되면 상담자는 상담의 실제 목적, 즉 내담자를 알고, 이해하고, 도와주는 것에 자신의 에너지를 더욱 많이 쏟아 넣을 수 있게 될 것이다.

1) 진전 정도의 평가

상담의 본질적인 부분 중 하나는 상담자가 어느 순간에 자신이 상담 진행 과정의 어느 곳에 있는지를 평가할 수 있어야 한다는 점이다. 결국 상담은 예측이 가능한 일련의 단계들을 따르는 목적적 활동이다. 지금까지 어느 정도의 진전이 이루어졌는지, 그리고 무엇이 아직 더 이루어져야 하는지를 알아야 한다는 점은 상담자와 내담자 모두에게 중요하다.

이 책에서는 그 과정을 크게 네 단계로 구분하였다.

첫째, 내담자와의 관계를 시작하는 단계
둘째, 관계를 유지시키고 내담자가 자신의 문제를 탐색하고 명료화하고 규정하도록 돕는 발전 단계
셋째, 통찰과 이해로부터 실제적인 해결로 옮겨 가는 단계
넷째, 효과적으로 상담관계를 종결하는 단계

상담자는 자신이 사용하고 있는 상담기술과 내담자의 진술 형태를 적어 봄으로써, 또 스스로 몇 가지의 구체적인 질문들에 대답해 봄으로써 자신과 내담자가 상담과정의 어느 단계에 와 있는가를 알 수 있다.

앞에서 살펴보았던 상담기술들은 상담과정의 각 단계에서 그 기술들이 갖는 적절성과 효과성에 따라 구분될 수 있다. 그래서 만약 상담자가 주로 반응기술과 유도기술을 사용하고 있다면, 그때 그러한 기술들을 사용하는 것이 적절하다고 판단하고 있다면, 자신과 내담자는 아마 상담과정의 두 번째 단계에 있는 것이다. 즉, 내담자가 자신의 문제를 탐색하고 명료화하고 규정하

는 단계에 있다.

또한 상담자는 내담자의 진술을 보고 상담의 진전 정도를 판단할 수 있다. 예를 들어, 내담자가 일방적이고 다소 모호하게 진술하는 것은 상담과정이 아직 관계형성 단계에 있음을 나타내는 것이다. 그러한 진술의 예는 다음과 같다. 즉, "나는 정말로 확실하지는 않지만, 내가 알고 있는 모든 것을 내가 누군가에게 이야기를 해야 한다는 것입니다." 그리고 "음, 당신은 어떻게 생각하십니까? 나에게 문제가 있다고 생각합니까?" 등이다. 내담자가 감정, 생각, 말, 상황 또는 대안을 명료화하거나 구체화하기 위한 노력을 보여 주는 진술들을 많이 하고 있다면 상담의 과정은 문제를 명료화하는 단계까지 나아갔음을 나타낸다. 이러한 진술의 예는 다음과 같다. 즉, "아니요. 그것이 항상 일어나는 것은 아니고 단지 내가 도움을 거절할 때만 그래요." 또는 "그래요. 나는 분명히 화가 나 있었어요! 그리고 그 사실을 말할 수 있다는 게 좋아요!" 등이다.

또 내담자가 어떤 해결방안을 이행하려는 시도나 새로운 행동의 연습에 관한 진술을 하고 있거나 실제로 변화를 시도한 것에 대한 코멘트를 하고 있다면, 이는 상담과정이 세 번째 단계 또는 문제해결 단계에까지 이르렀음을 나타낸다. 그러한 진술의 예는 다음과 같다. 즉, "예. 나는 그렇게 하려고 노력했어요. 그러나 몇 가지 이유 때문에 잘 되지 않았어요." 또는 "내가 말을 더 적게 하려고 할 수 있었을 것 같아요. 그는 아마 내가 그렇게 하는 것을 더 좋아했을 것 같아요." 등이다.

상담자는 또 스스로 몇 가지의 구체적인 질문을 해 봄으로써 현재 어느 단계의 상담 과정이 진행되고 있는가를 알 수 있다. 다음 질문에 대한 긍정적인 대답은 그 단계의 주요 과제가 달성되었음을 나타낸다. 부정적인 대답은 다음 단계로 넘어가기 전에 아직도 해야 할 일이 남아 있음을 의미한다.

상담관계의 발달 단계

- 내담자가 나를 신뢰하는가?
- 이 상황에서 내담자의 긴장이 이완되어 있는가?
- 내담자가 나와 이 새로운 상황에 대해서보다는 내담자 자신의 문제에 초점을 둘 수 있는가?
- 나는 이 내담자와 상담할 준비가 되어 있는가?

관계를 유지하고 문제를 명료화하도록 돕는 단계

- 문제에 대해 내담자가 갖고 있는 느낌과 생각을 우리 둘 다 분명히 이해하고 있는가?
- 문제가 명료하게 구체화되었는가?
- 우리 둘 다 문제를 해결하기 위해 노력할 준비가 되어 있는가?

문제해결 단계

- 내담자는 자기가 무엇을 해야 할 필요가 있는지를 이해하고 있는가?
- 내담자는 해야 할 필요가 있는 것을 할 수 있는가?
- 내담자는 이 계획을 행동으로 옮길 마음의 태세가 되어 있는가?
- 내담자가 실패에 대처할 수 있는가?

2) 상담효과의 평가

효율적인 상담자가 되기 위해서는 전반적인 효과성에 대해서 평가를 해 주는 것이 반드시 필요하다. 여기에는 상담자 자신의 스타일과 그 스타일이 내담자에게 미치는 효과, 구체적인 상담기술의 원리와 적용에 대한 이해 그리고 내담자가 그의 욕구에 적절히 대처해 나가도록 성공적으로 도와주는 것이 포함된다. 이러한 일들을 해 나갈 때 상담자는 자기 자신 외에도 다른 수많은 자원들을 체계적으로 이용할 필요가 있다.

① 상담자는 자신의 수행을 평가해 보기 위해서 '상담자의 자기 점검 척도' 를 사용할 수 있다. 상담과정 중에 자기가 한 행동과 말한 것들에 대해 주의 깊게 생각해 봄으로써 상담자는 자신의 스타일과 그 스타일이 다른 사람들에게 미치는 영향에 대해 더욱 잘 이해하게 될 것이다.

② 내담자에게 '상담면접과 상담자 행동에 대한 평정척도' 같은 것에 응답하게 할 수 있다. 여기에서 내담자는 상담 면접의 전반적인 면과 상담자의 구체적인 행동에 모두 코멘트를 하게 된다. 이러한 방법을 통해서 상담자는 내담자가 유용하다고 생각했거나 방해가 되었다고 생각하는 것 또는 도전적이었다거나 지지적이었다고 생각한 것에 대해 '고객' 인 내담자로부터 피드백을 받을 수 있을 것이다.

③ 때로는 동료 상담자가 상담자가 상담하는 것을 동석해서 관찰하거나 또는 그 회기를 녹음하거나 녹화한 것을 보고 관찰할 수도 있을 것이다. 이와 같은 동료 상담자의 관찰과 코멘트로부터 얻은 정보는 매우 가치가 있다.

④ 상담자는 상담자 조직에 가입해서 그 집단의 사업이나 활동에 참여할 수 있다. 그렇게 함으로써 비슷한 일을 하는 사람들과 사귀고, 생각을 교환하고, 또 상담이라는 전문직을 수행하면서 직면하는 더 큰 문제들에 대해서 생각하게 될 것이다.

⑤ 그는 매주 일정한 시간을 정해서 관심 있는 분야의 책을 읽을 수도 있을 것이다. 그는 상담에 관한 일반 지식을 넓히기 위해서도 책을 읽을 수 있고, 특별히 알고 싶은 내용이나 관심 있는 구체적인 문제나 상담 분야에 관한 지식을 넓히기 위한 목적으로도 책을 읽을 수 있을 것이다.

⑥ 모든 상담자들은 내담자를 위해 현직 훈련을 통하여 자신의 전문적인 기술과 판단력을 증진시키는 노력을 해야 할 의무를 갖고 있다.

4. 수퍼비전

상담 효과성에 대해 좀 더 자세히 논의해 볼 수 있는 또 하나의 평가 방법이 수퍼비전이다. 수퍼비전은 상담자들로 하여금 상담의 실제에서 자신의 강점을 정확하게 파악하고 한계를 극복할 수 있게 하는 학습 관계다. 수퍼비전에는 최소한 네 가지의 서로 다른 모형이 있다. 첫째는 교수활동으로서의 수퍼비전이다. 이 모형의 주된 목표는 상담기술의 습득이다. 둘째는 상담활동으로서의 수퍼비전이다. 이 모형의 주된 목표는 상담자의 개인적 성장과 자기통찰이다. 셋째는 행정으로서의 수퍼비전이다. 이 모형의 주된 목표는 기관의 행정과 상담사례의 관리다. 넷째는 이 세 가지 모형 각각의 측면을 모두 포함하고 있으면서도, 그 초점은 상담 기관 속에서의 상담자의 생존에 두고 있는 것이다. 이 모형의 주된 목표는 기관 내의 권력과 영향력, 그리고 기관의 정책을 이해하는 것이다. 경험이 있든 없든 간에 모든 상담자들은 다양한 시점에서 이 네 가지 수퍼비전 모형으로부터 유익한 도움을 얻을 수 있다.

● 누가 수퍼비전을 해야 하는가?

수퍼바이저로서의 경험이 많고 잘 훈련받은 상담자를 수퍼바이저로 선택했을 때 가장 많은 도움을 받을 수 있을 것이다. 신뢰할 수 있고 존경할 수 있으며, 지도받는 사람들에게 전문가가 되도록 도전시키는 사람을 수퍼바이저로 선택하는 것이 중요하다. 수퍼바이저의 역할과 함께 직속상관이나 평가자의 역할을 이중적으로 갖는 사람에게 수퍼비전을 부탁하는 것은 피해야 한다. 어느 누구도 자신의 지위나 역할을 다른 사람에게 영향력을 행사하거나 조종하는 데 사용해서는 안 된다.

● 어디에서 수퍼비전을 해야 하는가?

수퍼비전은 외부의 간섭이나 방해(예 : 전화 호출, 방문객)를 가장 적게 받을 수 있는 곳에서 하는 것이 좋다. 그래야 수퍼비전의 과정이 충실하게 진행될 수 있다.

● 얼마나 자주, 얼마나 오래 해야 하는가?

이상적으로 말하면, 수퍼비전은 매주 실시하는 것이 좋다. 그것이 힘들다면 2주일에 한 번(격주로) 하는 것도 좋다. 각 회기의 길이는 기본적으로 참석자들과 합의를 해야 하지만 보통 45~60분 정도가 적당한 것으로 권장된다. 수퍼비전 관계를 얼마나 오랫동안 유지할 것인가에 대해서는 수퍼비전을 시작하기 전에 협의해야 한다. 이 모든 점들에 대해서 시작 단계에서 분명히 해둘 필요가 있다.

● 수퍼비전은 어떤 식으로 진행하는가?

다음에 제시하는 방법이 꼭 이상적인 것은 아니지만, 아직 경험이 많지 않은 수퍼바이저의 경우라도 이 모형을 따라하면 비교적 쉽게 효과적인 수퍼비전을 할 수 있을 것이다.

① 먼저 상담자에게 어떤 문제를 다루고 싶은지를 물어보면서 수퍼비전을 시작하라. 즉, 수퍼바이저에게 하고 싶은 말이 무엇인지, 그리고 수퍼바이저로부터 듣고 싶은 내용이 무엇인지를 구체적으로 말하게 하라.

② 상담자에게 논의할 주제에 대해 충분한 배경 지식을 이야기하게 하라.

③ 상담자에게 그 사례의 이슈나 상담 상황에 대해 간단하게 주관적인 평가를 하게 하라.

④ 그런 다음, 만약 상담회기를 녹음하거나 비디오로 녹화한 자료가 있다면 그 일부 내용을 틀어 보라. 이때 상담자나 수퍼바이저 그 누구라도

코멘트를 할 필요가 있을 때는 테이프 재생을 중단시킬 수 있다.

⑤ 수퍼비전을 하면서 수퍼바이저는 상담자에게 그가 상담에서 실제로 사용한 상담기술, 의문시되는 관계의 측면, 상담의 전반적인 흐름이나 방향, 내담자–상담자 간의 신뢰나 이해와 같은 기본적인 문제들에 주의를 집중하도록 도와주어야 하다.

⑥ 수퍼바이저는 상담자에게 스스로를 평가하고, 상담과정 중에 자신이 한 행동 중에서 모호한 점이나 의문난 점에 대해 말해 보도록 격려해야 한다.

⑦ 상담자로 하여금 오직 내담자와 그 사례의 세부적인 내용만 보지 않고, 좀 더 폭넓은 시야를 갖도록 하라.

⑧ 수퍼비전 과정 중간 중간에 현재 진행하고 있는 수퍼비전의 방식과 방향이 상담자에게 도움이 되고 적절한지를 점검해 보아야 한다.

⑨ 수퍼비전 회기를 마칠 때 그 회기의 내용을 메모해 두어야 한다. 그리고 상담자는 각 회기를 마칠 때 앞으로의 상담에서 추구해야 할 목표와 목적을 분명하게 가질 수 있어야 한다.

● 녹음기나 비디오로 녹음(녹화)해야 하는가?

둘 중 어느 것도 효과적인 수퍼비전에 필수적이지는 않지만, 이들을 사용함으로써 상담과정 중에 실제로 어떤 일이 일어났는지를 좀 더 객관적이고 주의 깊게 검토할 수 있다. 그러나 녹음(녹화)는 단지 수퍼비전을 위한 조력 수단일 뿐이다. 그러므로 그 자체가 목적이 되어서는 안 된다.

● 수퍼비전은 어떻게 종결하는가?

수퍼비전을 얼마나 오랫동안 할 것인가는 수퍼비전이 실제로 시작되기 전에 수퍼바이저와 상담자 간에 서로 합의를 해야 한다. 만약 수퍼바이저와 상담자 중 어느 한 사람이라도 수퍼비전 과정에 만족하지 못하면 둘 다 수퍼비전을 종결하는 데 거리낌이 없어야 한다.

만약 상담자들이 자신의 상담 효과성을 평가하고 증진시키기 위해 지금까지 언급한 단계들을 잘 따른다면, 그들은 스스로 상담에서의 자신감과 효과성이 증진됨을 느낄 수 있을 뿐만 아니라 그들이 만나는 내담자들에게 더욱 유용한 도움을 줄 수 있을 것이다.

1) 수퍼비전이 필요한 이유

상담자는 효과적으로 내담자를 조력하기 위해 계속적인 훈련을 받아야 한다. 상담에서 수퍼비전은 경험이 많은 선배 상담자로부터 지식과 경험을 전수 받는 것이라 할 수 있다. 즉, 수퍼비전을 통해 상담자는 자기자각(self-awareness)을 향상시키고, 전문적인 상담기술이나 기법을 습득하며, 상담과정에 대한 세세한 이해를 하고, 내담자에 대한 철저한 사례이해를 통해 내담자의 복지를 위한 전문적 노하우를 획득하게 된다. 초보상담자는 배운 지식이나 기술을 내담자에게 적용하는 데서 다양한 문제에 직면하게 된다. 때로는 직면한 문제를 자기성찰과 문헌을 통해 해결할 수도 있지만 참여적 조력자로서 그렇지 못하는 경우가 많다. 이것은 상담이 경험적 지식과 실천에 관련되어 있기 때문이다.

초보상담자가 직면하는 다양한 문제는 비슷한 경험을 통해 성숙한 선배 상담자로부터 수퍼비전을 통해 대부분 해결할 수 있다. 상담자는 직면하는 문제들을 본인이 이해할 수도 있지만 그렇지 못한 경우도 많다. 상담의 궁극적인 목적인 내담자의 복지에 어긋난 결과가 상담자 자신의 미숙한 문제처리로 일어날 수 있다. 수퍼비전을 통해 상담자가 고민하는 문제를 해결하고 더불어 실제적인 상담기술 및 전략의 습득을 배울 수 있다고 볼 때, 현장에서 실습 중인 모든 상담자들에게 수퍼비전은 꼭 필요한 과정이라고 할 수 있다.

본드(Bond, 1993)는 상담자에게 상담 수퍼비전이 필요한 이유에 대하여 다음과 같이 다섯 가지로 설명하고 있다.

첫째, 수퍼비전은 상담자를 위한 개인적 지지적 체계를 제공한다.

수퍼비전의 필요성은 영국상담협회(BAC, 1992)의 수퍼비전에 관한 정보를 제공하는 책자에서 다음과 같이 강조되었다. 본질적으로 상담은 상담자에게 많은 것을 요구한다. 수퍼비전은 상담에서 발생되는 어려운 면들을 극복하도록 도와준다. 상담자는 어떤 특별한 내담자와 상담에서 일어난 일과 관련해서 지나치게 관여하게 되거나, 어떤 중요한 내용을 무시하거나, 혼란되어 있을 수 있다. 상담자는 자신의 유용성을 심하게 의심할 수 있다.

내담자들의 고통과 어려움을 상담하는 일은 상담자에게 영향을 줄 수 있다. 예를 들면, 상담자는 개인적으로 자신에게 고통스러운 영역을 피하려고 할 수 있다. 그러나 이러한 회피는 내담자를 위한 상담을 방해할 수 있다. 좋은 수퍼비전 관계는 상담자들이 자신과 내담자들에게 개방적으로 머무르도록 해 주는 최선의 방법이다(Hawkins & Shohet, 1989).

둘째, 상담자들이 하는 상담실습에 대해 체계적 수퍼비전과 지지를 제공하는 것은 비밀성의 보장을 보호하는 데 도움이 된다. 체계적 수퍼비전은 개인적 지지를 얻기 위해서 부적절하게 정보를 노출할 필요를 느끼는 상담자의 위험을 감소시킨다.

셋째, 상담은 복잡한 과정이다. 상담이 요구하는 것처럼 관계에 개인적으로 참여하고 동시에 어느 정도의 객관성을 유지하는 것은 어렵다. 수퍼바이저의 독립성은 상담자가 이전에 인식하지 않았던 다른 일들이 탐지될 수 있게 한다.

넷째, 수퍼비전은 상담자의 발달을 돕는다. 상담 수퍼비전은 더 많은 학습을 위한 중요한 포럼을 제공한다.

다섯째, 독립적인 수퍼바이저는 간과될 수 있는 실습의 윤리적 문제와 규준에 상담자가 주의를 갖도록 할 수 있다.

이상에서 살펴본 것처럼 수퍼비전은 다양한 상담기술을 실제적으로 배우고, 사례이해를 위한 탐색과 절차에 대한 방법을 배우며, 상담자 자신의 이해를 돕는 데 필요한 중요한 훈련이라고 할 수 있다. 즉, 수퍼비전은 교육, 지도, 자문, 감독 외에도 상담자의 자기탐색, 자기이해, 자기성장을 돕는 도제적 특성을 갖는 전문적 훈련이다. 상담자는 수퍼비전에서 받을 수 있는 질책과 수모를 두려워해서 회피하는 태도를 가져서는 안 된다. 많은 경우에 수퍼비전은 초보상담자의 개인적 문제에 대한 이해와 전문가로서 관점과 시야를 확대하는 데 필요한 좋은 기회를 제공한다.

2) 수퍼비전의 기능

상담 수퍼비전은 궁극적으로 내담자의 복지를 위해 이루어진다. 상담실습 중에 있는 학생이나 초보상담자가 상담교육과 훈련을 통해 지금까지 배워 온 지식과 기술을 직접적으로 내담자에게 적용하면서 겪는 불안, 갈등, 의구심 등을 수퍼비전을 통해 해결한다. 수퍼비전은 상담자에게 자기에 대한 이해를 높여 주고 상담기술과 전략을 적용하는 데 자신의 능력을 향상시키는 기회를 제공해 준다. 수퍼비전 중에 수퍼바이저는 상담자에게 새로운 방법으로 시도해 보도록 자주 제안한다. 수퍼비전에서 상담자의 성격 스타일의 자기조사, 대인관계 스타일 및 갈등처리에 대한 이해는 적용한 상담기술의 평가나 새로운 상담기술의 획득처럼 매우 중요하다.

수퍼비전은 상담자에게 영향력 있는 역할 모델을 본받을 수 있는 기회를 제공한다. 뷰틀러와 맥냅(Beutler & McNabb, 1980)은 수퍼비전 경험의 잠재적 의미를 강조하였는데 그것은 종종 실습 중에 있는 상담자가 특별한 치료적 접근방식을 채택할 수 있는 체계적인 자기평가를 제공할 수 있는 첫 번째 기회이기 때문이다. 유사하게, 랭스(Langs, 1979)는 초보상담자들이 자신의 효율성을 평가하고 향상시키는 능력을 개발하는 데 상담 수퍼비전의 역할이 중요하다고 강조하였다.

수퍼비전의 주요한 기능이 초보상담자나 훈련생을 훈련시키는 것이라 한다면, 수퍼비전에 임하는 상담자는 전문가로서 성숙하기 위해서 적극적인 자세로 참여해야 한다. 상담자는 상담 프로그램이나 자격을 갖추기 위한 요구의 일환으로서 보다 참여적 학습자로서 내담자와의 상담과정에서 가진 의문을 해결하는 데 능동적인 태도로 수퍼비전에 참여하는 것이 필요하다.

상담 수퍼비전의 요점은 수퍼비전을 받는 상담자가 내담자를 효과적으로 조력하도록 그의 능력을 향상시키려는 시도다. 그러므로 상담자가 내담자를 충분히 이해하여 성공적으로 중재할 능력을 갖도록 수퍼비전을 통해 그를 지도하는 것은 수퍼비전의 핵심적 과업이다.

카너(Conner, 1994)는 훈련 중에 있는 상담자를 위한 수퍼비전의 세 가지 기능을 훈련, 지지, 관리 기능이라고 분류하였으며, 이러한 기능은 개인 혹은 집단 수퍼비전을 통해 상담자에게 제공될 수 있다고 지적하였다. 이와 유사하게 캐두신(Kadushin, 1985)은 수퍼비전의 세 가지 기능을 교육, 지지, 관리로 분류하여 설명하였다. 교육 기능은 상담자가 내담자와의 작업에 관한 탐색과 숙고를 통해 상담자의 기술, 이해, 능력, 전문적 정체감을 발달시키는 것을 의미한다. 지지 기능은 상담자가 수퍼바이저가 제공하는 수용과 확인을 통해 친밀한 상담작업의 정서적 효과를 처리하고 보고하여 풀 수 있도록 해준다. 관리 기능은 수퍼비전의 질적 통제를 제공하는 것이다. 즉, 수퍼바이저는 내담자의 욕구가 명확히 정의된 윤리적, 전문적 실천의 규준 내에서 언급되고 있는가를 분명히 하기 위해 상담자를 조력한다.

보다 구체적으로 수퍼비전의 기능이 무엇인가를 알아보기 위해서 주요한 수퍼비전의 모델인 발달 모델과 체계접근 모델에서 수퍼비전을 어떻게 설명하고 있는지 살펴보자.

수퍼비전의 발달 모델은 상담자의 발달수준에 맞춰 수퍼비전이 이루어져야 한다는 점을 강조한다. 발달이론에 근거해서 네 가지 수퍼비전의 기능을 제시한 내용을 살펴보면 다음과 같다(Loganbill, Hardy, & Delworth, 1982).

첫째, 내담자의 복지를 위해 감독하는 기능이다. 이러한 기능과 관련된 것으로 수퍼바이저의 윤리적 책임이 강조된다. 수퍼바이저는 상담자의 발달을 위해 상담기술이나 중재전략을 가르치지만 내담자의 복지가 우선적으로 고려되어야 한다고 본다.

둘째, 발달단계 내에서의 수퍼비전을 받은 상담자의 성장을 향상시키는 기능이다. 수퍼비전의 발달 모델의 요점은 단계과정이다. 수퍼바이저의 과업은 상담자가 단계에 따라 발달하도록 하는 것이기 때문에 다음 단계로의 성급한 이동은 바람직하지 않다고 본다. 즉, 어떤 단계과정이 상담자에게 고통스러운 것일 수 있지만 상담자가 충분히 그러한 과정을 경험하는 것이 중요하다고 본다.

셋째, 현 단계에서 다음 단계로의 전환을 돕는 기능이다. 수퍼바이저는 직면적 중재(confrontive interventions)와 개념적 중재(conceptual interventions)를 통해 상담자가 각 단계로의 전환을 하도록 조력한다.

넷째, 수퍼비전을 받은 상담자를 평가하는 기능이다. 평가의 여러 가지 유형이 경우에 따라 사용될 수 있다. 수퍼바이저가 내리는 상담자에 대한 평가는 상담자의 권익과 관련된 경우는 보다 신중하게 이루어져야 하며, 상담자의 발달을 위한 피드백이 되는 평가가 신뢰로운 관계에서 이루어지는 것이 바람직하다.

수퍼비전의 체계접근 모델을 제안한 할로웨이(Holloway, 1995)는 수퍼비전의 주요한 기능으로서 다섯 가지를 제시하고 있다. 그녀가 제시한 기능은 훈련 중인 상담자의 과업을 성취하기 위해 노력하는 수퍼바이저의 역할과 관련되어 있다. 이러한 다섯 가지 기능은 다음과 같다.

첫째, 수퍼비전 회기에서 수퍼바이저는 상담자의 상담기술의 적용과 수행에 대해 조정하고 평가하는 기능을 한다. 이것은 주로 상담자의 행동에 대한 수퍼바이저의 판단과 평가에 제한된다.

둘째, 수퍼바이저와 상담자의 관계는 '교사-학생' 의 관계처럼 지도와 충고를 하는 기능을 한다. 수퍼바이저는 상담자의 사례이해, 상담기술 등의 상담자의 과업을 지도하고 충고하는 것을 의미한다.

셋째, 수퍼바이저는 전문적 행동에 대한 모델로서 상담자에게 영향을 주는 본보기의 기능을 한다. 수퍼바이저는 상담의 전문성에 대한 지식과 능력을 갖춘 사람으로서 본보기를 통해 영향력을 주는 것을 의미한다.

넷째, 수퍼바이저는 상담자에게 질문하여 견해나 정보를 추구하여 임상적, 전문적 상황의 문제를 해결하도록 촉진하고, 상담자와 신뢰로운 관계에서 주요한 문제에 대해 자문하는 기능을 한다.

다섯째, 수퍼바이저는 공감적 주의, 격려, 건설적 직면 등을 통해 상담자가 자기의 과업을 수행하면서 가질 수 있는 어려움들을 극복하고 자신감을 갖고 전문성을 발달시키도록 지지와 공유를 해 주는 기능을 한다.

이상에서 살펴본 것처럼 수퍼비전의 기능은 상담자의 전문적 성숙을 위해 수퍼바이저가 하는 역할과 관련되어 있다. 때문에 상담자들은 적극적으로 수퍼비전에 참여하여 상담 전문성에 대한 향상을 가져오도록 하는 것이 필요하다. 캔퍼와 쉐프트(Kanfer & Schefft, 1988)는 수퍼비전 경험을 통해 많은 것을 배우기 위해서 상담자가 해야 할 몇 가지를 제안하였는데 살펴보면 다음과 같다.

첫째, 상담자는 수퍼바이저에게 녹음, 축어록, 개인적 반응 등 가능한 한 상담면접에 대한 많은 정보를 제공해야 한다. 이러한 정보를 바탕으로 상담자는 궁금한 질문을 유도하고 개인 사례에 한정되지 않는 임상적 문제에 대한 논의를 할 기회를 충분히 이용해야 한다.

둘째, 상담자는 상담면접을 실시할 때 자신의 구체적인 강점과 약점에 대해 수퍼바이저로부터 피드백을 받도록 노력해야 한다. 상담자는 적극적인 자세로 자신의 개인적 기술과 상담면접 기술에 대해 많은 상담경험을 가진 수퍼바이저로부터 피드백을 받음으로써 개인적 성장을 이룰 수 있다.

마지막으로, 수퍼비전을 받은 상담자는 내담자와 내담자의 반응에 대한 자신의 느낌과 반응을 자유롭게 토의하도록 노력해야 한다. 수퍼바이저와 내담자에 대한 개인적 반응을 토의함으로써, 초보상담자는 자신의 가치와 신념, 정서적 반응, 개인적 스타일 등에 대한 이해를 높일 수 있고 이러한 개인적 요인들이 실제 상담에서 어떻게 영향을 주고 있는가를 배우게 된다.

상담자의 이러한 적극적 자세와 수퍼바이저의 전문적 역할이 결합될 때 수퍼비전의 기능은 충분히 발휘되리라 본다. 수퍼비전의 기능은 수퍼비전 과정의 주요한 측면이다. 상담자들은 수퍼비전을 통해 여러 가지 전문적 영역에서 실제적 향상을 가져온다고 보고 있다(Hosford, 1969). 이러한 상담자의 성숙은 다양하게 나타난다. 먼저 상담자는 자신에 대한 자각의 향상과 자신의 성격에 대한 이해를 하고, 내담자와 보다 효율적으로 상담관계를 형성하고 유지할 수 있게 된다. 또한 상담자는 학습한 것을 정교화하고 상담이론의 구성개념을 상담실제에 통합할 수 있게 된다. 상담자는 자신의 행동의 역동성과 그것이 내담자에 미치는 효과를 이해하게 되며, 상담 연구결과를 상담실제에 통합할 수 있게 성숙한다. 요약하면, 할로웨이(Holloway, 1995)가 수퍼비전의 체계접근 모델에서 지적한 것처럼 수퍼비전의 기능은 상담자의 과업인 상담기술, 사례이해, 전문적 역할, 정서적 자각, 자기평가에서 성숙을 가져오도록 하는 것이라고 할 수 있다.

3) 수퍼바이저의 역할

수퍼바이저의 역할을 위한 준비는 수퍼바이저의 기능과 관련한 이전의 훈련과 전문경험을 토대로 시작된다고 볼 수 있다. 많은 수퍼비전에 관한 연구자들은 수퍼바이저를 교사, 상담자, 자문가로 보았다. 그리고 대부분의 수퍼바이저들은 적어도 한 번 이상 이러한 역할에 대한 경험을 해 본 적이 있다. 역시 수퍼바이저들은 훈련생의 역할을 통한 경험에서 간접적으로 수퍼비전에 대해서 배웠다. 어떤 사람들은 실습과정에 있는 상담자들을 수퍼비전하는 역할을 수행했을 수도 있고 상담 수퍼비전 과정을 이수했을 수도 있다.

효율적인 전문적 상담 수퍼바이저의 역할이 무엇인가에 대한 이해를 위해 미국상담협회(American Counseling Association : ACA)에서 1989년에 채택한 상담 수퍼바이저의 지식과 전문능력을 11개 영역으로 나누어 제시하고자 한다 (ACA, 1989).

(1) 전문적 상담 수퍼바이저는 훈련, 교육, 수퍼비전의 경험을 통해 지식과 전문능력을 획득한 효율적인 상담자다. 그렇게 할 때, 상담 수퍼바이저는

① 다양한 상담이론에 대한 체계적 이해와 지식을 보여 준다.

② 상담에 대한 자신의 개인적인 철학적, 이론적, 방법론적 접근방식을 보여 준다.

③ 자신의 인간관을 보여 준다.

④ 수퍼비전 상황에 적절한 상담이론과 방법을 적용하는 기술을 보여 준다.

(2) 전문적 상담 수퍼바이저는 역할과 일관된 개인적 특성을 보여 준다. 그렇게 할 때 상담 수퍼바이저는

① 자신의 상담 및 수퍼비전 기술을 계속해서 갱신한다.

② 개인차에 민감하다.

③ 자기평가와 다른 사람들로부터의 피드백을 통해 자신의 제한점을 인식한다.

④ 촉진적이고 낙관적이며 동기가 있다.

⑤ 유머 감각을 가진다.

⑥ 수퍼바이저 역할에 내재한 권위에 안정감을 느낀다.

⑦ 수퍼바이저의 역할에 대한 약속을 행동으로 보여 준다.

⑧ 수퍼바이저로서 자신의 강점과 약점을 확인할 수 있다.
⑨ 대인관계에서 자신의 유형을 기술할 수 있다.

(3) 전문적 상담 수퍼바이저는 전문성의 윤리적, 법적, 규정적 측면에 관해 잘 알고 있으며, 이러한 지식을 적용하는 데 능숙하다. 그렇게 할 때 상담 수퍼바이저는

① 상담자에게 전문적인 윤리적 조항에 관한 지식을 전달한다.
② 윤리적, 전문적 규준에 따르는 것을 보여 주고 따르도록 강요한다.
③ 법적, 규정적 서류와 그들의 전문직에 미치는 영향을 이해하여 상담자에게 전달한다(예 : 자격증, 면허, 경고의 의무, 아동의 기록에 대한 부모의 권리, 제삼자의 지불).
④ 전문적 표준에 관한 현재의 정보를 제공한다.
⑤ 상담자의 권리에 관한 지식을 알리고 기관에 구체적인 절차를 따르도록 요구할 수 있다.
⑥ 이중관계, 만기 과정, 평가, 사전동의, 비밀성의 보장, 대리적 의무 등을 포함하는 수퍼비전 과정에 수반하는 윤리적 고려사항에 대한 지식을 상담자에게 얘기한다.

(4) 전문적 상담 수퍼바이저는 수퍼비전 관계의 개인적, 전문적 본질에 대한 개념적 지식을 실제로 보여 주고 이러한 지식을 적용하는 데 능숙하다. 그렇게 할 때 상담 수퍼바이저는

① 성별, 인종, 민족, 문화와 관련한 개인차에 관한 지식을 보여 주며 수퍼비전 관계에서 이러한 특성의 중요성을 이해한다.
② 상담자의 개인적, 전문적 욕구에 민감하다.
③ 상담자가 자신의 행동의 결과에 책임을 질 것을 기대한다.
④ 수퍼비전의 평가적 본질에 민감하고 수행평가와 관련한 상담자의 불

안에 효과적으로 반응한다.

⑤ 적절하고 전문적 성숙을 보여 주는 수단으로서 자기평가를 한다.

⑥ 촉진적 조건(공감, 구체성, 존경, 일치성, 진솔성, 즉시성)을 제공한다.

⑦ 상담자와 상호 신뢰적 관계를 확립한다.

⑧ 적절한 균형으로 도전과 지지를 제공한다.

⑨ 상담이나 자문 회기 동안에 일어난 상담자의 감정과 생각을 끌어내어 수퍼비전 과정을 향상시키는 방법으로 반응한다.

(5) 전문적 상담 수퍼바이저는 수퍼비전 방법과 기법에 관한 개념적 지식을 보여 주고 상담자의 발달을 향상시키기 위해 이러한 지식을 능숙하게 사용한다. 그렇게 할 때, 상담 수퍼바이저는

① 수퍼비전의 목적을 진술하고 사용된 절차를 설명한다.

② 상담자를 위한 학습경험의 필요한 방향과 관련한 상호적 결정을 위해 협상한다.

③ 역할연습, 역할전환, 생동적 수퍼비전, 본보기, 대인관계 과정 회상, 미시적 기술훈련, 제안과 충고, 오디오와 비디오테이프의 검토 등을 포함하는 적절한 수퍼비전 중재에 참여한다.

④ 적절한 교사, 상담자, 자문가의 역할로서 수퍼바이저의 기능을 수행할 수 있다.

⑤ 내담자에 대한 해결책, 기법, 반응을 찾기 위해 상담자로부터 새로운 대안을 끌어낸다.

⑥ 자신의 대인관계 스타일과 수퍼비전의 지식을 통합한다.

⑦ 수퍼비전에서 자신의 역할을 명료화한다.

⑧ 학습을 향상시키기 위해 필요한 교육기자재(복사물, 녹음기, 비디오)를 사용한다.

⑨ 상담자의 자기탐색과 문제해결을 촉진하는 방식으로 상담자와 상호

작용한다.

(6) 전문적 상담 수퍼바이저는 상담자의 발달과정에 대한 개념적 지식을 보여 주고 이러한 지식을 적용하는 데 능숙하다. 그렇게 할 때 상담 수퍼바이저는

① 수퍼비전의 발달적 본질을 이해한다.

② 다양한 수퍼비전의 이론적 방법에 대한 지식을 보여 준다.

③ 특별한 작업상황에서 상담자의 역할과 기능을 이해한다.

④ 상담자의 학습욕구를 확인할 수 있다.

⑤ 상담자의 개인적 특성, 개념적 발달, 훈련, 경험에 근거하여 협의내용을 조정한다.

⑥ 상담자의 개념적 발달, 훈련, 경험의 수준에 적절한 수퍼비전 방법을 사용한다.

(7) 전문적 상담 수퍼바이저는 사례이해와 관리에 관한 지식과 전문능력을 보여 준다. 그렇게 할 때 상담 수퍼바이저는

① 수퍼비전의 일차적 목표는 상담자가 내담자를 조력하는 것이라는 점을 인식한다.

② 다른 전문가들(예 : 정신과 의사, 심리학자, 사회사업가)의 역할을 이해하고, 적절할 때 내담자를 다른 전문가에게 의뢰하는 과정에 조력한다.

③ 상담 역동성에 대한 상담자의 지각을 끌어낸다.

④ 자료수집 절차를 선택하고 집행하는 데 상담자를 조력한다.

⑤ 객관적으로 자료를 분석하고 해석하는 데 상담자를 조력한다.

⑥ 효과적인 내담자의 목표와 목적을 수립하는 데 상담자를 조력한다.

⑦ 내담자의 목표와 목적을 설정하기 위해 관찰과 평가를 사용하는 데 상담자를 조력한다.

⑧ 내담자의 심리적, 행동적 특성을 통합된 사례이해로 종합하는 데 상담자를 조력한다.

⑨ 상담 목표와 목적의 우선순위를 설정하는 데 상담자를 조력한다.

⑩ 상담절차에 대한 원리를 제공하는 데 내담자를 조력한다.

⑪ 계속적인 사정과 평가에 근거한 목표달성을 위한 진행단계를 조정하는 데 상담자를 조력한다.

(8) 전문적 상담 수퍼바이저는 내담자 사정과 평가에서 지식과 전문능력을 보여 준다. 그렇게 할 때 상담 수퍼바이저는

① 검사의 사용과 검사해석을 조정한다.

② 평가 절차를 위한 원리를 제공하는 데 상담자를 조력한다.

③ 평가 절차와 원리를 의사소통 하는 데 상담자를 조력한다.

④ 내담자와 상담자의 변화에 대한 기술, 측정, 서류작성을 하는 데 상담자를 조력한다.

⑤ 적절한 추천을 하기 위해 결과와 관찰을 통합하는 데 상담자를 조력한다.

(9) 전문적 상담 수퍼바이저는 구두 및 서류 보고와 기록에서 지식과 전문능력을 보여 준다. 그렇게 할 때 상담 수퍼바이저는

① 책무(accountability)의 의미와 그것을 향상시키는 데 수퍼바이저의 책임감을 이해한다.

② 수퍼비전과 상담에 관련된 상호작용을 효과적으로 서류화하는 데 상담자를 조력한다.

③ 내담자와 수퍼비전의 기록에 대한 비밀성 보장을 보호하기 위해 정책과 절차를 확립하고 따르는 데 상담자를 조력한다.

④ 구두나 서류 보고에 포함될 적절한 정보를 확인하는 데 상담자를

조력한다.

⑤ 논리적이고, 정확하고, 순서에 따른 방법으로 정보를 제시하는 데 상담자를 조력한다.

⑥ 구두나 서류 보고를 작업환경과 의사소통 상황에 맞게 적용하는 데 상담자를 조력한다.

(10) 전문적 상담 수퍼바이저는 상담수행의 평가에 관한 지식과 전문능력을 보여 준다. 그렇게 할 때 상담 수퍼바이저는

① 평가자의 관점에서 상담자와 상호작용할 수 있다.

② 상담자의 전문적, 개인적 강점과 약점을 확인할 수 있다.

③ 사례이해, 방법과 기법의 사용, 관계 기술, 평가와 같은 수행에 대한 구체적 피드백을 제공한다.

④ 상담자가 자신의 개인적 상담이론을 발달시키고 적용한 정도를 결정한다.

⑤ 프로그램과 상담자 목표달성을 결정할 평가 절차와 도구를 개발한다.

⑥ 상담자가 자신의 진전과 성취를 기술하고 측정하는 데 상담자를 조력한다.

⑦ 등급결정, 인턴십 요구의 완성, 전문적 향상 등의 목적을 위해 상담기술을 평가할 수 있다.

(11) 전문적 상담 수퍼바이저는 상담과 상담자 수퍼비전에 관한 연구에 대하여 많이 알고 있으며 일관성 있게 이러한 지식을 수퍼비전 과정에 통합시킨다. 그렇게 할 때 상담 수퍼바이저는

① 프로그램, 서비스, 기법의 효과를 결정하기 위해 연구를 촉진하고 조정한다.

② 상담과 수퍼비전에 관한 연구결과를 읽고, 해석하고, 적용한다.

③ 상담과 수퍼비전에 관한 연구문제를 형성할 수 있다.
④ 상담과 수퍼비전에 관한 연구결과를 보고하고 발표한다.
⑤ 연구결과를 개인적 사례관리에 통합하는 것을 촉진한다.

5. 요약

상담자가 수행하는 상담활동 자체가 내담자의 삶의 질을 향상하기 위한 것이라면 상담은 항상 가치와 관련한 주제와 밀접하게 연관된다고 볼 수 있다. 기본적으로 상담자는 자신의 가치를 일방적으로 내담자에게 주입해서는 안 되며 내담자와 가치갈등을 야기할 때는 슬기롭게 대처해야 한다. 지금까지 배운 많은 상담기술들은 개인상담뿐만 아니라 집단상담, 가족상담, 위기상담 등에서 다양하게 내담자들의 문제해결을 위해 사용될 수 있다. 상담자는 효과적으로 내담자를 조력하기 위해 끊임없이 자신의 능력개발을 위해 노력할 것이 요구된다.

이 장에서는 상담기술을 적용하면서 고려할 사항으로 먼저 가치문제와 관련하여 상담을 해야 하는가 하는 것과 상담자의 가치와 상담에서 가치갈등, 비밀보장, 신체적 접촉 등을 살펴보았다.

다음으로 상담기술 적용의 상황으로 집단상담, 가족상담, 위기상담 등에 대해 알아보았으며 상담자의 능력 개발과 관련하여 진전 정도의 평가, 상담효과의 평가에 대해 다루었다. 마지막으로 상담훈련의 도제적인 특성에 해당하는 수퍼비전과 관련된 내용으로 수퍼비전이 필요한 이유, 수퍼비전의 기능, 수퍼바이저의 역할 등을 살펴보았다.

효과적 조력을 위한
〈상담 연습 Ⅶ〉: 상담기술 적용

[연습 1] 로저스(Carl Rogers, 1951)는 '개인이 자신의 자아구조 내로 자신의 신체적 경험을 보다 많이 지각하고 수용할 때, 그는 계속되는 유기체적 가치화 과정(valuing process)에 따라 대체로 왜곡적으로 상징화되었던, 내사에 근거한 자신의 현재의 가치체계를 바꾸고 있다는 것을 알게 된다.'고 지적하였다. 이러한 로저스의 입장은 인간이 가치덩어리로서 계속되는 가치화 과정에 있음을 강조한 것이다. 다른 동료 상담자와 함께 인간의 가치화 과정에 대해 논의하라.

____

____

____

[연습 2] 사이먼, 하우, 커첸바움(Simon, Howe, & Kirschenbaum, 1972)은 사람들이 구조화된 활동을 통해 자신의 가치를 처리하도록 돕는 가치명료화를 위한 체계적인 일곱 단계 접근방식을 개발하였다. 그들이 제안했던 가치명료화의 일곱 단계는 다음과 같다.

- 1단계 : 자신의 신념과 행동을 소중히 여기고 간직하기
- 2단계 : 적절한 경우에 자신의 신념과 행동을 타인들에게 주장하기
- 3단계 : 다른 대안들을 고려해서 자신의 신념과 행동을 선택하기

- 4단계 : 결과를 고려한 후 다른 대안들을 고려해서 자신의 신념과 행동을 선택하기
- 5단계 : 자신의 신념과 행동을 자유롭게 선택하기
- 6단계 : 자신의 신념에 따라 행동하기
- 7단계 : 일관성 있고 반복적으로 자신의 신념에 따라 행동하기

글래서와 커첸바움(Glaser & Kirschenbaum, 1980)은 상담자들이 위에서 제시한 일곱 단계 가치명료화 과정에 따라 내담자를 돕는 데 사용할 수 질문의 예들을 다음과 같이 제시하였다.

- 1단계의 질문 예 : 1) 그것이 당신에게 중요한 것입니까?
  2) 당신이 그것을 처리했던 방법에 대해 자랑스럽게 생각합니까?

- 2단계의 질문 예 : 1) 이것이 다른 사람들과 공유하고자 하는 것입니까?
  2) 당신은 누구에게 그것을 기꺼이 말하고자 합니까?

- 3단계의 질문 예 : 1) 당신은 그것에 대한 어떤 다른 대안들을 고려해 봤습니까?
  2) 결정하기 전에 당신은 얼마 동안 이것저것을 고려했습니까?

- 4단계의 질문 예 : 1) 그러한 아이디어에 대해 당신이 가장 좋아하는 것은 무엇입니까?
  2) 모든 사람이 당신의 신념을 수용한다면 무슨 일이 일어날 것 같습니까?

- 5단계의 질문 예 : 1) 그것은 정말 당신 자신의 선택입니까?
  2) 그 생각을 처음 갖게 된 것은 어디라고 봅니까?

- 6단계의 질문 예 : 1) 그것은 당신이 기꺼이 하고자 하는 것입니까?
  2) 만약 당신이 그러한 방향을 따르려고 선택했다면 당신의 다음 단계는 무엇일 것 같습니까?

- 7단계의 질문 예 : 1) 당신은 이런 행동을 전형적으로 합니까?
  2) 당신은 다시 그런 행동을 할 것입니까?

상담자로서 당신이 갖는 동성애에 대한 가치를 명료화하는데 위에서 제시한 가치명료화 단계를 사용하여 동료상담자와 짝을 지어 역할연습을 해 보라.

____

____

____

[연습 3] 17세인 여고 1년생이 당신에게 상담을 받으러 와서 자신이 임신했다는 것과 아이를 낳아서 기르고 싶다고 주장한다. 이런 경우에 당신이 이 내담자를 어떻게 조력할 것인지를 동료 상담자와 짝을 지어 논의해 보라.

____

____

____

[연습 4] 상담 상황에서 상담자와 내담자의 가치갈등은 흔히 발생한다. 가치갈등이 발생했을 경우에 대처하는 현명한 방법들에 대해 3~4명씩 짝을 지

어 논의해 보라.

[연습 5] 상담전문직에서 상담자가 내담자의 사적 내용에 대한 비밀을 지켜 주는 것은 매우 중요하다. 하지만 상담자는 내담자가 밝힌 모든 내용에 대해 비밀보장을 하지는 않는다. 비밀보장의 예외가 무엇인지에 대해 생각해 보고 이러한 예외를 내담자에게 어떻게 전달할 것인지를 동료 상담자와 짝을 지어 논의하라.

[연습 6] 1) 개인상담보다 집단상담이 갖는 장점이 무엇인가에 대해 4~5명씩 짝을 지어 논의하여 목록을 만들어 보라.

2) 만들어진 목록을 바탕으로 제이콥스, 매슨, 하빌(Jacobs, Masson, & Harvill, 1998)이 제안했던 집단상담을 하는 이유인 효율성, 공통성의 경험, 자원과 관점의 다양성, 소속감, 기술 실습하기, 피드백, 대리적 학습, 실생활의 축소판, 집단 앞에서 서약하기 등과 관련시켜 집단상

담의 장점을 논의하라.

[연습 7] 1) 가족상담은 가족이란 체계를 강조하는 체계적 접근이다. 개인상담과 가족상담의 주요한 차이점에 대해 논의해 보라.

2) 경험적 가족치료 접근방식을 취하는 사티어(Virginia Satir)는 가족의 역기능적인 의사소통으로 비난형, 초이성형, 산만형, 아첨형을 지적하였다. 이러한 의사소통 유형의 의미를 밝히고 가족구성원들을 형성하여 각각의 의사소통에 대한 역할연습을 수행해 보라. 그리고 당신이 어떤 의사소통을 했을 때 가장 편안한지를 확인해 보라.

[연습 8] 위기에 처해 있는 내담자를 조력하는 기본적인 전략은 보통의 개인상담과 매우 다르다. 마이어와 대비스(1997)는 위기중재전략으로 다음과 같은 네 가지를 제안하였다.

1) 상황을 통제하라.

2) 실제 내담자가 누구인지를 결정하라.

3) 강점을 강조하라.

4) 사회적 자원을 동원하라.

지금 모든 집단구성원들이 위기상담을 한다고 가정하고 4~5명씩 집단을 형성하여 위에 기술한 전략을 바탕으로 전화상으로 자살에 대해 얘기하는 내담자를 조력하는 전략에 대해 논의해 보라.

____

____

____

[연습 9] 상담자로서 자신의 상담능력을 향상시키기 위해 지금까지 어떤 노력들을 해 왔는가를 3~4명씩 조를 짜서 서로에게 이야기해 보라. 특히 능력 개발에 도움이 됐던 활동들에 대해서 서로에게 이야기하라.

____

____

____

[연습 10] 1) 먼저 상담자 훈련을 위해 수퍼비전이 필요한 이유를 수퍼비전의 기능을 바탕으로 설명해 보라.

____

____

____

2) 상담자로서 상담사례에 대한 수퍼비전을 받으면서 배웠던 경험을 3~4명씩 조를 짜서 서로에게 이야기해 보라.

참고문헌

김계현(2002). 카운실링의 실제. 서울: 학지사.

노안영 역(1997). 상담의 기본요소. 서울: 중앙적성출판사.

노안영(2002). 101가지 주제로 알아보는 상담심리. 서울: 학지사.

노안영(2005). 상담심리학의 이론과 실제. 서울: 학지사.

성숙진 역(2000). 상담의 필수 기술–효과적 의사소통을 위한 사례중심 접근법. 서울: 나남출판.

송현종 역(2003). 단기상담 – 학교상담자를 위한 해결 중심적 접근. 서울: 학지사.

송현종, 정수희 공역(2005). 이야기상담. 서울: 학지사.

이동렬, 유성경 공역(2003). 상담의 디딤돌. 서울: 시그마프레스(주).

이장호, 금명자(2000). 상담연습교본. 서울: 법문사.

이장호, 정남운, 조성호(1999). 상담심리학의 기초. 서울: 학문사.

임성문, 이주성, 최국환, 김윤주, 이누미야 요사유끼, 안형근, 육성필 공역(2004). 심리상담의 과정과 기법: 효과적인 상담자가 되기 위한 안내서. 서울: 시스마프레스(주).

주은선 역(2001). 성공적인 탐색 · 통합 · 실행 상담을 위한 상담의 기술. 서울: 학지사.

차호원(1995). 부부, 부모 그리고 자녀문제 상담의 실제. 신망애출판사.

홍경자(2001). 자기이해와 자기지도력을 돕는 상담의 과정. 서울: 학지사.

ACA(American Counseling Association). (1989). *The association for counselor education and supervision standards for counselor supervision*. Alexandria, VA: Association for Counselor Education and Supervision.

BAC(British Association for Counseling). (1992). *Code of ethics and practice for counsellors*. Rugby: BAC.

Barkham, M., & Shapiro, D. A. (1986). Counselor verbal response modes and experienced empathy. *Journal of Counseling Psychology, 33,* 3-10.

Beutler, L. E., & McNabb, C. (1980). Self-evaluayion for the psychotherapist. In C. E. Walker (Ed.), *Clinical practice of psychology: A guide for mental health professionals*. New York: Pergamon.

Brems, C. (2001). *Basic skills in psychotherapy and counseling*. Belmont, CA: Wadsworth.

Byrne, R. H. (1995). *Becoming a master counselor: Intorduction to the profession*. Pacific Grove, CA: Brooks/Cole.

Carkhuff, R. R. (1987). *The art of helping VI*(6th ed.). Amherst: Human Resource Development Press.

Compton, W. C. (2005). *Introduction to positive psychology*. Belmont, CA: Wadsworth.

Conner, M. (1994). *Training the counselor: An integrative model*. London: Routledge.

Corey, G. (2001). *Theory and practice of counseling and psychotherapy* (6th ed.). Belmont, CA: Wadsworth/Thomson Learning.

Dryden, W., & Feltham, C. (1992). *Brief counseling-A practical guide for beginning practitioners*. Open University Press.

Eagan, G. (1994). *The skilled helper: A systematic approach to effective helping*. Brooks/Cole Publishing Co.

Hackney, H. L., & Cormier, L. S. (2001). *The professional counselor: A process guide to helping* (4th ed.). Boston: Allyn and Bacon.

Hawkins, P., & Shohet, R. (1989). *Supervision in the helping professions*. Milton

Keynes: Open University Press.

Hill, C. E., & O' Brien, K. M. (1999). *Helping skills: Facilitating exploration, insight, and action.* Washington, DC: American Psychological Association.

Holloway, E. L. (1995). *Clinical supervision: a systems approach*. London: SAGE.

Hosford, R. (1969). *Counselor supervision: related research*. Unpublished manuscript, University of Wisconsin, Madison.

Ivey, A. E. (1980). *Counseling and psychotherapy*. Englewood Cliffs, NJ: Prentice-Hall.

Jacobs, E., Masson, R., & Harvill, R. L. (1998). *Group counseling: Strategies & skills* (3rd ed.). Pacific Grove, CA: Brooks/Cole.

Kadushin, A. (1985). *Supervision in social work* (2nd ed.). New York: Columbia University Press.

Kanfer, F. H., & Schefft, B. K. (1988). *Guiding the process of therapeutic change*. IL: Research Press.

Langs, R. (1979). *The supervisory experience*. New York: Jason Arsonson.

Loganbill, C., Hardy, E., & Delworth, U. (1982). Supervision: A conceptual model. *The Counseling Psychologist, 10*(1), 3-42.

Luft, J. (1970). *Group processes: An introduction to group dynamics* (2nd ed.). Palo Alto, CA: Mayfield Publishing Company.

Luft, J., & Ingham, H. (1955). The Johari Window, a graphic model of interpersonal awareness. University of California, Los Angeles, Extension Office, *Proceedings of the Western Training Laboratory in Group Development,* August.

Maholick, L. T., & Turner, D. W. (1979). Termination: That difficult farewell. *American Journal of Psychotherapy, 33,* 583-591.

Mann, J. (1973). *Time-limited psychotherapy*. Cambridge, MA: Harvard University Press.

Meier, S. T., & & Davis, S. R. (1997). *The elements of counseling*. Brooks/Cole Publishing Co.

Munro, E. A., Manthei, R. J., & Small, J. J. (1983). *Counseling: A skills approach*.

New Zealand.

Nelson-Jones, R. (2003). *Basic counseling skills: A helper's manual*. London: SAGE Publications.

Okun, B. F. (2002). *Effective helping: Interviewing and counseling techniques* (6th ed.). Pacific Grove, CA: Brooks/Cole.

Patterson, L. E., & Welfel, E. R. (2000). *The counseling process*. Brooks/Cole Publishing Co.

Peterson, J. V., & Nisenholz, B. (1999). *Orientation to counseling*. Allyn & Bacon.

Rogers, C. R. (1951). *Client-centered therapy: Its current practice, implications, and theory*. Boston: Houghton Mifflin Company.

Sommers-Flanagan, J. S., & Sommers-Flanagan, R. S. (2003). *Clinical interviewing* (3rd ed.). Hoboken, NJ: John Wiley & Sons, Inc.

Welfel, E. R., & Patterson, L. E. (2005). *The counseling process: A multitheoretical integrative approach*. Wadworth Publishing co.

찾아보기

인 명

내 용

저자 소개

노안영

〈학력〉

전남대학교 사범대학 교육학과 졸업(1978)
서울대학교 대학원 심리학 석사(상담심리학전공, 1983)
미국 켄터키 대학교(University of Kentucky) 대학원
철학박사(상담심리학전공, 1993)

〈경력〉

서울대학교, 서강대학교, 전남대학교 학생생활연구소 카운슬러
미국 LA 주립 정신병원(Coastal Pacific-Asian Mental Health Center) 인턴십
미국 LA 한국청소년센터(Korean Youth Center) 카운슬러
흥사단 광주지부 청소년연구원 원장
전남대학교 카운슬링센터 소장
광주 · 전남상담학회 회장
전남대학교 입학관리본부장

〈현재〉

전남대학교 사회과학대학 심리학과 교수
한국상담심리학회 상담심리사 1급, 한국상담학회 수련감독 전문상담사
적극적 부모역할 훈련 트레이너, 한국상담심리학회 이사
한국상담심리학회, 한국상담학회 편집위원
한국아들러연구회 회장

〈저서 및 역서〉

저서 : 101가지 주제로 알아보는 상담심리(학지사, 2002)
인간 이해 및 성장을 위한 성격심리학(공저, 학지사, 2003)
상담심리학의 이론과 실제(학지사, 2005)
Becoming A Wise Counselor(학지사, 2011)
집단상담: 이론과 실제(학지사, 2011)
개인심리학: 상담 원리와 적용(공저, 학지사, 2011)
상담자의 지혜(학지사, 2011)

역서 : 펄스의 게슈탈트적 자기치료(학지사, 1996)
상담의 기본요소(중앙적성출판사, 1997)
학교상담(학지사, 2000)
애들러 상담이론(공역, 학지사, 2001)
아들러 상담이론과 실제(공역, 학지사, 2005)

송현종

〈학력〉

전남대학교 사범대학 교육학과 졸업
전남대학교 대학원 교육학 석사(교육심리전공)
전남대학교 대학원 교육학 박사(상담전공)

〈경력〉

전남대학교 학생생활연구소 카운슬러
여수대학교 특수교육과 교수
여수대학교 인문사회과학대학 학장
미국 위트워즈대학교 객원교수
광주 · 전남상담학회 부회장
교원임용고사 출제위원

〈현재〉

전남대학교 사범대학 특수교육과 교수
한국상담학회 이사
한국상담학회 수련감독 전문상담사
부모교육전문가
아들러상담연구회 이사

〈저서 및 역서〉

저서 : 교육학 총론(교육과학사, 1993)
한국교육의 이해(교육과학사, 1999)
한국교육의 이해(제2판, 교육과학사, 2006)

역서 : 인지심리와 교수-학습(공역, 교육과학사, 1993)
애들러 상담이론(공역, 학지사, 2001)
단기상담: 학교상담자를 위한 해결중심적 접근(학지사, 2001)
이야기상담(공역, 학지사, 2005)
아들러 상담이론과 실제(공역, 학지사, 2005)

상담실습자를 위한
상담의 원리와 기술

2006년 10월 14일 1판 1쇄 발행
2023년 4월 20일 1판 12쇄 발행

지은이 • 노안영 · 송현종
펴낸이 • 김 진 환
펴낸곳 • (주) 학지사
04031 서울특별시 마포구 양화로 15길 20 마인드월드빌딩 5층
대표전화 • 02) 330-5114 팩스 • 02) 324-2345
등록번호 • 제313-2006-000265호
홈페이지 • http://www.hakjisa.co.kr
페이스북 • https://www.facebook.com/hakjisabook

ISBN 978-89-5891-286-6 93180

정가 14,000원